교회의 사도행전

LIVE 성경강해

말씀을 경청하고	**L**isten to the Word
바르게 해석하고	**I**nterpret the Word
가치를 정립하고	**V**alue by the Word
진리로 연대합니다	**E**at with the Word

교회의 사도행전

사도행전 4-8장

초판 1쇄 발행 2023년 3월 31일

지은이 박대영
펴낸이 이재원

펴낸곳 선율
출판등록 2015년 2월 9일 제 2015-000003호
주소 경기도 구리시 동구릉로 148번길 15
전자우편 1005melody@naver.com
전화 070-4799-3024　**팩스** 0303-3442-3024
인쇄 · 제본 성광인쇄

ISBN　979-11-88887-20-0　03230

값 18,000원

LIVE
성경강해

교회의 사도행전

가둘 수 없고 막을 수 없는 복음의 말씀

박대영 지음

사도행전 4-8장

낯선 곳에 가면 사람은 누구나 취약해진다. 그 장소와의 연관성이 부족하기 때문이다. 그곳을 잘 아는 길 안내인이 동행한다면 긴장감은 설렘과 기대로 바뀐다. 낯익은 장소를 걸을 때 사람들은 아무 것도 발견하지 못한다. 이미 알고 있는 곳이기에 별다른 기대가 없기 때문이다. 그러나 낯익은 곳에 숨겨진 낯섦을 보는 이들이 있다. 그들의 눈을 통해 보는 순간 세상이 달리 보인다. 성경은 우리에게 낯선 세계인 동시에 낯익은 세계이다. 성경 속 여행을 떠날 때 좋은 길 안내자를 만나는 것보다 더 큰 복은 없을 것이다. 박대영 목사는 그 두 가지 측면에서 모두 탁월한 안내자이다. 안내자이지만 실은 영혼의 순례자이다. 그가 조곤조곤 들려주는 사도행전 이야기를 듣는 이들은 우리가 어떤 세계에 초대받았는지를 자각하게 될 것이다.

– **김기석 목사** | 청파교회

사도행전은 뜨거운 책이다. 뜨겁기에 위험하다. 그 안에 성령의 불이 펄펄 끓고 있기 때문이다. 초대 교회는 성령의 불길이 추동력이 되어 인간이 만들어 놓은 강고한 장벽과 차별을 차례로 무너뜨리고 하나님 나라를 드러냈다. 그것은 주님께서 다시 오실 때까지 믿는 이들과 교회를 통해 지속되어야 할 거대한 생명의 운동이다. 저자는 학자로서의 철저한 연구와 묵상가로서의 깊은 사유 그리고 목회자로서의 끓는 애정으로 초대 교회의 이야기를 풀어가면서 오늘 우리 가운데서 그 일이 이어지도록 돕는다. 그의 말과 글에는 남도의 소리꾼들에게서 느낄 수 있는 뜨거움이 있다. 애끓는 열정과 사랑이 있다. 그래서 때로 설교문을 읽는 것이 아니라 명창의 판소리를 듣는 것 같은 착각이 든다. 초대 교회의 생명력이 그의 해설을 통해 재현되고 있다.

– **김영봉 목사** | 와싱톤사귐의교회

한국교회의 민낯을 목격하면서 이십대 초반에 길을 잃고 절망하였던 나는 사도행전을 읽고 공부하며 꿈을 꾸었었다. 가슴이 벅차올랐었다. 오늘날 교회의 현실은 나의 어린 시절보다 더 절망적이다. 박대영 목사는 우리를 이 '절벽의 끝'으로 초대하고, 그곳에 서 있는 우리를 '슬쩍 밀어' 이 '부흥행전'과 함께 '날아오르게' 한다. 소망이 없는 시대에 스스로의 한계에 갇혀있던 평범한 사람들에게 오셔서, 그들을 통해 활동하신 예수의 영의 놀라운 역사를 생생하게 그려낸다. 목양의 현장에서 성도들과 씨름하면서, 우리 자신의 연약함을 부여안고 선포한 메시지이기에, 갈 길을 잃은 한국 교회와 성도들에게 때로 따뜻하게 때로 절절하게 다가온다. 부흥을 더 이상 기대할 수 없을 것 같은 시대에, 《교회의 사도행전》은 우리로 하여금 오래된 꿈을 다시 꾸게 한다.

– **김형국 목사** | 하나님나라복음DNA네트워크

우리는 부흥을 간절히 원하지만, 어떻게 그것을 만들어내는지 알지 못한다. 리바이벌을 위한 레시피? 그런 것은 없다. 부흥은 우리가 만들어내는 무엇이 아니라, 하나님이 우리를 만들어 가시는 과정이기 때문이다. 믿었던 스승이 하늘로 올라가시고 땅에 남겨진 채 망연자실하여 텅 빈 하늘만 쳐다보고 있던 제자들에게, 왜 그들이 이 땅에 서 있는지를 알려준 역사가 사도행전이다.

사도행전은 친절하면서도 거친 책이다. "데오빌로여"라는 정중한 말로 시작하여 청중의 눈높이에 맞추어 꼼꼼하게 역사를 전달한다. 그러면서도 누구도 상상하지 못할 폭과 속도로 변화를 이끌어 가시는, 그래서 가장 진취적인 이도

당황하게 하는 레디컬Radical한 성령의 역사를 그대로 담고 있다. 그 결과 독자는 삶의 레디컬한 변화를 요구 받는다.
내가 아는 박대영 목사는 사도행전의 저자를 닮아 있다. 꼼꼼한 연구와 주해로 이끌어 가다가 소름 돋는 상상력으로 내닫는 설교, 온화한 웃음으로 시작하여 비장한 결단으로 이끌어 가는 대화, 적지 않은 이를 불편하게 해 왔다. 이 책 역시 독자를 불편하게 만드는 고민을 안기기를, 그래서 왜 우리가 오늘 이 땅을 살아가고 있는지를 진지하게 숙고하게 만들기를 기대한다.

– **박영호 목사** | 포항제일교회

사도행전은 부흥의 책이다. 개인의 부흥, 가정의 부흥, 교회의 부흥, 나라와 민족의 부흥, 땅 끝까지 이르는 온 세상의 부흥Revival의 책이다. 사도행전을 펼치는 순간 우리는 모든 것을 살리시는 활활 타오르는 성령님의 부흥의 역사를 목격한다. 성령이 임하시면 평범한 이들이 권능을 받고 죽은 자들은 살아난다. 성령이 임하시면 설교에 권능이 임하고 삼천명이 회심한다. 성령이 임하시면 거짓과 허위가 사라지고 진실과 진리가 지배한다. 성령이 임하시면, 막힌 담이 허물어지고 장벽이 사라지며, 하나님 나라가 임한다. 학자이자 목사의 전형인 저자는 이 놀라운 성령의 행전을 유려한 필치로 흥미진진하게 강론한다. 저자를 처음 만난 건 8년 전 이맘때였고 당시 그의《묵상의 여정》을 읽고 그 깊이에 엄청난 충격을 받았다. 아! 사람이 이렇게도 글을 쓸 수 있구나! 궁정설교가 존 오웬이《천로역정》을 쓴 존 번연의 상상력을 살수만 있다면, 자신의 모든 학식이라도 다 버릴 수 있다고 했는데 저자에 대해 내가 그러했다. 모든 것을 버리고서라도 그의 묵상의 깊이를 사고 싶었다. 그 묵상의 깊이는《교회의 사도행전》에서도 여실히 폭발한다. 이 책을 통해 조국 교회가 살아나고 성도들이 살아나고, 가정이 살아나고 나라와 민족이 복음으로 다시 살아나기를 소망하며 기쁘게 추천하는 바이다.

– **신호섭 목사** | 올곧은교회, 《교회다운 교회》 저자

많은 교회들이 부흥Revival이 아니라 생존Survival을 염려하고 있는 때에《교회의 사도행전》이 출간된다니 우선 반가웠다. 박대영 목사는 바른 해석에 기초한 깊은 묵상을 통해 역사 속의 사도행전을 오늘 우리의 행전으로 재해석하여 참된 부흥의 모습을 보여준다. 저자는 낡은 체제에 환멸하고 새로운 체제를 환대하는 것, 곧 성령의 역사로 말미암아 이전의 삶에서 돌이켜 하나님 나라 운동에 헌신하는 것이 참된 부흥이라고 강조한다. 이 책이 조국 교회가 다시 한 번 참된 부흥을 맛보는 데 귀하게 쓰이기를 기대하며 기도한다.

– **안진섭 목사** | 새누리2교회

사도행전을 바르게 이해하기 위해서는 세 단어를 정확하게 아는 것이 필요하다. 그것은 '성령', '부흥', '교회'이다. 이 땅의 모든 교회가 성령 충만을 말하고 부흥을 꿈꾸지만 엉뚱한 길로 가는 이유는 이 세 단어에 대한 이해의 잘못에서 기인된다. 박대영 목사님의《교회의 사도행전》은 한국교회가 가장 중요하게 생각하는, 그러나 안타깝게도 많이 왜곡되어 있는 이 세 단어에 대한 하나님의 본의本義를 바르게 보여준다. 성령을 받았다고 하면서도, 교회의 부흥을 그렇게 원하면서도 보냄 받은 자들의 바른 모습이 무엇인지, 보내심의 장場이 어디인지 찾지도 못해 헤매 온 한국교회에 이 책을 권한다.

– **오대식 목사** | 높은뜻덕소교회

저자의 설교를 읽다 보면 내 영혼에 절로 미소가 지어진다. 어쩌면 사도행전을 이렇게 부드럽게 풀어낼 수 있는 것인지, 그가 가진 지혜가 놀랍다. 우리가 박대영 목사를 읽는 것은 그가 전달하는 정보 외에도 얻는 것이 많기 때문이다. 이번에 쓴《교회의 사도행전》을 읽으며 새삼 그런 점을 실감한다. 통찰과 지혜가 배어 있는 이 책을 읽는 것은 시야가 넓어지는 3차원적 경험이다. 만약 누군가가 사도행전을 읽는다면 나는 주저 없이 박대영 목사의 이 책을 읽으라고 추천하겠다.

– **이정일 목사** |《문학은 어떻게 신앙을 더 깊게 만드는가》저자

교회가 어렵다고들 합니다. 교회는 마땅히 어떠해야 한다고 알고 있었는데 지금 교회는 그 기준에 한참이나 못 미친다고 여기는 것 같고, 그 기준도 각자 다른 것 같습니다. 교회를 향해 모진 소리들도 여기저기서 나옵니다. 교회 밖에서만 들리는 게 아니라 교회에 속해 있는 사람들도 한마디 보탭니다. 안에 있다가 나간 사람들은 더 좀 모질게, 야멸차게, 구체적으로 나무랍니다. 역시 그들이 보고 싶고 또 기대해온 교회가 있어서 그럴 겁니다. 그런데 혹시 그런 교회를 이뤄줄 사람들이 따로 있다고 생각하는 것은 아닌지, 그래서 나는 할 만큼 했는데 그런 기대와 열망에 남들이 호응해주지 않아서 서운하다는 뜻인지, 교회는 목회자의 자영업인데 거기서 파는 상품이 시원찮다는 말은 아닌지 잘 모르겠습니다. 하여튼 언제부터인지 몰라도 교회 비판은 소설이나 드라마의 단골 메뉴가 되었고, 심심하면 씹고 뜯는 국민 화젯거리가 되었고, 목회자 비판은 국민 스포츠가 되었습니다. 그런데 욕은 먹어도 먹어도 내성이 안 생기고 그런 비판에 다소곳이 반성하지 않고 잠시 욱! 한 것까지 얹어서 자책하고 더욱 자기 검열을 강화하였고, 내가 목회자인 것을 가능하면 안 밝히면서 숨도 크게 안 쉬고 땅도 살살 밟으면서 무슨 천형天刑을 받은 사람처럼 살고 있습니다. 그런데 그렇게 대차게 욕하고 신랄하게 비꼬고 비틀면서도 그래서 어떻게 해야 한다는 것인지는 속시원하게 말해주는 이는 없는 것 같습니다. 하지만 표현을 어떻게 하든 '교회는 그러면 안 되지!'라는 정도의 메시지만은 분명합니다. 그들이 어찌 알겠습니까? 교회가 되어야 할 모습으로 존재하면 '그렇지! 교회가 그래야지. 잘한다! 보기 좋다!' 하겠지요.

성도들이 교회로 모이자고 했을 때, 거쳐온 교회 말고는 내가 그려놓은 교회의 모습이 내게 없다는 사실에 놀라고 낙심했습니다. 목회자가 되어 달라고 했을 때도 그랬습니다. 열심히 할 맘으로 충만했고 바르게 하자는 마음도 진실했습니다. 교회의 머리이신 예수님을 의지하는 마음이 내 유일한 밑천이었다는 것은 주님이 더 잘 아실 겁니다. 그러고도 비틀거렸고 갈 바를 몰랐습니다. 이 바닥에 입문한 지 25년이 되어 가는데도 내가 봐왔던 지금 내 나이였던 선배들의 듬직함과 우람함이 저에게는 안 보여서 초조하고, 그 흔들림을 성도들과 후배들에게 들킬까봐 허세도 부리지만 잘 안 됩니다. 좋은 교회, 주님이 기뻐하시는 교회, 주께서 본래 보기 원하셨던 교회, 그리하여 하나님께도, 세상에게도 보기에 심히 좋은 교회는 어떤 곳인지 지금도 잘 모르겠고 여전히 그 그림을 그려가고 있습니다. 모든 시대에 보편적으로 통하는 교회는 물론이고, 오늘 이 시대에 가장 적실하게 그리스도의 몸을 드러낼 수 있는 교회를 고민하고 있습니다. 무엇보다 고유한 히스토리를 가진, 목회자인 나에게 적합하고, 또 함께하는 우리 동네의 바로 이 성도들을 통해서 이 시대 여기에서 일구어갈 교회의 그림을 찾아가는 일은 한 번도 중단한 적이 없습니다. 먼저 알고 안 만큼 나아갔던 것도 아니고, 그렇다고 전혀 모르고서 시작한 것도 아닙니다. 내가 붓을 들고 성경적인 교회상을 그려야 할 때도 있었고, 주께서 그려놓은 그림을 유적을 발굴하듯 흙을 걷어내며 찾기도 하였고, 매직아이처럼 세상 속에 자리 잡은 거룩한 교회의 그림을 다른 시선과 다른 각도에서 바라봄으로써 찾아가기도 했습니다. 한 덩이 진흙으로 한 형상을 빚어내듯, 깎고 다듬고 보태고 문질러서 오늘 우리가 여기에서 구현해야 할 그리스도의 몸의 형상을 같이 만들어왔습니다. 오늘 나의 교회관이 형성되고 내가 속한 교회가 되기까지 누가, 어느 만큼 관여했는지는 알 수 없습니다. 당연히 삼위 하나님께서 하셨고, 성도들이 일구었지만, 이 시대의 공기도, 세상의 세찬 불길도, 세속의 풍파도 한몫했을 것입니다. 그러니 주님 보시기에는 순수하기만 하다 할 수 없고 아름답기만 하다 할 수도 없을 겁니다. 세상의 기대 속에 주님의 기대가 담겨 있고, 교회를 등진 이들의 독한 말과 굳은 표정에도 주님의 속상함이 담겨 있을 겁니다. 교회를 향한 세상의 기대가 속되기만 한 것은 아니고, 성도들의 기대가 고상하기만 한 것도 아닐 겁니다. 그러니 교회를 향한 세상의 평가에 억울하다고만 할 수 없고 할 만큼 했다고도 할 수 없습니다. 다만 주님이 원하시는 교회상을 더 선명히 알고 이 세상이 얼마나 그 하나님의 이야기와 동떨어져 있는지를 안다면, 그리스도를 더 뚜렷이 현상시키고 세상을 더 잘 섬길 수 있는 교회, 삼위 하나님의 연합과 그리스도의 현존을 반영하는 교회가 되어 갈 수 있을 것 같습니다.

주께서 기뻐하시는 교회의 그림을 그리기 위해 우리는 먼저 교회 공동체의 원형인 삼위 하나님의 존재 방식과 관계 맺기 방식을 살필 수밖에 없었습니다. 또한 주께서 선택하여 당신 나라의 모델로 삼으신 언약의 나라 이스라엘을 묵상하고, 그 이스라엘과 의도하셨던 관계를 구현하신 예수 그리스도를 묵상하도록 우리에게 요청합니다. 공생애 기간 주께서 제자들 및 팔레스타인 땅의 유대인들과 로마제국을 상대하시는 것을 보면서 교회의 존재 방식을 읽을 수 있습니다. 좀더 구체적으로 우리는 예수께서 승천하시면서 이 땅에 두신 당신의 부활하신 몸의 현재적 형태인 사도적 교회를 보면서 하나님과 소통하고 이 시대와 소통하는 코이노니아 공동체로서 우리가 어떻게 존재해야 하는지를 알 수 있습니다. 왕이신 부활의 주님의 신적 통치가 그분이 보내신 성령을 통해서 어떻게 이 땅의 믿는 자들의 모임 속에서 실현되었는지에 주목하고, 그들이 진리와 성령 안에서 하나님의 아들, 그리스도의 몸으로 온전해져 간 여정을 따라가고, 이 세상과의 관계에서 어떻게 그들을 섬기면서 그들과 구별되게 존재하고, 그들에게 대항하면서 그들에게 대안이 되는 공동체가 되고, 타협하지 않으면서도 환대할 수 있는지를 온몸으로 익혀가게 될 것 같습니다.

주의 깊게 듣기도 하고, 질문하여 대답을 찾아가기도 할 것인데, 당장의 쓸모보다는 '원리'原理, '원형'原型, '원음'原音, '원의'原意에 대해서 더 궁금해하기로 했습니다. 거기서부터 시작하되 1세기 교회 모습을 복원復元하는 데 그치지 않고, 오늘 여기 우리의 역할에 대해서 예언적으로 말씀해주시는 말씀을 듣고자 합니다. 우리가 보고 싶은 교회 이전에 하나님께서 세우고자 하신 교회를 찾아가려고 합니다. 즉 이미already와 아직not yet 사이에 종말의 때를 두시고, 그 시대에 하나님 나라를 시연하고 창조의 본래 의도를 이루시는 선교적 존재로 교회를 세우신 뜻을 교회를 향한 다른 어떤 고상한 기대보다 앞세우자는 뜻입니다. 그러자면 가장 성경적인 교회이고 가장 이상적인 교회가 도리어 구성원들에게는 가장 불편할 수도 있고, 세상특히 제국에게는 가장 불온할 수도 있겠습니다. 구성원들의 관점이 재조정되고 욕망이 재해석되기 전까지는 교회다운 교회가 주는 '복'을 향유하지 못할 것입니다. 그래서 교회다운 교회는 배우고 찾아가고 형성해가는 것이기만 한 것이 아니라, 오히려 더욱 하나님의 은혜와 진리의 역사와 성령의 능력으로 주께서 몸소 이루어가시는 여정에 참여하는 것이어야 합니다. '하나님의 선교' *missio Dei*의 맥락에서 '그리스도의 몸인 교회'와 '성령의 전인 교회'와 '하나님의 백성인 교회'를 이해해야 하는 이유가 여기에 있습니다.

《부흥의 사도행전》(행 1:1-4:31)에 이어 《교회의 사도행전》(행 4:32-8:40)에서 우리는 삼위 하나님께서 친히 이루어가시는 교회와 교회를 통해서 당신의 선교적 목적을 성취해가시는 역사를 묵상하려고 합니다. 하나님께서 뜻을 세우시고, 부활의 예수께서 주관하시고, 성령께서 당신의 사람들을 통해 이루시는 역사의 현장을 살피면서 오늘 우리는 그 이야기의 다음 페이지를 어떻게 이어갈 것인지를 생각해보려고 합니다. 오순절 성령강림으로 태동한 교회가 어떻게 존재하고 무엇을 행하는지 시간이 갈수록 더 선명해지고 있습니다. 교회는 해방된 공동체요 안식의 공동체요 선교적 공동체입니다. 죄와 사망의 각종 증상들로부터, 세상의 왜곡된 질서와 제도가 만들어낸 갖은 불의한 문화로부터 해방되는 공동체이며, 개인적으로는 타락하고 뒤틀린 개인의 성품이 새로워지는 공동체이며, 이제 그리스도의 사랑과 십자가의 섬김과 구원이 주는 평화샬롬를 구현하는 복의 공동체가 되어 갑니다. 그 존재 자체로 세상에게 구별된 존재로 부각되고, 또한 흩어진 교회를 통해서 세상이 임의로 만들어놓은 각종 장벽들을 돌파하여 복음을 확장해나가는 선교적 공동체로 드러나는 것을 보게 됩니다. 순탄하지 않을 것입니다. 한 번도 쉽지 않을 것입니다. 교회는 핍박당할 것이고, 복음의 증인들은 갇히고 버려지고 매를 맞을 것입니다. 하지만 그들이 전하는 복음은 아무도 가둘 수 없고 막을 수 없을 것입니다. 교회가 교회다울 때 그 존재 자체로 놀라움과 전율과 충격을 넘어 동경과 참여의 대상이 될 것이고, 복음이 복음답게 전해질 때, 복음의 능력이 창조를 이루어낼 것입니다. 교회는 교회에 대한 어떤 특정한 그림을 가진 사람들에 의해 형성되기보다는, 하나님의 부르심과 사명에 충성하고, 그리스도의 뒤를 따라 그분처럼 사랑하고 받은 은혜를 받은 대로 돌려주고자 하는 자들을 통해서 이루어지고 있습니다. 모임 공간이나 직분이나 규모가 주요 관심이었던 적은 없습니다. 그리스도처럼 사는 것과 성령의 역사에 민감하게 화답하는 것과 하나님 나라의 계획에 참여하는 것만이 그들의 관심이었습니다. 거기에 해방과 치유가 일어났고, 공동체 안에 나눔과 교제가 있었고, 공동체 바깥의 사람들의 경외와 놀람이 있었습니다.

초대교회는 완벽하지 않았고, 때때로 위기가 찾아오기도 했습니다.

바깥으로부터 오는 핍박 때문만은 아니었고, 내부에서 자초한 위기도 있었습니다. 속임수(행 5:1-11) 아나니아와 삽비라 사건, 말씀과 기도를 소홀히 한 채 구제에만 빠지는 문제(행 6:1-6), 성령을 부리는 능력을 돈 주고 사려고 태도(행 8:18-24) 사마리아의 시몬 등이 그것입니다. 문제의 양상이 오늘날과 크게 다르지 않아서 놀랍습니다. 이때 교회는 단호하게 신적인 심판을 집행했고, 역할 분담으로 우선순위를 바로잡았으며, 엄한 경고로 불경한 성령 이해를 바로잡아 주었습니다. 그 결과 위기 속에서 교회는 더 단단해졌고 신앙은 영롱해졌고 신학을 정립하고 체제를 정비하는 계기가 되었습니다. 유대 종교 권력자들로부터 오는 핍박의 강도는 시간이 흐르면서 점점 더 거세졌습니다. 처음에는 붙잡아 경고만 하고 보내더니, 나중에는 채찍질하고, 그도 안 되니 옥에 가두었으며, 급기야 스데반이 순교하기에 이르렀고, 믿는 자들이 예루살렘을 떠날 수밖에 없었습니다. 결국 더 나중에는 요한의 형제인 사도 야고보까지 죽임을 당하고 있습니다. 하지만 이번에도 그들은 복음을 가둘 수 없었고 막을 수 없었습니다. 핍박 덕분에 복음은 예루살렘을 넘어 유대와 갈릴리와 사마리아까지 나아가게 하였고, 하나님의 교회를 핍박하던 사울은 부활하신 예수님을 만나서 복음과 교회를 위해 자신이 핍박을 당하는 사람으로 변화됩니다. 허다한 제사장이 주께로 돌아온 것, 사마리아에도 복음이 전해지고 성령이 임한 것, 에디오피아의 내시가 예수님을 영접하고 세례를 받은 것, 그리고 핍박자 사울이 변하여 주와 복음을 위해 핍박 받는 자로 변한 것은 복음의 승리요 부활하신 예수님의 승리요 교회의 승리를 보여줍니다. 그리고 그 복음이 열어갈 하나님 나라의 미래를 내다보게 해줍니다. 복음의 말씀이 전해지는 곳마다 예외 없이 저항과 저지가 기다리겠지만, 비록 소수이고 약하게 보일지라도 믿고 순종하는 자들의 공동체가 태어날 것이고, 그들은 물질을 나누고 서로를 위로하고 신앙을 격려하면서 성령의 능력으로 시대를 거슬러 다른 삶의 방식을 추구하며 살 것이고, 그리하여 세상을 놀라게 하고 세상의 질문에 대답하기도 하고 이 세상을 패역한 세대로부터 구원할 주 예수 그리스도를 현시하는 공동체가 될 것입니다. 이와 같은 역사들이 초대교회 성도들에게로부터 나왔다면 선배들의 남다른 신앙을 칭송하고 부러워하는 데 그쳤겠지만, 삼위 하나님께서 새 언약을 통해 당신의 새 창조의 계획을 신실히 이뤄가신 결과였으니, 희망을 걸어볼 밑천조차 잘 보이지 않는 오늘 우리도 감히 희망의 교회, 생명의 교회, 샬롬의 교회를 향한 기대를 걸어볼 수 있습니다.

한편에서는 교회의 쓸모를 의심하고 신의 무능을 질타하며 스스로 구원을 모색하는 사람들의 서늘한 이야기가 공감을 얻고 있고,〈더 글로리〉 다른 한편에서는 신의 자리에 앉아서 같은 인간을 파괴하는 인간들의 이야기가 공분을 사고 있습니다.〈나는 신이다〉 팬데믹이 지나간 자리에 남겨진 교회는, 사망 선고를 받은 것은 아닐지라도, 시대의 주인인 맘몬의 힘과 논리에 속수무책으로 굴복할 만큼 심각한 기저질환에 시달리고 있는 초라한 모습을 보이고 있습니다. 세상이 어두워서가 아니라 교회가 빛이 아니어서 문제입니다. 교회는 지금 세상과 너무 달라서 핍박을 받는 것이 아니라 너무 닮아서 핍절해져 가고 있습니다. 이제 그런 우리의 자화상과 있는 그대로 대면하고 인정하고 절대 스스로는 일어설 수 없을 만큼 절망할 때입니다. 그러고 나서 주께서 잡아 이끄시는 손을 의지하여 일어나고, 주께서 앞서 행하시는 대로 따라가고, 자본과 힘의 논리를 부끄럽게 하는 그분의 지혜와 능력에 감탄하면서, 이제 우리가 하나님의 선교의 대상이 되어야 할 때입니다. 우리가 잘 '해낼' 수 있을지를 궁금해하기보다 우리가 그런 존재가 '될' 수 있을지를 궁금해하고 기대할 때입니다.

체코의 종교개혁자 얀 후스의 고향에 와서 이 서문을 쓰면서 그가 화형장에서 품었던 기대를 생각하며 《교회의 사도행전》(행 4:32-8:40)을 내놓습니다: "너희는 지금 거위 한 마리를 불태워 죽인다. 그러나 100년 후에는 태울 수도 없고, 삶을 수도 없는 백조가 나타날 것이다." 루트비히 3세는 뒤로 물러서 박수를 쳐 처형하라는 신호를 보냈습니다. 형리가 불을 붙였고, 불이 타오르기 시작했습니다. 어떤 사람이 후스를 태우는 화형대에 장작 한 더미를 가져오는 것을 보고, 후스가 라틴어로 이렇게 중얼거렸다고 전해집니다.

sancta simplicitas!(오 거룩한 단순함이여!)

후스가 죽고서 105년이 흐른 1520년 2월, 후스의 저술을 읽은 루터는 이렇게 말했습니다: "모르든 알든 우리는 모두 후스파다." 루터가 세속적 영예를 얻기 원하는 부친의 뜻을 거역한 채 법학공부를 중단하고 가톨릭 사제 훈련을 받은 독일 에르푸르트의 아우구스티누스 은둔수도회 대성당 제단 아래엔 얀 후스를 콘스탄츠종교회의로 유인해 죽음에 이르게 한 로마가톨릭의 공로자이자 그 수도회의 명사인 요한네스 자카리우스의 무덤이 '성보'인 양 버티고 서 있습니다. 루터는 그 성당에 살면서도 자신은 "요한네스 자카리우스가 아니라 얀 후스의 (정신적) 자손이며, 얀 후스를 계승한다"고 했다는 말이 전해집니다. 이 책을 내놓으면서 저 자신과 독자들을 '거룩한 단순함'으로 초대하고 싶었습니다. 우리가 애쓴다고 해서 당장 영광스런 교회로의 회복을 눈에 띄게 보지 못한다고 할지라도 백 년 후에 나타날 백조를 기대하며 신앙을 지키기로 맘먹는 동지들을 얻고 싶었습니다.

받아주신다면 이 책을 나의 신앙의 어머니 권춘자 전도사님께 드립니다. 20대 초반부터 지금까지 전도사님의 과천 집은 저에게 안식처요 수도원이요 어머니 품이었습니다. '한국성서유니온'의 처음 10년을 같이 하며 호주의 모신희 선교사님과 부산지부를 개척하였고, 《매일성경》을 집필하셨고, 그 후 등대교회, 광야교회, 믿음의 교회를 섬기면서 잔잔한 호수 같은 품성과 부드러운 지성과 삶의 지혜로 어린이들의 친구가 되어 주셨고, 젊은이들과 어른들을 적실한 상담과 돌봄으로 주 안에 살게 해 주셨습니다. 전도사님의 기도는 아무도 따라 할 수 없을 만큼 깊고 고요하고 다정하며, 그 안에는 깊은 신학과 정갈한 고백이 담겨 있어서, 함께 기도하는 이들을 주 앞에 한 여린 심령으로 조아리게 해주었습니다. 이 책이 권춘자 전도사님에게서 받은 사랑에 누가 되지 않기를 바라면서 조심스럽게 드립니다.

한결같은 애정과 격려를 나눠주시는 나의 멘토 황정길 목사님께 변함없는 존경과 감사를 드립니다. 김북경 목사님의 아내로서 한국말도 못하면서 영국의 첫 한인교회의 사모로 사랑의 사역을 감당하시다가 2022년 주님 품에 안기신 씬시아 사모님을 추억합니다. 이 설교의 첫 청중이었던 나의 사랑 광주소명교회 성도들에게 감사를 드립니다. 이 원고를 꼼꼼히 살펴주시고 소중한 제안들을 주신 진희경 목사님께 감사합니다.

이 시간에 파푸아 뉴기니의 와기부족과 함께하면서 성경 번역에 열중하면서도 이 원고를 반복하여 읽어주신 나의 든든한 동역자 정보영 선교사님과 호주에 있는 딸 고소영 자매에게 감사합니다. 분주한 담임 목사의 허물을 가려주면서 아름답게 동역하는 이태환, 김유철, 김희훈, 복대근 목사님, 신민항 전도사님, 장경희 간사님께 감사드립니다. 광주의 나의 벗 '아카데미 숨과 쉼'의 동지들김의신, 이재현, 진일교, 서문원, 박근호, 노민호, 손희선, 정준, 강안일, 장일의 응원에 힘입어 겁도 없이 또 한 권의 책을 내놓았습니다. 늘 찾아가 투정을 부리고 싶은 믿음의 선배 안진섭 목사님 황선영 사모님 대전새누리2교회, 김병년 목사님다드림교회께 이 책을 드릴 수 있어서 감사합니다. 롤모델로 삼고 늘 배우려고 애쓰지만 나에게는 크기만 한 정민영 선교사님, 시대를 읽는 눈과 교회를 사랑하는 마음과 지혜를 주시는 박영호 목사님 포항제일교회과 김영봉 목사님 와싱톤사귐의교회께 팬심을 보냅니다. 선교사의 마음을 간직한 채 신실히 사역하시다가 상해한인연합교회에서 은퇴하신 엄기영 목사님의 수고를 주께서 기억해주시길 바라며, 시애틀온누리교회 사역 이후 새로운 길을 구하시는 김도현 목사님을 선하게 이끌어주시길 기도합니다. 두 분의 겸손한 사랑과 넉넉한 격려가 큰 힘이 되었습니다. 이 책을 마무리할 수 있도록 얀 후스의 흔적을 같이 거닐어주시고 쉼터를 내주신 이강영 목사님프라하벧엘교회께 감사드립니다.

이 책이 시대를 탓하지 않고 소명에 충실하고자 하는 조국의 말씀의 종들에게, 아니 큰 태산 앞에 선 것 같고 절벽 끝에 선 것 같은 심정으로 팍팍한 목회 현실을 마주하며 막막해하기도 하고 두려워하기도 하는 이 땅의 뭇 동료들에게 잠시라도 위안이 되고 다시 시작해볼 엄두를 내는 계기를 주길 바랍니다. 문득 전주의 박성규 목사님이 생각나고 이태민 목사님이 생각납니다. 사모님을 너무 일찍 주님께 보내드린 신현욱 목사님에게도 주께서만 주실 수 있는 위로가 있기를 기도합니다.

사랑하는 가족에게 감사를 드립니다. 늘 기도해주시는 존경하는 부모님박형수 집사, 이영재 권사과 이타적인 삶의 행복을 알게 해준 두 누이박은영, 박은경와 집안에서는 형보다 더 형 같은 동생과 그의 가족박대현, 김수연, 다인, 재인, 해인에게 감사합니다. 사랑이라는 말로는 부족한 나의 반쪽오차성과 내 삶의 이유인 두 아들인서, 선재에게 변함없는 감사를 전합니다.

2023년 3월

박대영

차례

교회,
비움과 나눔의 공동체

사도행전 4:32-37

빛과 그림자의 공존

《패치 아담스》라는 영화를 인상 깊게 보았습니다. 주인공 역을 맡은 로빈 윌리엄스Robin Williams가 더는 이 세상 사람이 아니란 게 참 아쉽습니다. 이 영화 가운데 오래 남는 장면이 있습니다. 주인공이 입원한 정신병원에 어떤 뛰어난 수학자도 입원하고 있었습니다. 그 사람이 아담스에게 손가락 네 개를 펴 보이면서 몇 개로 보이냐고 묻습니다. 그는 당연하다는 듯 대답합니다.

"네 개!"

하지만 그 수학자는 이 당연하고 정상적인 대답을 형편없는 답변 취급을 합니다. 그러니 정신병원에 온 게 당연하다는 투로 말합니다. 그러고는 한참의 시간이 흐릅니다. 그간 주인공은 정신병원에 살면서 환자들의 이중적인 자아상을 이해하게 됩니다. 환자들의 의식 속에는 정상인들이 미처 보지 못했던 세계가 있는데, 소위 정상인이라는 사람들이 그것을 보지 못했을 뿐 그 자체로는 이상한 것이 아니고, 도리어 참으로 아름답고 순수하다는 것을 깨달은 것입니다. 어떤 기준을 들이대느냐에 따라 우리가 정상인이 되기도 하고 정신장애인이 되기도 하는 것입니다. 그 중간에 수많은 유형의 사람들이 각기 다르게 존재합니다. 이해하는 코드가 다를 뿐 비정상이 아닌 정상, 정상이 아닌 비정상이 세상에는 많습니다. 그것을 깨달은 주인공은 다시 수학자 앞에 섭니다. 이번에는 그가 먼저 찾아갑니다. 이번에도 수학자는 똑같은 질문을 합니다. 하지만 아담스의 대답은 달라집니다.

"여덟 개!"

그제야 천재 수학자는 아담스를 친구로 받아 줍니다.

저에게도 이런 친구가 있습니다. 폐쇄병동을 여덟 번이나 다녀온 친구입니다. 들어갔다가 와서는 거기서 있었던 일을 천연덕스럽게 이야기합니다. 우리는 깔깔거리고 웃습니다. 나는 그 친구에게 말합니다.

"난 하나님이 너를 통해 이 세상에 무슨 말을 하고 싶으신지 겁나 궁금허다. 나 같은 범인凡人 갖고는 절대 못 하실 말이 있는 게 분명허니, 넌 좀 욕보겄지만 그 스피커 잘 간수해둬라."

그러자 그 친구가 말합니다.

"허허, 참 고약하다 고약해. 아직 약이 쓸 만 하니 계속 미친놈으로 살라 그거네."

빛을 보면서 어둠을 생각할 수 있는 사람, 가해자를 보면서 그 속에서 피해자의 모습을 볼 수 있는 사람, 어른들 눈에는 해괴망측하게 염색을 한 머리에 언밸런스한 옷을 제멋대로 걸쳐 입은 여학생들에게서 장차 우는 아이에게 젖을 물린 채 어르고 달래고 있을 새댁의 모습을 보고, 자기를 쏙 빼닮은 딸 때문에 속 끓이는 중년의 모습을 볼 수 있다면 참 다행입니다. 행복 속에서 불행을 보고 상실 속에서 생명을 볼 수 있는 눈을 가진다면, 세상은 좀 더 신비하고 풍요로운 곳이 될 것입니다.

교회 이야기를 하려고 영화 이야기를 꺼냈습니다. 교회가 부패하고 타락할 때마다 사람들은 초대교회를 그리워했습니다. 예수님의 제자인 사도들이 직접 가르쳤던 초대교회는 늘 우리가 지향하고 돌아가야 할 이상향으로 여겼습니다. 종교개혁 때도 "초대교회로 돌아가자"는 취지의 모토인 "아드 폰테스*Ad Fontes*"를 내걸었고, 지금까지도 많은 교회들이 그때의 참 좋았던 모습을 재현하려고 시도하고 있습니다. 그렇습니다. 성경과 교회사가 증언하는 초대교회는 참 아름다웠습니다. 하지만 마냥 아름답기만 한 것은 아니었습니다. 매사에 영광스럽지도 않았습니다. 그때 거기에도 우리와 다름없는 사람들이 살았습니다. 성령이 역사하는 교회였지만, 사람들이 역사하는 교회이기도 했습니다. 세상에는 온전히 영광스럽기만 한 교회가 없었고, 전적으로 문제투성이인 교회만 있었던 것도 아니었습니다. 문제없고 말썽 없고 불평 없고 사랑과 기쁨만 존재하는 교회는 사람이 있는 교회는 아닐 겁니다. 그런 교회가 역사상 존재한 적이 없었던 이유는 복음을 받아들이고 성령을 받았다고 해서 즉시 모든 것이 완전한 인간이나 모임이 되는 것이 아니기 때문입니다. 사람의 변화에는 늘 과정이 필요하듯이, 교회도 과정 속에서 온전해져 갑니다.

알고 지낸 한 수녀님이 20년 넘게 수녀원에 계시는데, 오랜만에 통화했습니다. "수녀님은 좋으시겠어요. 늘 천국 같은 곳에 사시니 말입니다"라고 했더니, 수녀님은 "여기에 완전한 쉼이 있다면 우리가 어찌 천국을 소망하겠습니까? 천국을 갈망할 만큼의 혼돈이 여기에도 있어요"라고 하시면서 공동체 생활의 고충을 털어놓으시더군요. 참 빛이신 예수 그리스도께서 통치하시는 그 나라가 완성되기까지 우리 안에는 늘 빛과 어두움이 공존합니다. 우리에게 중요한 것은 그 어둠을 모두 몰아내고 제거하는 것이 아니라, 끝내 우리의 일부로 곁에 있을 그 어둠을 어떻게 바라보고 상대할 것인가 하는 것입니다.

이제 두 번에 걸쳐 초대교회의 빛과 어둠을, 영광스러운 면과 부끄러운 면을 살펴보려고 합니다. 둘 다 거기에 사람이 있습니다. 완전한 사람들과 영 몹쓸 사람들이 있는 것이 아니라, 그냥 사람이 있습니다. 그들이 무엇을 선택하고 누구를 의지하느냐에 따라서 삶과 죽음이 갈리는 현장에 보게 될 것입니다. 여기서 어떻게 하면 꿈속만 거닐지 않으면서도 그 꿈을 포기하지 않을 수 있을지 같이 고민하고 싶습니다.

초대교회

예수 그리스도의 복음은 사람의 상식과 기대를 뒤집는 놀라운 사건이었습니다. 이 세상에 길들여진 사람의 눈으로는 이해할 수 없는 사건이었습니다. 이 세상에 깊이 발을 들여놓은 사람일수록, 그리고 이 세상에서 뭔가를 이루려는 야망이 클수록, 이 복음이 전하는 그 나라의 영광과 진가를 알 수 없고 맛볼 수 없습니다. 그것은 빛과 어두움이 다른 만큼 달랐습니다. 복음은 살아있는 사건이며 생명을 창조하는 사건이어서, 그것은 또 다른 숱한 '사건들'을 만들어냈습니다. 흥미로운 에피소드episode가 아니라 일대 파장을 일으킨 소식news이었습니다. 예수님은 그 사건이 팔레스타인 땅이나 유대인들에게 작은 파문을 일으키는 데 그치는 일이 아니라, "예루살렘과 유대와 사마리아와 땅 끝까지" 그 영향력이 확대되는 강력한 태풍 같은 사건이 될 것이라고 하셨습니다. 그것은 그 복음을 받아들인 사람들과 인생 전체와 영원한 운명을 바꾸는 사건이 될 것입니다. 삶의 목표와 자기 자신을 바라보는 시각을 바꾸고, 욕망과 목표를 재조정하고, 삶의 방식과 문화를 바꾸는 사건입니다. 한 시대, 한 지역, 한 개인에게 국한된 사건이 아니라, 창조부터 이제껏 진행되어온 역사와 그 속에서 형성되어온 이야기에 새로운 의미를 부여하고, 앞으로 전개될 시간의 새로운 시작을 여는 사건이 될 것입니다. 질적으로 다른 새 시대를 여는 사건이 될 것입니다. 복음은 완전히 새로운 세상, 완전히 새로운 창조 세계, 완전히 새로운 인간의 존재 방식을 시작하였습니다.[1]

어부 베드로가 담대하게 목숨을 걸고 오순절을 지키기 위해 예루살렘에 몰려든 유대인들을 향해 "너희가 십자가에 죽인 예수를 하나님은 다시 살려 너희들의 주와 그리스도가 되게 하셨다"고 선포하자 어떤 사건이 일어났습니까? 그날 삼천 명이 한꺼번에 "우리가 어찌할꼬" 하며 애통하면서 회개합니다. 날마다 성전에 모여 말씀과 재물을 나누고 하나님을 찬미합니다. 다른 신, 다른 가치관, 다른 운명, 다른 삶의 체계를 수용하지 않았다면 결코 일어날 수 없는, 그것도 개인적인 결단이 아니라 공동체적 결단이 있었습니다.

> "그들이 사도의 가르침을 받아 서로 교제하고 떡을 떼며 오로지 기도하기를 힘쓰니라 사람마다 두려워하는데 사도들로 말미암아 기사와 표적이 많

---

1 N. T. 라이트(백지윤), 『이것이 복음이다』(IVP, 2017), 163쪽.

이 나타나니 믿는 사람이 다 함께 있어 모든 물건을 서로 통용하고 또 재산과 소유를 팔아 각 사람의 필요를 따라 나눠 주며 날마다 마음을 같이하여 성전에 모이기를 힘쓰고 집에서 떡을 떼며 기쁨과 순전한 마음으로 음식을 먹고 하나님을 찬미하며 또 온 백성에게 칭송을 받으니 주께서 구원받는 사람을 날마다 더하게 하시니라" (사도행전 2:42-47)

그뿐 아닙니다. 솔로몬 행각에 앉아 있던 날 때부터 앉은뱅이였던 걸인을 고친 후, 베드로가 큰 권능을 보이면서 유대인들이 십자가에 달아 죽인 이 예수가 부활하여 새 시대를 열었고 새로운 나라를 시작하셨고 그 나라의 왕이요 메시아그리스도가 되었다고 증거하자, 이번에는 믿는 자가 남자만 오천 명에 이르렀습니다.(행 4:4) 어둠 가운데 있던 백성들이, 사망 아래 있던 자들이, 실은 영광의 좌우편을 구하던 제자들처럼 세속적인 하나님 나라 기대로 가득 차 있던 자들이, 그래서 성전 앞에서도 하나님의 은혜보다 은과 금만을 바라던 앉은뱅이와 본질상 다를 바 없던 영적 장애인들이, 빛을 찾아서 생명을 찾아서 구름처럼 몰려온 것입니다. 이제는 이 어둠의 일을 청산하겠다고 작정한 것입니다. 헛된 소망을 버리겠다고 맘먹은 것입니다.

그렇게 복음의 행진은 거칠 것이 없었습니다. 어둠이 들어설 자리가 없을 만큼의 기세였습니다. 하지만 어둠은 결코 빛을 그냥 두는 법이 없습니다. 교회가 제대로 서 나가면 모든 것이 절로 순조로워지는 것이 아니라, 도리어 어둠의 세력이 더욱 기승을 부리고 활개를 칩니다. 전보다 더욱 마음을 나누고 이간질하고 미움과 오해와 서운함이 싹트게 만듭니다. 더 경쟁하게 하고, 더 원망하고 불평하는 마음이 커지게 합니다. 자신들이 누리는 사랑과 용서와 평화가 비현실적으로 보이게 만듭니다. 진심이 아닌 듯 느껴지게 만듭니다. 부자연스럽고 위선적으로 보이게 만듭니다. 그래서 하나님의 영광보다는 자기 의를 내세우게 하고, 자신의 부족함이나 자기가 받은 용서와 은혜를 잊은 채 긍휼이나 관대함 없이 형제를 대하게 만듭니다. 신앙에 회의가 생기게 하고, 결국 모든 것이 지루하고 권태롭고 따분하게 느껴지게 만듭니다. 그러다 보면 일상의 루틴 속에서 하나님의 신비와 역사 개입을 알아보는 눈이 흐려지고, 결국 성찰은 사라지고 손에 쥐어지고 눈에 보이는 것들로만 만족을 얻는 즉자적卽自的, 즉물적卽物的 존재가 됩니다.

이때 사탄의 시험은 크게 두 가지 형태로 찾아옵니다. 첫째는 외적인 박해입니다. 예수 믿는 대가로 너무도 큰 아픔과 고난과 상실을 겪게 합니다. 그간 누렸던 것을 포기하게 합니다. 편안하고 예측 가능한 삶을 더는 누리지 못하게 합니다. 무난한 일상이 깨지고 자기 통제 능력을 상실하게 만듭니다. 그래서 예수라는 존재가 이런 대가를 치러야 할 만큼 대단한지, 그리고 오늘을 포기해야 할 만큼 값어치 있는지를 질문하게 합니다. 우리 안에 있는 자기중심성과 야수성을 자극합니다. 둘째는 교회 내부의 게으름과 죄악입니다. 갈등과 분열입니다. 이는 예수 믿기 전에 누렸던 것을 그대로 누리면서도 새로운 종교가 주는 자극과 위안을 얻겠다는 사람들에게서 나타납니다. 경건의 모양은 있지만 경건의 능력은 부인하는 자들이 나옵니다. 종교적 명예는 바라면서도 종교적 헌신은 거부하는 이들이 등장합니다.

사도행전 4장은 초대교회가 얼마나 외부적인 박해에 담대하게 맞서고 있는지를 잘 보여줍니다. 유대 당국으로부터 다시는 부활의 복음을 전하지 말라는 협박을 받고서도 베드로와 요한이 한 목소리로 이렇게 대답했습니다.

> "하나님 앞에서 너희 말 듣는 것이 하나님 말씀 듣는 것보다 옳은가 판단하라 우리는 보고 들은 것을 말하지 아니할 수 없느니라"(사도행전 4:19-20)

그들은 하나님과 예수님 외에는 무서울 것 없는 사람들이 되었습니다. 더는 죽음을 두려워하지 않는 자들을 꺾을 수 있는 것은 세상에 없습니다. 그들은 혹독한 매를 맞고 풀려납니다. 그러고는 어떻게 반응합니까? 때린 자들을 원망합니까? 박해를 피할 궁리를 합니까? 아닙니다. 공동체로 모입니다. 같이 기도합니다. 말씀을 펴들고 같이 묵상합니다. 이 박해에 담긴 하나님의 뜻이 무엇인지를 살핍니다. 그리고 이런 결론에 이릅니다.

> "과연 헤롯과 본디오 빌라도는 이방인과 이스라엘 백성과 합세하여 하나님께서 기름 부으신 거룩한 종 예수를 거슬러 하나님의 권능과 뜻대로 이루려고 예정하신 그것을 행하려고 이 성에 모였나이다 주여 이제도 그들의 위협함을 굽어보시옵고 또 종들로 하여금 담대히 하나님의 말씀을 전하게 하여 주시오며"(사도행전 4:27-29)

무슨 기도입니까? 다시 자신을 포박했던 자들에게 나아가 지금껏 하던 대로 담대히 하나님의 말씀을 전하게 해달라고 기도합니다. 그렇게 할 만큼 용기를 달라고 기도합니다. 죽음이 기다리는 곳으로 다시 달려갈 담력을 주시도록 기도를 부탁합니다. 무엇보다 자기들 힘으로는 감당할 수 없는 결심을 하였으니, 이제 그 결심이 현실이 되게 해달라고 구한 것입니다. 혹시 그들은 예수께서 십자가를 앞두고 겟세마네 동산에서 기도하셨던 것을 떠올리지 않았을까요? 그들의 기도는 곧장 응답을 받았습니다.

> "빌기를 다하매 모인 곳이 진동하더니 무리가 다 성령이 충만하여 담대히 하나님의 말씀을 전하니라"(사도행전 4:31)

기도 응답의 결과는 '성령 충만'이었습니다. 성령에 충만한 제자들이 복음을 전했을 때, 주님을 믿은 사람들은 이제 삶에서 어떻게 반응합니까? 사도행전 2장이 삼천 명이 회심하고 성령에 충만한 그리스도인들의 삶이 어떻게 변했는지를 보여주었다면, 본문은 오천 명의 그리스도인들이 어떻게 변화되었는지를 다시 한번 보여주고 있습니다. 둘 사이에는 다른 점보다 공통점이 더 많습니다.[2] 저자가 비슷한 결과를 두 번 반복하여 기술한 이유가 있을 것입니다. 복음을 받아들인 사람들, 회심한 사람들에게, 그것도 예루살렘 사람들에게, 또한 사도들의 설교를 듣고 변화된 사람들에게만 예외적으로 나타나는 현상이 아니라, 어디든 언제든 누구에게든 반드시 나타나야 하는 변화라고 말하고 싶었던 것이 아닌가 싶습니다.

---

2 두 구절에는 비슷한 표현들이 나온다. ① '믿는 무리'(2:44 '믿는 사람'; 4:32 믿는 무리), ② '한마음 한 뜻'(2:46 '한마음으로'; 4:32), ③ '모든 물건을 통용하다'(2:44; 4:32) ④ '큰 권능'(2:43 '기사와 표적', 4:33) ⑤ '땅이나 집을 가진 사람들은 그것을 팔아'(2:45 '재산과 소유를 팔아'; 4:34) ⑥ '각 사람의 필요에 따라 나눠주다'(2:45; 4:35)

그 변화가 오늘 저희들이 살펴볼 사도행전 4장 32-37절에 나와 있습니다. 32-35절은 그 전체적인 반응을 소개하고, 그 변화를 대표할 만한 구체적인 한 사람 바나바를 36-37절에 소개하고 있습니다.

공동체의 변화

우선 복음을 듣고 변화된 공동체가 어떤 반응을 보였는지 간략하게 묘사하고 있습니다.

> "믿는 무리가 한마음과 한 뜻이 되어 모든 물건을 서로 통용하고 자기 재물을 조금이라도 자기 것이라 하는 이가 하나도 없더라" (사도행전 4:32)

정말 멋진 모습입니다. 이 세상에서는 도무지 재현될 것 같지 않은 장면입니다. 얼마나 아름다웠던지 교회 역사 내내 이런 공동체를 만들어 보려고 여러 사람들이 시도해왔습니다. 이 형태를 일상화할 수 있는 수도원이 생겼고, 여러 형태의 공동체 운동도 있었습니다. 얼핏 보면, 공산주의가 이상적으로 말하는 사회, 즉 사유재산을 포기한 사회처럼 보일지 모릅니다. 하지만 재물을 일부 공유한 것 말고는 공산주의와 초대교회 사이에는 겹치는 것이 전혀 없습니다. 그 동기와 방법에 있어서 현격한 차이가 있습니다. 예루살렘 교회의 모든 교인들이 전면적이고 지속적으로 유무상통에 참여한 것은 아니었습니다.

소유 포기와 구원

그런데 여기서 지나쳐서는 안 되는 것이 있습니다. 사도행전의 저자가 그리스도인 됨의 표지, 즉 이 사람이 정말 그리스도인이 되었다, 회심하였다는 것을 보여주는 증거로 '소유'에 대한 태도가 근본적으로 바뀐 모습을 제시하고 있다는 사실입니다. 특별히 누가복음과 사도행전의 저자가 그리스도인다움을 묘사할 때 그를 "청지기"로 묘사하는 것이 특징입니다. 자신의 전부를 버리고 주님을 따르는 청지기가 있고, 자기 삶의 자리에 머물면서 따르는 청지기가 있을 뿐, 모든 제자는 본질적으로 청지기였습니다.《누가-행전》은 그리스도인 혹은 제자를 하나님의 재물을 맡아 그분의 나라를 위해 주인이 요청하실 때는 언제든 그분의 뜻을 따라 집행하는 사람으로 그리고 있습니다. '구제'를 '구원'의 길로 보고 있습니다. 물질의 소유권을 하나님께 넘기지 못한 사람은 제아무리 활발하게 종교 활동에 참여하고 합의된 명제에 동의한다 해도, 그는 자기를 다 내주면서 우리를 사랑하신 그리스도의 사람이 아니라고 말하는 듯합니다.

도대체 소유가 구원과 무슨 상관이 있어서 그런 것일까요? 둘 사이에는 아주 긴밀한 관계가 있습니다. 하나님을 떠난 이 세상의 가장 두드러진 특징이 '자기 중심성'이고, 그것을 구현하는 대표적인 방식이 '소유 지향성'입니다. 그것을 지속하기 위해 그들이 만든 존재 방식이 한편으로는 경계와 담을 쌓아 만든 카르텔이고, 다른 한편으로는 배제와 차별, 혐오와 낙인입니다. 특정 시대에만 두드러진 현상이 아닙니다. 모든 시대마다 그랬습니다. 눈에 보이지 않는 하나님, 모든 것의 원천이 되시는 창조주 하나님을 떠난 인간이 자신의 정체성과 안전의 근거를 눈에 보이는 '소유'에 두지 않은 때는 없었습니다. 그럴 수도 없었습니다. 자신을 물질적인 존재로만 정의하는 인간이 근원적인 불안을 떨치기 위해 물질을 선택하는 것은 인간의 자기 본질의 진통이요 발로였습니다. 예나 지금이나 하나님을 떠난 세상은, 무형의 자산이든 유형의 자산이든, '무엇을 얼마나 소유하는가'로 자신을 정의해왔습니다. 물성화된 인간이 소유로 자신의 가치와 존재 의미를 결정하는 시대가 바로 하나님을 믿지 않는 이 세상입니다.

동네 가게에서 두부 한 모를 사서 검정 봉지에 담아 든 사람과 백화점 명품관의 종이 가방을 들고 오는 사람이 나란히 걷는 것을 보면서 우리는 본능적으로 그 둘을 격이 다른 사람으로 평가합니다. 특별히 애쓰지 않아도 아주 자연스럽게 우리는 둘 중에 명품을 든 사람으로 살고 싶어 합니다. 이미 그것은 전혀 의식되지 않는 공기나 물 같은 문화입니다. 그런데 그 공기가 불편하게 느껴지고 심지어 역겹고 거북하게 느껴지기 시작한다면, 나는 좀 더 하나님 나라의 문화에 익숙해진 사람이 되어 가고 있는 것입니다. 관점의 전환은 의지적이고 의식적이지만, 욕망의 전환은 무의식적입니다. 의식적인 결단이 차곡차곡 쌓여야만 그 단계까지 가닿을 수 있습니다. 물론 욕구desire를 거세하라는 뜻은 아닙니다. 그럴 수도 없습니다. 다만 욕구의 요구를 충실히 수행하는 것이 행복의 길이라고 여겨서는 안 됩니다. 우리는 하나님의 말씀으로 내 욕망을 해석해야 합니다. 내 소유와 외모가 내 삶의 질을 결정한다고 선전하고 그것을 가장 강력하게 실증하는 곳이 죄와 사망 아래 있는 이 세상이지만, 가격보다는 가치를, 외적인 성장보다는 내밀한 성숙을, 속도보다는 방향을, 외향보다는 본질을 중요하게 여기는 곳이 하나님 나라입니다. 그런 죄와 사망 아래서 구원 받는다는 것은 무엇을 뜻하겠습니까? 그리스도의 제자가 된다는 것은 무엇을 뜻하겠습니까? 나를 살리는 것은 나의 소유가 아니라 '예수 그리스도'라고 믿는 것이고, 내 생명의 원천은 창조주 하나님이라고 믿는 사람이 되는 것입니다. 교리적 명제에 대해 동의하는 것이 믿음이 아닙니다. 내 소유가 나를 지배하는 것이 아니라 예수 그리스도가 나를 지배하는 사람이 되고, 그 예수께서 사랑하시는 사람을 나도 사랑하는 사람이 되는 것이 '구원'입니다. 그것이 사망에서 벗어난 영생의 상태입니다. 소유가 아니라 사랑이 나를 살린다고 믿는 사람이 하나님 나라의 백성입니다. 사랑이 지배하는 천국의 반대는 지옥이 아니라 소유와 힘이 지배하는 '제국'입니다.

예수님의 십자가와 부활의 역사성을 믿고, 그것이 나를 위한 사건이라는 신학적 명제를 수용하는 것이 나를 재再정의 하는 데 필수적이지만, 그것이 내 구원을 결정하는 믿음의 전부는 아닙니다. 의미 있는 출발이지만, 그것을 고백했다고 내가 하나님께서 창조하고 싶은 사람이 저절로 되는 것은 아닙니다. 예수님의 십자가와 부활, 즉 복음이 우리에게 가르쳐준 것은 무엇입니까? 힘과 소유가 지배하는 이 세상에 대해서 죽는 것이, 즉 물질과 소유에 길들여진 내 자아가 죽는 것이 그리스도 안에서 내가 진정으로 사는 길이라는 것입니다. 하나님의 자녀들은 먹고사는 것이 모자랄까 두려워하는 사람이 아니라, 하나님 없는 삶으로 만족할까 두려워하는 사람을 말합니다. 내 체면보다는 하나님의 명예를 더 염려하는 사람입니다.

이 부활의 도를 몰랐을 때 제자들은 예수님이 자신들의 세속적 야망을 성취시켜 주실 것이라고 기대했습니다. 그리고 그 기대가 허물어지고 생명에 위협을 받자 곧 모두 도망갔습니다. 그들은 이 세상의 소유와 권력과 명예와 힘이, 즉 천하가 저 십자가 위에 대롱대롱 달려 있는 저 인간 예수보다 크다고 생각했던 사람들입니다. 그들은 천하를 얻기 위해 예수님을 따랐는데, 예수님이 천하보다 더 중요한 것이 (영원한) 목숨이라고 하시자 그들은 결별을 선언했습니다. 그들에게 예수의 십자가는 그들이 기대하던 소유와 권력과 명예가 십자가에 달려 죽임을 당하는 사건이었고, 그들의 모든 희망이 함께 절멸되는 순간이었습니다. 이스라엘 초대 왕 사울에게 우상은 그의 왕권이었듯이, 십자가는 제자들에게 신神처럼 떠받들던 소유와 세속적 영광이 죽는 사건이었습니다. 그러니 미련 없이 떠난 겁니다. 뒤돌아보지 않고 소유를 줄 수 없는 죽은 신 예수를 버린 겁니다.

그런데 예수님의 부활이 제자들의 생각을 완전히 뒤집고 뒤엎었습니다. 세상 권력과 명예와 소유를 십자가에 못 박았을 때 참된 힘과 기쁨과 명예와 영광을 얻는다는 것을 보여준 사건이 부활이었습니다. 그러니 이제 살길은 단 하나뿐입니다. 예수님 뒤를 따르는 것입니다. 세상에게 받아먹던 삶에서 돌이켜 그분에게 빌어먹는 삶을 사는 것입니다. 이 세상에 대해서는 한없이 가난한 자가 되고 그리스도 안에서 부요한 자가 되는 것입니다. 요한계시록의 일곱 교회 중에서 서머나 교회에게 죽었다가 살아나신 예수께서 하신 말씀을 들어보십시오.

> "처음이며 마지막이요 죽었다가 살아나신 이가 이르시되 내가 네 환난과 궁핍을 알거니와 실상은 네가 부요한 자니라 … 마귀가 장차 너희 가운데에서 몇 사람을 옥에 던져 시험을 받게 하리니 너희가 십 일 동안 환난을 받으리라 네가 죽도록 충성하라 그리하면 내가 생명의 관을 네게 주리라" (요한계시록 2:8, 10)

반면에 라오디게아 교회는 소유에 대해서는 산 자요 영적으로 죽은 자였습니다.

"네가 말하기를 나는 부자라 부요하여 부족한 것이 없다 하나 네 곤고한 것과 가련한 것과 가난한 것과 눈 먼 것과 벌거벗은 것을 알지 못하는도다 내가 너를 권하노니 내게서 불로 연단한 금을 사서 부요하게 하고 흰 옷을 사서 입어 벌거벗은 수치를 보이지 않게 하고 안약을 사서 눈에 발라 보게 하라 … 볼지어다 내가 문 밖에 서서 두드리노니 누구든지 내 음성을 듣고 문을 열면 내가 그에게로 들어가 그와 더불어 먹고 그는 나와 더불어 먹으리라"(요한계시록 3:17, 18, 20)

우리의 '실상'은 어떠합니까? 겉으로 나타나는 것 말고 있는 그대로의 '실상' 말입니다. 남들이 이렇다 저렇다 말하는 그런 것 말고 우리의 실상을 보십시오. 거울에 비친 내 모습이 아니라 '거울을 보고 있는' 나의 실상 말입니다. 우리 교회를 향해서는 하나님께서 '실상'이 어떻다고 말씀하실 것 같습니까? 겉으로 나타나는 것과 진짜 관계에서 진행되는 것이 똑같다고 하실까요?

부활의 복음이 변화시킨 공동체

부활의 복음을 듣고 주인을 바꾼 사람들, 나라를 바꾼 사람들, 세계관을 바꾼 사람들 가운데서는 큰 변화가 일어났습니다. 다시 한 번 보겠습니다.(행 4:32)

• 한마음과 한 뜻이 되다

"믿는 무리가 한마음과 한 뜻이 되어", 다양한 출신의 사람들이 출신과 사회 계층 간 차이를 극복하고 말씀 앞에서 성령의 역사로 하나가 되었습니다. 내가 죽고 그리스도가 내 안에 사는 이들이 모인 곳에 "한마음과 한 뜻"의 역사가 일어납니다. 그것이 사랑이기 때문입니다. 그러나 오해 없기 바랍니다. 모든 의견에 대해 매번 만장일치가 되어야 한다는 뜻은 아닙니다. 이것은 태도의 문제이고 방향의 문제입니다. 이제 목표가 같아졌다는 뜻입니다. 우선순위가 같아졌다는 뜻입니다. 하나님의 영광과 하나님의 나라가 그들의 우선적인 목표가 되었습니다. 자기 영광과 자기 필요를 내려놓고 하나님 나라와 그분의 의를 본질적으로 추구하는 사람이 되었다는 뜻입니다. 처음에는 하나님 나라와 의를 구하다가 나중에는 자기 나라와 자기 의를 구한다는 말이 아니고, 이제 자신의 모든 간구를 이 하나님 나라와 영광과 그분의 뜻과 의에 비추어 다시 해석하기 시작했다는 뜻입니다. 공동체를 고려하기 시작했다는 뜻입니다. 이제 지체들과 소유를 향한 우선순위와 자세가 달라졌습니다. 내 이웃을 내 몸같이 사랑하게 되었습니다. 내 위신과 내 가족과 내 필요를 앞서 생각하던 데서 떠나 형제의 필요를 염려하고 형제를 나보다 더 낫게 여기고 그들이 신경 쓰이는 사람이 되었습니다. 나와 의견이 다르더라도 형제의 목소리에 귀를 기울이는 사람들이 되었습니다.

• 물건을 통용하다

"한마음과 한 뜻"은 다만 심리적인 것만이 아니었습니다. 그것은 곧장 외적인 결과로 나타났습니다.

> "모든 물건을 서로 통용하고 자기 재물을 조금이라도 자기 것이라 하는 이가 하나도 없더라" (사도행전 4:32b)

이것은 성령이 활동하여 일구신 결과입니다. 소유의 공유는 자기 자신의 공유를 의미합니다. 자신을 사적, 물적 존재로 국한시키지 않고 공적, 영적 존재로 확장한 것입니다. 내 소유를 타인이 사용하도록 허락했다는 것은 '나'라는 개인을 타인들이 사용하도록 내어준 것이나 다름없습니다. 이것은 자신도 이미 타인의 삶에 의존해왔음을 인식했을 때만 할 수 있는 결정입니다. 물론 여기서 "통용"은 사용권의 공유를 의미할 뿐 소유권의 공유는 아니었습니다. 뒤에 이어지는 아나니아와 삽비라 부부의 사건에서 그것이 분명히 드러납니다.(행 5:4)

바울은 빌립보 성도들에게 보내는 편지에서 "너희 안에 이 마음을 품으라 곧 그리스도 예수의 마음이니"(빌 2:5)라고 하면서 예수께서 아버지 하나님께 죽기까지 복종하신 모습을 제시합니다. 그러면서 우리도 그 그리스도의 마음을 본받아 형제와 자매를 사랑하라고 권면합니다. 이 말씀 바로 전에 그 마음을 본받는 우리의 태도를 이렇게 말합니다.

> "그러므로 그리스도 안에 무슨 권면이나 사랑에 무슨 위로나 성령의 무슨 교제나 긍휼이나 자비가 있거든 마음을 같이하여 같은 사랑을 가지고 뜻을 합하여 한마음을 품어 아무 일에든지 다툼이나 허영으로 하지 말고 오직 겸손한 마음으로 각각 자기보다 남을 낫게 여기고 각각 자기 일을 돌아볼 뿐더러 또한 각각 다른 사람들의 일을 돌아보아 나의 기쁨을 충만케 하라" (빌립보서 2:1-4)

한마음과 한 뜻이 되어 하나님께 복종하고 지체를 사랑하는 일에 나서라고 합니다. 그것이 어떤 행동으로 표현됩니까? "각각 자기 일을 돌아볼 뿐더러 또한 각각 다른 사람들의 일을 돌아보는 것"으로 나타납니다. 사도행전은 그것을 "모든 물건을 서로 통용하고 자기 재물을 조금이라도 자기 것이라 하는 이가 하나도 없더라"라고 표현하고 있는 겁니다. 한마음과 한 뜻이 있고서야 목숨같이 여기던 물건을 서로 통용할 수 있습니다. 여기 물건을 서로 통용했다는 것, 자기 재물을 조금이라도 자기 것이라고 하는 이가 없었다는 것이 사유재산을 포기하고 공동재산으로 운용했다는 의미는 전혀 아닙니다. 사도행전 안에서 보면, 여전히 교인들이 사유재산을 가진 채, 교회가 필요할 때마다 자기 형편을 따라 그리고 공동체의 필요에 따라 내놓는 모습을 종종 볼 수 있습니다. 사도 중에 아무도 예수님이 부자 청년에게 요구하듯, 예수님을 따르는 조건으로 자기 소유를 전격적으로 포기하라고 요구한 장면이 안 나오고 그런 암시도 없습니다. 하지만 소유권과 사용권을 참 주인 예수께 양도하는 것이 회심이라는 사상은《누가 - 행전》저변에 흐르고 있습니다. 따라서 "자기 재물을 조금이라도 자기 것이라 하는 이가 하나도 없었다"는 말은 그들이 진심으로 회심한 사람이었다는 말과 같았습니다. 형제의 긴급한 필요를 보고서도 재물이 아까워 내놓지 않은 사람이 없었습니다. 재산 전부를 팔아서 그 사람들을 도운 것은 아니었지만, 당장의 필요를 외면하지도 않았습니다. 가족끼리도 '미래의' 상속재산을 두고 다투는데, 타인을 위해서 '현재의' 자기 재산을 내놓는 일은 그 사람에게 일어난 변화를 가장 극적으로 보여주는 사건입니다. 사랑의 사도 요한은 우리가 하나님을 사랑하는 사람인지를 확인하고 진리 안에 거하는 사람인지를 알 수 있는 시금석 하나를 제시합니다.

"그가 우리를 위하여 목숨을 버리셨으니 우리가 이로써 사랑을 알고 우리도 형제들을 위하여 목숨을 버리는 것이 마땅하니라 누가 이 세상의 재물을 가지고 형제의 궁핍함을 보고도 도와 줄 마음을 닫으면 하나님의 사랑이 어찌 그 속에 거하겠느냐 자녀들아 우리가 말과 혀로만 사랑하지 말고 행함과 진실함으로 하자 이로써 우리가 진리에 속한 줄을 알고 또 우리 마음을 주 앞에서 굳세게 하리니"(요한일서 3:16-19)

형제를 위하여 목숨을 버리는 것이 참사랑이라는 말을 형제의 궁핍함을 보고도 모른 체하지 않는 것이라고 구체적으로 설명해줍니다. 형제가 먹을 것이 없어서 염려하는데, 나는 얼마나 더 먹을까, 무엇을 골라 먹을까 고민한다면, 어떻게 가족이라고 할 수 있겠느냐고, 사도는 아주 상식적인 질문을 던집니다.

부활의 복음을 들은 초대교회의 공동체는 그런 긴급한 필요들 앞에서 자기 재물은 더는 자기 것으로 여기지 않고 그들이 필요한 만큼, 자신들이 내놓을 수 있을 만큼 나누어주었습니다. 저자는 아주 충격적인 과장법을 씁니다. "자기 것이라 하는 이가 하나도 없더라." 여기 "하는 이가"라고 할 때 쓰인 미완료 시제엔, ἦν는 이것이 충동적이고 일시적인 자세가 아니라 지속적인 자세였음을 보여줍니다. 여전히 자기 소유를 자기 것이라고 여기는 사람은 참된 회심을 한 사람이 아니고, 그리스도를 주인으로 영접한 사람이 아니라는 뜻입니다.

소유 포기를 가능하게 한 것

그들이 이런 급진적인 생각을 하게 된 배경을 본문은 이렇게 말합니다.

"사도들이 큰 권능으로 주 예수의 부활을 증거하니 큰 은혜를 얻어"(사도행전 4:33)

여기서 말하는 부활 증거는 앞서 베드로와 요한이 성전에서 예수님의 부활을 전한 것을 말하거나 혹은 성전 당국자들의 경고에도 아랑곳하지 않고 사도들 자신들이 기도한 대로 담대히 하나님의 말씀을 계속 전한 것을 가리킬 수도 있습니다. 미완료 시제 '증언하다' 아페디둔 토 마르튀리온, ἀπεδίδουν τὸ μαρτύριον는 사도들의 증언 사역이 지속적이었음을 강조하고 있습니다. 그 부활의 메시지를 듣고 "큰 은혜를 얻은" 성도들이 한마음과 한 뜻이 되어 유무상통한 것입니다. 예수님의 부활은 사망이 지배하는 이 세상, 생명이 아니라 죽음을 가져오는 이 세상 문화를 거절해도 우리는 절대 죽지 않으며, 도리어 예수님처럼 이 문화를 거슬러 살 때 진정으로 생명을 얻고, 생명을 살리고, 생명을 낳을 수 있음을 증명해준 사건이었습니다. 그러니 교회의 역할 중에 가장 중요한 것은 '주 예수의 부활'의 복음을 선포하는 일이고 믿는 일이며 그것이 가져온 결과를 실현해 보이는 일입니다. 그것이 큰 권능으로 주 예수의 부활을 증거하는 일이 아니겠습니까? 그러면 성도들은 그 복음에 큰 은혜를 얻게 됩니다. 사도들이 그 부활의 복음을 큰 목소리만으로 전한 것이 아니라 "큰 권능" 뒤나메이 메갈레, δυνάμει μεγάλῃ 으로도 전했습니다. 그랬기에 사람들이 "큰 은혜" 카리스 메갈레, χάρις μεγάλη를 얻었습니다. "큰 권능"은 부활의 메시지를 전할 때 부활의 주님이 일으키시는 기적적인 사건들도 동반되었다는 의미일 것입니다.(살전 1:5) 사도들이 "손을 내밀어 병을 낫게 하시옵고 표적과 기사가 거룩한 종 예수의 이름으로 이루어지게 하옵소서"(행 4:30)라고 간구한 대로 된 것입니다. 실제 부활하여 살아계신 주 예수 그리스도의 능력으로 죽음의 증상들이 물러가고 생명이 살아나는 사건이 일어났습니다. 그 공동체 안에 성령이 충만하였기에 가능했던 일입니다. 사도들이 그리스도의 부활의 복음을 전할 때, 이미 부활하여 살아계신 예수 그리스도께서 살아생전에 보여주셨던 생명의 역사를 이 성령을 통해 일으키셨던 것입니다. 사도들이 증언할 때 예수님의 부활 사건은 현재적 사건이 되었고, 이제 예루살렘 사람들도 사도들의 증언을 통해 부활의 예수를 생생히 만나게 된 것입니다. 이것으로 사도들은 큰 권위를 얻게 되었고, 그래서 땅이나 집을 판 돈을 "사도들의 발 앞에" 두고 나누게 할 만큼 사도들의 위상이 높아졌습니다.

교회는 오늘도 이 부활을 전하도록 부름을 받았습니다. 유창한 말이나 감동적인 설교만으로 전하는 것이 아니라, 그 메시지가 선포자의 삶에서 증명되는 '성령의 권능으로' 전해야 합니다. 개인과 공동체 안에서 그들의 가치관과 사는 방식을 통해 부활의 능력이 나타나야 합니다. 그리하여 작은 단위에서라도 실제 이 세상을 의지하던 사람이 하나님 나라를 의지하게 되고, 죽어가던 사람이 살아나고, 핍절한 사람들이 사라지고, 죽음을 꿈꾸는 사람들이 생기를 찾고, 세상을 살 의지가 없던 자들이 일어나는 역사가 일어날 때, 사람들은 우리가 전하는 생명의 복음, 큰 권능의 복음을 믿을 것입니다. 그때 "큰 은혜"를 얻을 것입니다.

은혜 받은 자의 반응

사도행전 4장 33절에 이미 은혜 받은 사람들의 모습이 나왔습니다. "한 마음과 한 뜻이 되어 모든 물건을 서로 통용하고 자기 재물을 조금이라도 자기 것이라 하는 이가 하나도 없는" 모습이 구체적으로 어떻게 표현되었고, 또 어떤 결과를 낳았는지를 4장 34-35절에서 말하고 있습니다.

> "그 중에 가난한 사람이 없으니 이는 밭과 집 있는 자는 팔아 그 판 것의 값을 가져다가 사도들의 발 앞에 두매 그들이 각 사람의 필요를 따라 나누어 줌이라"(사도행전 4:34-35)

• 그 중에 가난한 사람이 없으니

먼저 결과부터 나옵니다. "그 중에 가난한[3] 사람이 없으니", 아무도 먹고사는 문제 때문에 죽음의 문턱을 넘나드는 사람이 없었다는 뜻입니다. 문자적으로 가난한 사람이 없어졌다는 뜻이 아니라, 삶에 위협을 받을 만큼 빈곤한 채 방치된 자들이 없었다는 뜻입니다. 아무리 잘 나눠도 모든 신자들의 삶의 조건이 일시에 개선되어 가난 자체가 사라지는 일은 없습니다. 아무리 힘써 돕고 섬겨도 가난은 우리 곁을 떠나지 않습니다. 공동생산, 공동소유의 공동체가 되지 않는 한, 교회는 가난한 사람과 부유한 사람 없이 똑같이 가진 것을 공유하는 이상적인 공동체가 될 수 없습니다. 인간의 욕망에 대해 과소평가해서는 안 됩니다. 많이 가진 자들

---

3 "가난한"이라는 단어(엔데에스, ἐνδεής)는 신약성경에서 이곳에만 나온다. '~이 없는', '~이 필요한'이라는 뜻이다.

이 자기 것을 잘 나눠주면 되는 문제가 아닙니다. 나누는 일도 힘들지만, 주는 사람의 마음과 수준으로 받는 것은 더 어렵습니다. 받는 사람이 받는 것을 당연하게 여기지 않고 그 은혜를 따라 다른 이들에게 나누는 것은 더욱 어렵다는 뜻입니다. 결국 인간 자체는 변하지 않거나 공동체가 사랑으로 돈독해지지 않은 채 이벤트로 끝날 수도 있습니다. 주님이 정말 원하시는 공동체는 현실적으로 소유가 많거나 적은 것이 아무 문제가 되지 않는 곳입니다. 소유로 차별하지 않고, 가진 것이 없다고 소외시키지 않는 공동체, 그러나 너무 살기 힘들어 세상을 등지는 사람이 없을 만큼 세심하게 서로의 형편을 알고 챙겨주는 공동체, 그런 곳이 주님의 성령이 권능으로 역사하는 사랑의 공동체입니다.

• 예루살렘의 가난

예루살렘에는 유독 가난한 자들이 많았습니다. 이유는 여럿 있습니다. 예루살렘은 높은 산지에 있어서 농사를 지을 수 없었습니다. 그래서 장사나 무역 등으로 생계를 유지했는데, 산 아래서 기근이나 가뭄이 생기면 큰 타격을 입습니다. 또 있습니다. 초대교회에서 먼저 회심한 자들은 대부분 서민이나 하층민이었습니다. 이스라엘은 종교와 권력이 하나인 사회였고, 이곳에서 지도층이 기독교로 회심한다는 것은 자신의 사회적인 특권을 포기한다는 것과 같았습니다. 그래서 권력자들보다는 잃을 것이 없는 서민들이나 죄인들이 주로 회심했습니다. 더군다나 예루살렘에는 디아스포라 유대인들이 많았습니다. 유대인들은 죽을 때는 고향에 묻혀야 한다고 믿었고, 특별히 성전 근처에 묻힌 사람들이 메시아의 시대에 가장 먼저 부활한다는 속설이 있었습니다. 그래서 이스라엘

밖에 흩어져 살던 유대인들이 늙으면 예루살렘으로 몰려들었습니다. 사도행전 6장에 나오는 헬라파 과부들이 바로 그들입니다. 가난하지만 회심한 그리스도인들을 먹여 살리는 문제가 교회의 큰 과제였습니다. 후에 바울 사도가 마게도냐 인근 교회들에서 구제헌금을 모아다가 기근으로 시달리는 예루살렘 교회에게 전달한 이유도 여기에 있습니다. 예수님을 믿기 전에는 유대교에서 이들을 책임져주었습니다. 유대교에서는 구제를 기도와 금식과 함께 매우 중요한 경건 행위로 인정하고 있었습니다. 그러나 이제 유대교를 떠나면서 그들은 더이상 유대교 구제의 수혜자가 될 수 없었습니다. 그런데 성령의 역사로 급작스럽게 구제의 대상이 되는 교인들이 늘어나면서 교회가 이들을 돌보는 일이 시급해졌고 중요한 사역이 되었습니다. 넉넉하지 못한 교회가 이 문제를 해결하기 위해서는 특단의 조치가 필요했습니다. 부활의 복음을 듣고 사람들이 큰 은혜를 받으면서 구제의 문제를 자기들의 문제로 여기기 시작했습니다. 자기 재산을 하나님의 것으로 여기고 하나님의 일을 위해 쓰도록 잠시 위임받은 것이라고 생각하는 이들이 많아졌습니다.

사도행전 저자는 자기 소유를 팔아 공동체 안에 가난한 자가 없도록 하는 이 장면에서 분명 신명기의 말씀을 기억해냈을 것입니다. 저자는 신명기의 이상이 초대교회에서 구체화되고 있다고 생각했을 것입니다.

> "네가 만일 네 하나님 여호와의 말씀만 듣고 내가 오늘날 네게 명하는 그 명령을 다 지켜 행하면 네 하나님 여호와께서 네게 유업으로 주신 땅에서 네가 정녕 복을 받으리니 너희 중에 가난한 자가 없으리라"(신명기 15:4-5)

사도행전 저자는 지금이 바로 그 하나님의 약속이 실현되는 때이며, 유대교가 아니라 이 예수 공동체가 신명기적 가치를 구현하는 유대 전통의 진정한 계승자가 되었다고 말하고 싶은 것 같습니다.

• 밭과 집을 팔아 내놓다

저자는 악조건에도 불구하고 예루살렘 공동체에 가난한 자들이 없게 된 배경을 4장 34절 하반절부터 소개하고 있습니다. 이 문장은 이유를 나타내는 접속사 '가르'γάρ 로 시작합니다. 공동체의 필요가 생길 때마다 일부 사람들은 이례적으로 크게 헌신하였기 때문입니다.

> "이는 밭과 집 있는 자는 팔아 그 판 것의 값을 가져다가 사도들의 발 앞에 두매" (사도행전 4:34b-35a)

당시에는 이렇게 밭을 가진 자가 전 인구의 10%에 불과했습니다. 그런데 예루살렘의 회심자들 중 일부가 구제하기 위해 자기 집과 밭을 팔았습니다.[4] 자신들의 중요한 삶의 기반을 완전히 내어놓은 것입니다. 물론 자신의 가진 '전부를' 내어다 팔았다는 말은 아닙니다. 또한 '모든 신자들'이 다 참여한 것도 아닙니다. 일부 신자들이 소유의 일부를 팔아 사도들의 발 앞에 갖다 놓았습니다. 그들은 "옷 두 벌 있는 자는 옷 없는 자

---

4 "가져오다"(에페론, ἔφερον), "놓다"(에티쑨, ἐτίθουν)가 모두 미완료 시제인 것을 볼 때, 자산이 점진적으로 현금화되었을 것으로 보인다. 5장에서 아나니아와 삽비라가 수입금 일부를 챙겨 놓을 수 있었던 것도 이런 현금화가 단번에 이루어지지 않고 시간을 두고 이루어졌기 때문일 것이다.

에게 나눠 줄 것이요 먹을 것이 있는 자도 그렇게 할 것이니라"(눅 3:11)는 세례 요한의 조언을 문자 그대로 따르고 있었습니다. 자신이 필요할 때가 되면 이 공동체를 통해서 하나님이 공급하실 것이라고 확신했기에 이런 결단을 내릴 수 있었을 것입니다. 이것이 공산주의와 초대교회가 결정적으로 다른 점입니다. 빈자와 부자 사이의 경계와 차별을 넘어 빈곤한 자가 없는 상태가 되는 것이 참 공동체의 조건이지만, 동시에 그 재물의 포기와 나눔이 사랑에서 비롯된 자발적인 일이 되지 않는다면 재물 공유 자체만으로 이 세상이 유토피아가 될 수는 없습니다.

• 사도들이 나누다

재물의 분배를 재산을 내놓은 부자들 혹은 성도들이 아니라 사도들이 맡았다는 것은 매우 중요한 의미가 있습니다. 부유한 신자가 사적인 명예나 대가를 바라고 관대함을 베풀지 못하게 한 것입니다. 의도하지 않더라도 공동체 안에서 받은 사람과 베푼 사람이 드러나면 평등한 관계를 맺기 어렵습니다. 이미 그 당시 그리스-로마 사회에서는 은택을 베풀거나 도움을 줌으로써 영예와 특권과 사회적 신분을 보상으로 받는 문화가 있었습니다. 하지만 초대교회는 분배의 책임을 사도들이 전적으로 맡음으로써 이를 철저히 배제하였습니다. 이때 '사도들'은 개인으로서의 사도가 아니라 공동체의 대표로서의 사도가 되었습니다. 이렇듯 초대교회에서 헌금을 나누는 권한이 공동체 안에서 영적 권위를 가진 사도들에게 위임되었듯이, 오늘날 교회에서도 특정인이 지나치게 임의로 헌금에 관한 권한을 사용하지 못하도록 적절한 규칙을 만들고 공동체가 권위를 부여한 사람들이 맡아서 적절히 운용하게 해야 합니다. 리더십은 공동체의 필요에 민감하고, 공동체는 리더십의 재정 운용 방향을 존중한다면, 조화로운 공동체가 될 것입니다.

• 각 사람의 필요를 따라 나누다

사도들은 모든 사람들에게 똑같이 나눠주지 않고 "각 사람의 필요를 따라" 나눠주었습니다.(행 4:35) 2장에는 안 나오는데 여기서는 판 돈을 "사도들의 발 앞에 두었다"는 표현이 나옵니다. 시간이 흐를수록 사도들의 권위가 강화되었음을 보여줍니다. 그들이 전하는 말씀과 그들이 행하는 권능과 고난에 굴하지 않는 삶이 이런 영적 권위를 가져다주었을 것입니다. 사도들은 신자들의 현실적인 필요를 외면하지 않았습니다. 내세를 위해 현세를 부정하라고 하지 않았습니다. 그렇다고 해서 그들이 '원하는' 대로 나눠주지는 않았습니다. 더 많이 '필요한' 사람은 더 많이 주고, 더 적게 필요한 사람은 더 적게 주었습니다. 필요한 때에 주었습니다. 그것이 공평한 것입니다. 성도들은 그 필요성 여부를 영적 지도자들의 판단에 맡겼습니다. 오늘날에도 교회는 구제할 때에 이 원리를 적용해야 합니다. 형평성을 지나치게 강조하여 상황이나 형편을 따지지 않은 채 기계적으로 구제의 정도를 정하면 너무 성의 없는 선행이 됩니다. 사랑으로 역사하는 형평성의 원리를 고민해야 합니다.

이렇듯 '큰 은혜'를 받아 헌금한 것을 교회가 사용하는 일에도 하나님의 은혜가 나타나게 해야 합니다. 조국 교회와 지도자들이 타락한 가장 주요한 요인이 '돈'이라는 사실을 부인할 사람은 없을 것입니다. 헌금은 교회의 규모를 키우고 유지하는 데만 투자되어서는 안 됩니다. 구체적으로 사람을 살리는 일에, 예수 그리스도의 부활의 권능을 입증하는 일에, 사랑의 공동체를 만드는 일에 사용되어야 합니다. 또 성도 개인이나 공동체가 사회의 검은 이익과 손잡지 않고 담대하게 고난의 길을 선택할 수 있도록 든든하게 후원하는 데 하나님께 드려진 물질이 사용되어야 합니다. 가령, 견딜 수 없을 만큼 부정하고 부당한 일을 강요받는 성도가 있다면 직장을 그만 두라고 말하고, 새 직장을 얻을 때까지 핍절하지 않게 교회가 지원할 수 있을 것입니다. 억울하게 고통당하는 성도들을 지원하여 하나님이 우리를 사랑하시고 지키신다는 것을 증명해 보여야 합니다. 성도들은 약자들을 위해, 정의를 위해 일하는 시민단체나 정치인을 후원하고, 교회는 해외 선교사들은 물론이고 국내에서 하나님 나라 선교를 위해 애쓰는 여러 단체들을 도울 수도 있습니다. 은혜를 따라 헌금하고, 필요에 따라 집행하는 교회, 헌금한 것보다 더 많은 도움을 받는 성도들이 있는 교회, 즉 당장에는 헌금하기보다는 자기 가정을 위해 먼저 써야 하는 교인들, 헌금을 할 여력이 없는 성도들도 이해하고 품어줄 수 있는 교회, 이런 교회가 진정으로 사랑으로 역사하는 교회, 생명을 낳는 교회일 것입니다.

헌신한 인물

이제 저자는 자기 것을 내다 팔아 핍절해가는 성도들을 도운 한 사람을 그 예로 소개합니다. 그 예로 소개한 것이기도 하지만, 이 사람이 후에 사도행전 안에서 중요한 역할을 할 것이라서 미리 소개하는 것이기도 합니다.[5]

---

5 사도행전에서 바나바는 23회나 언급된다.

"구브로에서 난 레위족 사람이 있으니 이름은 요셉이라 사도들이 일컬어 바나바라(번역하면 위로의 아들이라) 하니 그가 밭이 있으매 팔아 그 값을 가지고 사도들의 발 앞에 두니라"(사도행전 4:36-37)

그는 구브로키프로스, Cyprus 출신으로 바나바라고 불렸습니다. 레위 족속이고 요셉이라는 이름도 갖고 있습니다. 그는 헬라어를 쓰는 유대인이거나 혹은 디아스포라 유대인일 것입니다. 비슷한 배경을 가진 사도 바울과 함께 그가 이방인 선교를 위해 파송 받은 것은 아주 자연스러운 일입니다. 원래 레위지파는 자기 소유의 땅을 가질 수 없지만(민 18:20; 신 10:9), 외국에 사는 레위인은 사유재산을 갖는 것이 허용되었습니다.[6] 이미 이때만 해도 예루살렘 안에서 제사장들이 권력과 영합하여 재물을 챙기는 일이 아주 흔했습니다. 바나바 역시 베드로의 설교를 듣고 변화된 유대인으로서 사도들을 도왔습니다. 사도들이 그에게 별명을 지어준 것을 볼 때 사도들과 상당히 친분이 두터웠던 것 같습니다. 사도들은 그를 '바나바', 즉 '권위자' 혹은 '위로의 아들'이란 이름을 지어주었습니다. 바나바가 자기 밭을 팔아 그 값을 가지고 사도들 앞에 내어놓았습니다. 세 개의 부정과거 동사가 연달아 나오는 것을 볼 때(팔다, 폴레사스, πωλήσας, 값을 가지다, 에네그켄, ἤνεγκεν, 발 앞에 두다, 에쎄켄, ἔθηκεν), 그의 행동이 얼마나 주저함 없는 단호한 실천이었는지를 알 수 있습니다. 어쩌면 사도들은 이 모습을 보고서 자신들이 예수님을 좇기로 했을 때 가진 것과 가족을

6 1세기에 이미 레위인의 땅 소유가 허용된 기록이 있다. Josepus, *Life*, 68-83. 예레미야도 땅을 소유한 바 있다(렘 32:6-15).

다 버리고 무작정 따라왔던 일이 떠올랐을 것입니다. 바나바, 그는 심지도 굳고 마음이 참 따뜻한 사람이었습니다.

사도행전 11장에 보면, 스데반의 핍박 사건으로 흩어진 사람들이 여러 곳에서 복음을 전하자 믿는 자들이 곳곳에서 생겨납니다. 그중에 대표적인 도시가 안디옥입니다. 이 소식을 듣고 예루살렘의 사도들은 안디옥에 일꾼 한 사람을 파송하는데, 그가 바로 바나바입니다. 사도들이 자신들을 대신하여 교회를 세울 사람으로 여길 만큼 그를 신뢰했던 것입니다. 구제를 잘하는 너그러운 사람일 뿐 아니라 성도들을 말씀과 사랑으로 잘 목양할 사람으로 여겼습니다. 그는 또한 스데반을 죽이는 일에 가담하고 그리스도인들을 박해하는 데 앞장선 바울이 지금은 회심했는데도 교회가 그를 받아들이지 않고 꺼려할 때, 자기가 보증하여 그를 사도들에게 데려가 교제하도록 해주었습니다.(행 9:27-29) 더 나아가 고향 다소에 머물러 있던 바울을 잊지 않고 초청하여 안디옥에서 자신과 같이 사역하도록 기회를 주었습니다.(행 11:25-26) 안디옥 교회의 부흥은 이 두 사람의 동역의 결과였고, 결과적으로 바나바가 없었다면 오늘 우리가 아는 바울은 없었을 것입니다. 당연히 하나님께서 바울을 이방인의 사도로 부르셨고 성령께서 그와 함께하셨지만, 그를 향한 소명을 이루시는 일에 주님은 이 사랑과 격려의 사람 바나바를 사용하셨습니다. 그렇게 바나바 그는 다른 사람들을 잘 세우고 격려하는 지도자였습니다. 당대 교회 문제를 해결하는 적임자였습니다. 사도행전 저자도 "바나바는 착한 사람이요 성령과 믿음이 충만한 사람이라"(행 11:24)고 평가하고 있습니다.

바나바가 바울과 함께 안디옥 교회가 파송한 최초의 선교사로 떠날 때, 첫 행선지로 바나바의 고향 구브로를 선택한 것은 어쩌면 자연스러운 일이었는지 모릅니다.(행 13:4) 선교여행 초반에는 바나바가 주도권을 쥐고 있었지만, 후에는 자연스럽게 이방인의 사도로 부르심을 받은 바울에게 말씀 선포의 주도권과 리더십이 넘어가는데, 이것이 가능했던 것은 넓은 도량을 가진 일꾼 바나바가 있었기 때문일 것입니다. 이것은 1차 선교여행 기록을 유심히 살펴보면, 주로 바울이 말씀을 전한 것으로 나오고, 어느 시점부터는 "바나바와 바울"로 나오던 언급 순서가 "바울과 바나바"로 바뀌고 있는 것을 통해 확인됩니다. 곁에서 본 저자 누가도 자연스럽게 권위의 변화나 리더십의 변화가 일어났다는 사실을 확인한 것입니다. 바나바가 말씀에 탁월한 바울의 은사를 인정해주지 않았다면, 바울이 나서서 활약하기 어려웠을 것입니다. 바울이 책임자로 보이고 바나바는 조력자로 여겨질 수 있었을 텐데, 바나바에게는 그것이 문제가 되지 않았던 것입니다.

물론 너무 관대한 바나바의 성품이 나중에는 문제의 발단이 되기도 했습니다. 1차 전도여행 때 동행한 사역자 중에 바나바의 조카 마가가 있었는데, 이유는 알 수 없지만 그가 중간에서 선교를 포기하고 돌아가 버리는 사태가 벌어집니다.(행 13:13) 바울에게 이것은 선교사로서 합당하지 못한 처신이었습니다. 그런데도 바나바가 그를 2차 전도여행 때도 데리고 가려고 하자 바울은 완강히 반대합니다. 결국 두 사람은 그 일로 크게 다툰 끝에 결별하고, 바나바는 마가를 데리고 바울 일행과는 다른 경로로 선교여행에 나섭니다.(행 15:36-41) 그는 끝까지 조카인 마가 요한을 포기하지 않고 챙기고 있습니다.

아름다운 조연, 멋진 넘버 투, 그가 바나바였습니다. 자기 것을 아끼지 않고 성도들을 사랑하는 지도자, 교회를 개척할 만큼 리더십이 있는 지도자, 편견에 사로잡히지 않고 진가를 알아보고 기회를 줄줄 아는 지도자, 자기보다 더 나은 사람에게 자기 자리를 내어주는 겸손한 지도자, 형제의 연약함을 이해하고 위로해 주는 지도자였습니다. 예루살렘 교회는 사도들의 동역자 바나바의 헌신으로 차근차근 성장하고 있었습니다. 우리 교회에서는 누가 이런 바나바와 같은 지도자일까요? 성도들이 자기 것을 아낌없이 내어주며 성도를 위로하고 세워주고 협력하는 바나바들이 된다면, 참으로 따뜻한 공동체로 부흥할 수 있을 것입니다.

나가는 말

한마음과 한 뜻의 공동체, 나눔의 공동체

교회는 비움과 나눔의 공동체입니다. 주 예수 그리스도의 부활의 복음이 큰 권능으로 선포되는 것을 듣고 예루살렘의 성도들이 큰 은혜를 받았습니다. 자신을 비우신 예수님이 사랑과 존경으로 채워지고, 자기를 낮추신 예수님이 높임을 받고, 자기를 수치 가운데 희생하신 예수님이 영광스럽게 경배를 받는 복음이 선포되자, 성도들도 자기 부정의 삶, 자기를 비우고 타인을 채워주는 은혜의 삶을 시작하였습니다. 사도들이 박해를 두려워하지 않고 담대히 부활의 복음을 전했을 때, 세상을 두려워하지 않는 성도들이 태어났습니다. 경쟁과 암투, 탐욕과 미움으로 가득한 세상의 가치관을 거부하고 지체를 위해 피 같고 살 같은 소유를 떼어줄 줄 아는 성도들이 태어났습니다. '큰 권능'으로 전하는 말씀에 '큰 은혜'를 받고 '큰 재산'을 선뜻 내놓는 놀라운 실천력을 갖춘 공동체가 태어났습니다. 더는 가난 때문에 안식을 누리지 못하는 성도나 샬롬을 누리지 못하는 성도가 그 안에 없었습니다. 성령에 충만한 교회는 나눔과 비움과 내어줌의 공동체가 되었습니다.

구현해야 할 이상

사랑하는 여러분, 더는 이런 교회의 모습을 상상 속의 이상으로만 여기지 않기를 바랍니다. 우리에게도 그들에게 있는 십자가와 부활의 복음이 있고, 우리 안에 성령께서 내주하고 계시기 때문입니다. 그들을 구원하시고 새창조하시고 영광중에 다스리시는 예수께서 우리도 다스리고 계시기 때문입니다. 그러니 안 된다고 말하지 맙시다. 하는 데까지 해봅시다. 이 시대를 밑그림으로 삼아 우리 시대에 주께서 원하시는 교회의 그림을 그려갑시다. 야무지게 상상하고 당차게 이뤄갑시다. 할 수 있는 것부터 시작합시다. 안에서부터, 가까운 데서부터 먼저 챙기면 되지 않겠습니까. 그러면서 점점 이웃을 돌아보고, 조국 교회와 선교지를 살펴보고, 우리 사는 세상의 어둡고 그늘진 곳으로 시선을 확대해 갑시다. 주께서 유독 저희 공동체에게만 알게 하시고 보여주신 곳이 있거든, 외면하지 말고 계산하지 말고 넉넉히 섬기는 개인과 교회가 됩시다. 그것이 오늘 예수님이 부활하여 우리의 왕이 되신다고 고백하는 공동체의 합당한 모습이요, 가장 설득력 있고 강력한 복음 선포의 형태일 것입니다. 그것이 하늘의 유업이 있다고 믿는 성도들의 모습이요, 우리의 목숨까지 우리 것이 아니라 주 예수 그리스도의 것이라고 고백하는 성도들에게 합당한 태도입니다. 초대교회는 이제 우리가 부러워하기만 하는 이상적인 교회가 아니라, 오늘 우리 가운데 구현될 수 있고 구현해야 하는 그리스도의 몸이요 성령의 전입니다.

함께 기도하겠습니다

하나님 아버지
복음의 첫 열매인 첫 신앙의 선배들의 삶과 고백을 통해서
저희가 이 시대에 일구어 가야 할
교회의 그림을 보여주셔서 감사합니다.
주님께서는 저희에게도 성령님 보내주시고 말씀을 들려주셔서,
저희가 주 예수 그리스도의 나라를 더 생생하게,
그리고 더 풍성하게 상상할 수 있게 해주셔서 고맙습니다.
현실은 그것과 몹시 동떨어진 모습이어서
가끔은 정말 이 멋지고 아름다운 공동체를
우리 시대 여기 이 땅에서도 볼 수 있을까 하는 의구심이 생기기도 하고,
아직도 잔상으로 남아 있는 교회로 인해 겪었던 아픔 때문에
기대를 걸어보는 것마저 주저하게 되는 것을 주님은 잘 아실 것입니다.
그렇지만 주님, 저희 힘만 갖고서는 결코
그런 멋진 공동체 이룰 수 없다는 것을 인정하겠습니다.
이제 주께서 저희 안에 먼저
복음으로 새로운 창조를 이루어내시기를 기도합니다.
주님의 부활이 가져온 새 시대를 저희부터 맛보고 경험하여
사망의 문화에 짱짱하고 담담하게 저항할 수 있는
담력을 얻게 하여 주시옵소서.
성령님 부디 힘없는 저희를 도와주셔서 생명이 되는 관계가 형성되고,
소유가 만든 힘이 상대화 되게 하여 주시옵소서.
서로를 섬겨주고 높여주고 공감해줄 수 있는

한마음과 한 뜻의 공동체가 되고
그리스도의 한 몸으로 잘 지어져 가게 하여 주시옵소서.
주님, 우리 가운데 사도들을 닮은 신실한 일꾼들도 보내주시고,
그들을 돕는 멋진 조연 바나바 같은
따스하고 온유하고 너그러운 일꾼들도
많아지게 하여 주시옵소서.
세상이 교회를 염려하는 이 시대에,
오직 주님만을 평화와 안식과 생명의 원천으로 인정하는 저희들을 통해,
다시 생명의 주요 부활의 주이신 예수 그리스도의 통치를
세상 앞에 선명히 시연하는 교회와 성도가 되게 하여 주시옵소서.
아멘.

교회,
속임과 감춤의 공동체

사도행전 5:1-11

초대교회의 빛

성령이 충만한 교회, 그리스도를 주인으로, 머리로 섬기는 교회가 어떤 모습을 보일 수 있는지를 사도행전 4:32-37이 보여주었습니다. 그들을 바꾼 것은 예수님의 부활이었습니다. 이제 그들은 죽음을 두려워하지 않는 자들이 되었습니다. 죽음을 무기로 사탄이 만들고 있는 죽음의 문화에 굴복하지 않고, 그 죽음을 연기하거나 지울 수 있는 수단으로 인정하는 돈과 권력을 의지하지 않고, 예수 그리스도께서 이미 주신 생명을 누리고 죽음에 대한 승리를 맛보는 인생을 살게 되었습니다. 죽음을 무서워하기는커녕 죽음을 무릅쓰고 사랑하기로 했습니다. 그것이 진짜 생명이고 사람답게 사는 것이라는 비밀을 알아버린 사람들, 그들이 그리스도인이었습니다.

부활을 믿는 자들, 이미 임한 하나님 나라에 참여한 자들이 모인 곳에 어떤 사건이 벌어집니까? 사람들이 "한마음과 한 뜻"이 됩니다. 저마다 자기 욕심만 챙기고, 자기만 인정받으려고 하고, 좀 더 많은 힘을 확보하려고 전쟁 같은 삶을 사는 이 세상에서는 도무지 찾아볼 수 없는 것이 이 '한마음과 한 뜻'입니다. 맘을 나눌 친구 하나 얻으면 그것보다 더 귀한 재산 없다고 하잖습니까? 그런데 일군의 사람들이 한마음과 한 뜻으로 모여서 일상을 나눈다는 것이 진짜 가능할까 싶을 것입니다. 세상이 그걸 꿈꿔보지 않은 것은 아닙니다. 하지만 그런 세상이나 사회를 향한 야심이 자기 부정과 사랑이라는 전제 조건 앞에서는 다 무너졌고, 기껏해야 전체주의나 공산주의 같은 아류를 낳았을 뿐입니다. 하지만 이 부활의 공동체는 철저하게 이타적인 목적으로, 남을 살리고 남을 돕고 남을 섬길 목적으로 한마음과 한 뜻이 되었습니다. 세상에 찾아볼 수 없는 기이한 '제3의 인종들'이 탄생한 것입니다.

또한 그들은 소유를 자기 것이라 여기지 않고 필요를 따라 유무상통했습니다. 한마음과 한 뜻은 교리적 명제에 대한 동의, 정신적인 사랑, 말뿐인 선전 문구에 그치지 않았습니다. 누구에게나 소유는 자기 목숨과 같습니다. 그런데 그리스도인은 이제 자기 목숨이 자기 것이 아니라 자신을 살리기 위해 아들을 내어주신 하나님의 것이라고 생각하는 자들입니다. 그러니 모든 것은 자기 것이 아니며, 따라서 무엇을 하든지, 주인이신 그리스도의 영광을 위해서, 하나님의 뜻을 이루기 위해서, 그 아들의 나라를 위해서 자신의 (무형의 혹은 유형의) 소유를 사용하겠다고 생각한 자들이 그리스도인들입니다. 그러니 목숨같이 아끼던 소유를 주께서 사랑하시는 사람들, 나와 불가분의 관계로 연결된 한 몸의 지체들을 위해 내놓는 결정을 내린 것입니다.

예수님과 성령님 때문에, 그리고 복음 때문에 그들은 공감하고 통감하는 일이 더 수월해졌습니다. 그간 안 보이던 사람들이 보이기 시작했습니다. 이웃의 가난이 보이기 시작했고 이웃의 고통 소리가 들리기 시작했습니다. 내가 본의 아니게 만들어낸 엄청난 희생자들이 보이기 시작했고, 내게 유리하다고 해서 거대한 악의 구조에 순응한 채 침묵하며 살아왔음을 알게 되었습니다. 자선을 잘하는 것에 만족하지 않고 그 자선이 필요한 사람들을 끝도 없이 양산한 채 그 책임을 개인에게 돌리는 불의한 구조와 시스템에 대해서 인식하고 공동의 책임을 인정하게 되었습니다. 죽었던 인간애가 살아났고, 이제 자기 것을 내놓아 그들을 살리기 시작했습니다.

그 가운데 대표적인 한 사람으로 바나바를 소개합니다. 그는 자기 밭을 팔아 그 값을 사도들 앞에 가지고 와서 사도들이 알고 있는 교회의 궁핍한 자들을 위해 쓰도록 내놓았습니다. 그의 명성은 온 예루살렘 안에 두루 퍼졌습니다. 사도들이 그의 별명을 "위로의 아들"이라고 지어줄 만큼 그는 특별히 사랑이 많은 사람이었습니다. 헬라어를 구사할 줄 아는 그가 나중에 역시 이방 지역 출신의 유대인 바울과 함께 이방인 선교에 나선 것은 그의 이런 성품도 고려되었을 것입니다.

빛의 세계로 들어오는 그림자

하지만 이것이 초대교회 모습의 전부는 아닙니다. 우리는 성령의 능력을 과소평가해서는 안 되지만, 동시에 사탄의 능력 또한 과소평가해서는 안 됩니다. 성령이 충만한 곳에는 사탄이 얼씬도 못 할 것이라고 생각해서는 안 됩니다. 놀랍게도 도리어 그곳이 가장 사탄이 활동하기 좋은 음습한 곳이 되기도 합니다. 믿기지 않겠지만, 가장 경건하고 거룩하고 사랑이 많을 것 같은 곳이 가장 경쟁적이고 추잡하고 가장 욕망이 득실거리는 곳이 될 수 있습니다. 왜냐하면, 그런 경지는 사람의 힘만으로는 이룰 수 없는데, 사람들은 늘 그 사실을 잘 망각합니다. 그래서 처음에는 하나님께 감사하다가도 나중에는 은혜와 선물로 이루어진 것을 사람이 해낸 것으로 둔갑시키고, 성공 방정식을 만들고, 통제 가능한 형태로 재현하기를 잘 하기 때문입니다. 영성가 헨리 나우엔Henri Nouwen은 이렇게 말합니다.

> "심각한 아이러니는 사탄은 자기가 가장 안전하게 숨을 장소를 우리가 명백하게 하나님 나라의 일을 하는 바로 그곳에서 찾는다는 사실이다 … 하나님의 이름은 수많은 악마적 행위를 위해 이용된다. 그것은 사탄의 가장 안전한 가면이다."

우리가 하는 선한 일 속에 어둠의 힘이 내재되어 있다는 사실을 인정할 때, 우리는 함부로 자기 생각을 하나님의 뜻이라고 목소리를 높이거나 자신의 행동이 늘 정당하다고 확신하는 것을 조심하게 됩니다. 우리는 역사 속에서, 하나님을 사랑한다면서, 하나님의 이름으로, 하나님의 영광을 위해서 전쟁을 하고 원자 폭탄을 투하하고, 성경을 인용하면서 흑인들을 차별하고 원주민들을 학살하고, 아이와 여인들을 유린하고, 가톨릭과 개신교가 의기투합하여 유태인들을 가스실에서 죽이는 나치를 위해 기도한 것을 절대 잊을 수가 없습니다. 너무 부끄러운 일이기에 절대 잊어서는 안 됩니다. 대한민국의 근현대사만 돌아봐도 하나님의 이름으로 자행한 입에 담을 수도 없는 수많은 부끄럽고 아픈 역사가 있었고,

무고한 시민들을 학살한 권력을 위해 축복해주고 그 대가로 받은 수혜를 하나님의 축복이라며 궤변을 일삼은 기독교 지도자들과 교회들이 엄연히 있었습니다.

그들만 과오를 범한 것은 아니었습니다. 지나온 우리의 신앙 여정을 돌아보십시오. 내 욕심만 챙기려고 살아온 시간은 아니었지만, 그렇다고 주님의 영광만을 위해서, 하나님의 교회만을 위해서 살아온 시절도 아니었습니다. 사람들은 몰라서 칭찬을 하고 격려도 하지만, 하나님만은 우리의 허물과 부족함을 아시면서도 여전히 기회를 주신 것을 어찌 부인하겠습니까. 그러니 제가 한 것은 없고 주님이 다 하셨다는 고백이 빈말은 아닙니다. 뭔가를 해보겠다고 했지만, 혼자 힘만으로 길을 헤쳐 갔거나 일을 끝낸 적은 없었습니다. 거기엔 늘 사람들이 있었고 하나님이 계셨습니다. 그런데 그걸 고스란히 다 인정한 적은 없었습니다. 준 것보다 받은 것이 많았고, 도움이 된 경우보다 누를 끼친 적이 더 많았고, 디딤돌이 되기보다 걸림돌이 되기가 쉬웠습니다. 진실하게 사랑한 것은 또 얼마나 될런지요. 내 마음을 울리고 나온 말씀을 전한 것은 언제가 마지막이었을지요. 성도들에게 믿음을 요구하고 헌신을 요구하고 기도를 요구한 만큼 목사로서 나는 얼마나 절실하게 하나님 앞에 드렸고 나아갔고 엎드렸을까요. 부끄러운 마음으로 성찰하게 됩니다. 그렇게 나의 선한 일과 거룩하게 보이는 일 속에 매번 어느 정도는 사적인 의도와 정淨하지 않은 목적이 담겨 있었습니다. 이제라도 감사한 것이 있다면 그것을 알았다는 것이요, 잘한 것이 있다면 그것을 인정했다는 것입니다. 그래서 사람들이 칭찬하고 기회를 주려고 해도 가능하면 뒤로 물러나게 되었고, 남의 허물에 대해서 냉정하게 일을 처리해야 할 때에도, 상종 못 할 사람처럼 취급하거나 의로운 재판장인 듯 행세하여 너무 가혹하게 대하지 않게 되었다는 것입니다.

성경은 우리가 스스로는 잘 드러내지 않고 고백하지 않는 우리의 속살을 드러내주고 민낯을 보여줍니다. 인간의 실상과 있는 그대로 마주하게 해줍니다. 과장하거나 미화하지 않습니다. 없는 사실을 있는 것처럼 말하여 계몽하려고 하지 않습니다. 잘한 것은 잘한대로, 못한 것은 못한대로 묘사하고 있습니다. 그래서 카프카František Kafka가 그의 1904년 1월 27일 일기에서 책 읽기에 대해서 말한 것이, 내게는 성경묵상에 대한 말로 들렸습니다.

> "내 생각에 사람들이 책을 읽는다면 사람들을 물어뜯고 콱 찌르는 책만을 읽어야 할 게야. 만약 우리가 읽는 책이 우리의 두개골을 주먹질로 쳐 깨우지 않는다면 도대체 무엇 때문에 그 책을 읽는가? … 책은 우리 내면 안의 얼어붙은 바다를 깨는 도끼여야 된다네."

극과 극은 서로 통할 때가 많습니다. 그래서 가장 선한 것이 때로는 가장 악한 것으로 나아가는 출구가 되기도 하고, 가장 번창하고 성장이 극에 달할 때 그것이 부패와 타락을 위한 최상의 모판이 되기도 합니다. 하나님께서 하신 일을 하나님의 몫으로 돌리지 않을 때 그 성취나 결과를 감당할 수 있는 사람은 없기 때문입니다. 그들은 곧 스스로 성과의 노예가 되고 맙니다. 대형교회 목회자들이 자아도취적인 발언을 일삼고, 재벌가의 자제들이 안하무인 하며 사람을 대하는 것을 보십시오. 돈과 권력이, 즉 물질이 그 인간의 영혼을 망가뜨렸습니다. 그들은 자신들이 마치 하나님이 된 듯이 행동하고 말하고 있습니다.

그래서 귀신을 내어 쫓았다고 좋아서 어쩔 줄을 모르는 제자들에게 예수님은 "귀신들이 너희에게 항복하는 것으로 기뻐하지 말고 너희 이름이 하늘에 기록된 것으로 기뻐하라"(눅 10:20)는 말로 찬물을 끼얹으십니다. 뒤에 나오는 사마리아의 시몬은 성령을 부릴 수 있는 권세를 돈 주고 사겠으니 팔라고 사도들에게 흥정을 걸어오지 않았습니까?(행 8:18-19) 그게 가장 적나라한 인간입니다. 아무리 장엄한 하나님의 초자연적인 역사 앞에서도 그것을 자신의 '소유'로 만들어 통제하려는 것이 우리 인간입니다. 성취 앞에서 기뻐하고 좋아하는 것이 뭔 문제겠습니까. 다만 그 즐거움에 머물기만 할라치면 곧 '내가 해냈다'는 생각이 스며들어 나중에는 존재 전체가 그 성취에 사로잡히는 것이 인간입니다. 귀신이 항복한 것은 제자들이 한 일이 아닙니다. 그것은 결과입니다. 제자들은 그 결과를 선물로 받은 사람들입니다. 예수님의 말씀을 잘 들어보십시오. 예수님은 "귀신들이 너희에게 항복한 것으로" 기뻐하지 말라고 하십니다. "하나님께서 귀신들을 항복하게 하신 것으로 기뻐하지 말라"고 말씀하지 않으십니다. 그들의 문제는 자신들이 귀신들을 항복하게 했다고 생각하는 데 있었습니다. 그들의 기쁨은 하나님의 일을 찬미하는 예배의 기쁨이 아니었습니다. 자신들이 엄청난 일을 해냈다는 생각에서 온 기쁨이었습니다. 그런 그들에게 예수님은 지금 너희가 '해낸 일'로 만족하지 말고, '너희가 누구인가'로 기뻐하라고 말씀하시는 것입니다. 예수님의 관심은 소유가 아니라 존재입니다. 우리를 구원하신 것은 당신의 힘만으로는 부쳐서 우리를 당신의 일꾼으로 부리려고 하신 게 아닙니다. 우리의 도움이 없으면 일이 안 되니 말 잘 듣는 쓸 만한 종들로 삼으려고 그 엄청난 구원의 역사를 해 오신 게 아닙니다. 그랬을 리가 있겠습니까? 그러니 하나님의 일을 많이 하고 돈도 많이 벌어서 헌금도 많이 하는 사람, 교회 건축에 크게 기여하는 사람, 먼 데 선교사로까지 나가는 사람을 특별히 더 좋아하시고 아끼시는 하나님이 되실 수 없습니다. 하나님은 우리 자신을 원하십니다. 어떤 조건에서든 믿음의 사람, 정의로운 사람, 관대한 사람, 자비의 사람이 되기를 원하십니다. 귀신에게 항복을 받는 것보다 더 기쁜 일은 내가 하나님께 항복하는 사람이 되는 것이란 뜻입니다. 큰 일 작은 일 가리지 않고, 내가 충성했는지 게을렀는지를 보십니다. 많이 냈는지 적게 냈는지를 묻지 않으시고, 내 전부를 하나님 당신의 것으로 여기며 살았는지를 보고 우리를 판단하십니다.

아나니아의 범죄

사도행전 4:32-37이 성령에 충만한 사람들이 자기 소유를 어떻게 다루었고 그 결과("그 중에 가난한 사람이 없으니")가 어떠했는지를 보여주었다면, 아나니아와 삽비라[7] 부부의 일화는 정반대의 태도와 결과를 보여주고 있습니다. 초대교회의 원죄 사건입니다. 첫 인류의 원죄를 부부가 공모하였듯이, 이번에도 아나니아와 삽비라 부부가 공모하여 초대교회의 첫 범죄를 저지르고 있습니다. 바나바가 훌륭한 것은, 그는 자신의 힘으로 자기 밭을 내놓았다고 생각하지 않았다는 데 있습니다. 그 자체로는 아무나 할 수 없는 큰 결단이지만, 그에게 그건 대단한 일이 아니었습니

7 아나니아는 '여호와가 호의를 베풀어주셨다'는 뜻의 히브리식 이름이고, 삽비라는 '아름다운 사람'이라는 뜻의 아람어식 이름이다.

다. 그래서 누가 꼭 알아주기를 기대하지 않았고, 그 일로 자신의 명성을 떨치려고 하지도 않았습니다. 그는 하나님께 받은 사랑이 너무 컸고, 예수님 때문에 받은 새로운 신분, 하나님 나라 백성이 된 기쁨이 너무 컸기 때문에, 땅을 팔아 바친 것이 큰 포기로 느껴지지 않았습니다. 오른손이 한 일을 왼손이 모르게 하는 것은 이웃을 도울 때만 적용되는 것이 아니라 하나님을 향한 모든 일에 적용됩니다. 그것이 성령의 감동으로 한 선행의 특징입니다. 바나바, 그는 공동체의 사랑을 듬뿍 받고 있었습니다. 모두가 그를 좋아했습니다. 사도들도 그를 신임했습니다. 그러나 그렇게 주님 앞에 아름답게 쓰임 받는 것을 모든 사람이 다 좋아하는 것은 아닙니다. 특히 사탄은 싫어합니다. 사탄은 바나바를 향해 종교적인 경쟁심이 발동하는 사람을 먹잇감으로 찾았습니다. 사탄의 레이다에 아나니아와 삽비라 부부가 걸렸습니다.

바나바의 동기는 측은지심惻隱之心이었고, 행동의 원동력은 성령의 감동이었습니다. 하지만 이 부부의 동기는 경쟁심이었고, 행동의 원동력은 인정을 받고 싶은 강한 욕망이었습니다. 바나바의 아낌없는 나눔과 포기의 마음을 본받고 싶었던 것이 아니라, 바나바가 누리고 있던 존경심을 얻고 싶었습니다. 아나니아가 바란 것은 '소유'로서의 명예였지 나눔의 '존재'가 아니었습니다. 자신의 본질이나 인격이 변하기를 바라기보다는 자신에 대한 사람들의 시선이나 평가가 변하기를 원했습니다. 겉으로만 보면 둘은 전혀 다를 바 없었습니다.

"아나니아라 하는 사람이 그의 아내 삽비라와 더불어 소유를 팔아" (사도행전 5:1)

이 소유는 사도행전 5장 3-4절에 보면 토지였습니다. 하지만 전부를 팔았는지 일부를 팔았는지는 언급되지 않습니다. 그 자체로는 귀감이 될 만한 일입니다. 우상숭배자와 여호와를 참되게 예배하는 자가 겉으로는 다를 바 없는 것과 같습니다. 열심을 갖고 논하자면 우상숭배자들이 훨씬 더 열정적일 때도 있습니다. 이단의 열정이나 타종교의 열정은 따라하기 어려울 만큼 남다릅니다. 스포츠에 열광하거나 도박하는 사람들이 열광하는 것과 우리의 신앙이 비교되지 않습니다. 그러나 주님은 우리에게 환상fantasy 을 원하시는 것이 아니라 믿음을 원하십니다. 맹목적인 강한 열정보다는 이해를 동반한 순전한 열정을 원하십니다. 황금 송아지 하나님을 만들기 위한 이스라엘 백성들의 헌신을 떠올려 보십시오. 겉으로만 보면 그들은 갖춰야 할 것은 다 갖추었습니다. 하지만 그들의 경배의 자리엔 출애굽의 하나님 여호와만 안 계셨습니다.

> "아론이 그들에게 이르되 너희의 아내와 자녀의 귀에서 금 고리를 빼어 내게로 가져오라 모든 백성이 그 귀에서 금 고리를 빼어 아론에게로 가져가매 아론이 그들의 손에서 금 고리를 받아 부어서 조각칼로 새겨 송아지 형상을 만드니 그들이 말하되 이스라엘아 이는 너희를 애굽 땅에서 인도하여 낸 너희의 신이로다 하는지라 아론이 보고 그 앞에 제단을 쌓고 이에 아론이 공포하여 이르되 내일은 여호와의 절일이니라 하니 이튿날에 그들이 일찍이 일어나 번제를 드리며 화목제를 드리고 백성이 앉아서 먹고 마시며 일어나서 뛰놀더라"(출애굽기 32:2-6)

아나니아와 삽비라 부부도 바나바처럼 소유를 팔았습니다. 전부 다 팔았는지 일부만 팔았는지는 분명하지 않습니다. 하지만 부부가 상의하여 한 일인 것은 분명합니다. 이 부부는 환상의 콤비였습니다.

"그의 아내 삽비라와 더불어"

둘은 돈의 일부를 숨기는 일에도 호흡이 척척 맞았습니다. 앞에서 믿음의 공동체가 "한마음과 한 뜻이" 된 것과 아주 비슷한 모습입니다. 성령의 공동체는 나눔과 섬김의 일에 한마음과 한 뜻이 되었다면, 아나니아와 삽비라 부부는 자신들의 명예욕을 만족시키기 위해 교회 공동체를 속이는 일에 일심동체가 되었습니다. 비극적인 연합이요 참담한 의기투합입니다. 먼저 아나니아가 소유를 판 돈을 숨기고도 다 바친 척 사도들 앞에 돈의 일부를 내놓습니다.

> "그 값에서 얼마를 감추매 그 아내도 알더라 얼마만 가져다가 사도들의 발 앞에 두니"(사도행전 5:2)

여기 '감추다'는 직역하면 '떼어놓다' 에노스피사토, ἐνοσφίσατο 입니다.[8] 이 단어는 신약에서는 여기와 디도서 2:10에만 나오고, 칠십인역에서는 여호수아 7:1과 마카베오 2서 4:32에만 나옵니다. 특히 여호수아서에서는 아간의 범죄를 가리키는 단어로 등장하고 있습니다. 원래는 자기 것이 아닌 다른 사람의 재물을 절취하는 것을 뜻합니다. 그렇다면 이 표현은 아나니아의 범죄 역시 아간의 경우처럼 하나님의 것을 절취하는 잘못

8 재귀적인 표현인데 '자신을 위하여 감췄다'는 뜻이다.

임을 암시합니다. 그들은 판 값의 일부를 "사도들의 발 앞에 두었"습니다. 이 표현도 다른 예루살렘의 성도들이 행한 것과 같습니다.(행 4:35, 37) 겉으로는 그들이 사도들의 권위를 인정한 것입니다.

이들이 처음부터 신자가 아니었다고 보기는 어렵지만, 적어도 부활의 도를 듣고 진심으로 큰 은혜를 받은 사람들은 아닌 것이 분명합니다. 부활의 도를 아는 사람은 어떤 사람이라고 했습니까? 자기 가진 것을 더는 자기 것으로 여기지 않는 사람입니다. 하지만 이 부부는 그렇게 생각하지 않았습니다. 부활하신 예수님이 살아계셔서 우리의 모든 것을 다 통찰하고 계시다는 사실도 믿지 않았습니다. 성령께서 우리 마음의 뜻과 생각을 다 아신다고 믿지 않았습니다. 무엇을 드리든, 얼마를 드리든, 어디에 사용하든 자기 것을 하나님께 드리는 것이 아니라 하나님의 것을 주인이 쓰시겠다고 할 때 내놓는 것이 우리가 할 일이라는 가장 기본적인 사실조차 인정하지 않았습니다. 그들은 변화된 사람의 외양만 따라하고, 변화된 사람들이 누리는 존경심만 차지하려고 했습니다. '저 사람들처럼 되고 싶다'가 아니라, '저 사람들이 누리는 존경과 칭찬을 나도 누리겠다'는 태도였습니다. 교회 주변에서 종종 볼 수 있는 태도이고, 그것 때문에 교회가 풍비박산이 나는 일도 보고 들었습니다. '나도 저 권사님처럼, 장로님처럼, 집사님처럼 사심 없이 하나님만 사랑하는 사람이 되고 싶다'가 아니라, '나도 이제 때가 되었으니 혹은 이만하면 자격이 있으니, 권사가 되고 장로가 되고 안수집사가 되고 싶다'고 생각하는 사람들이 교회를 무너뜨렸습니다. 하나님께서 기뻐하시는 교회가 아니라, 큰 교회 교인 되고 유명한 목사의 교인 되고 싶다고 생각하는 사람들이 교회를 망쳤습니다. 그런 탐심을 이용하여 직분 장사를 하는 사람들에게 교회는 유린당했습니다.

성령이 충만했던 공동체에, 영광스러웠던 교회에 어둠이 침입했습니다. 어둠에게 사로잡히고 장악된 사람들이 생기기 시작했습니다. 시험할 겨를이 없을 만큼 더할 나위 없는 교회는 세상에 없습니다. 이미 끝난 싸움도 없고, 완결된 경주도 없습니다. 우리는 싸움 중이고 경주 중이고 공사 중인 존재들입니다.

베드로의 신문

도대체 어떻게 그런 일이 벌어질 수 있습니까? 아나니아와 삽비라가 은밀하게 벌인 일이 성령에 충만한 사람 베드로에게 들키고 맙니다. 그가 어떻게 알게 되었는지는 언급되지 않지만, 분명 성령께서 알게 하셨을 것입니다.

> "아나니아야 어찌하여 사탄이 네 마음에 가득하여 네가 성령을 속이고 땅 값 얼마를 감추었느냐 땅이 그대로 있을 때에는 네 땅이 아니며 판 후에도 네 마음대로 할 수가 없더냐 어찌하여 이 일을 네 마음에 두었느냐 사람에게 거짓말한 것이 아니요 하나님께로다" (사도행전 5:3-4)

베드로가 이 말을 한 것은 아나니아가 베드로 앞에서 무슨 말을 했기 때문입니다. 그는 아마 자기 소유를 팔아서 다 가져왔다고 말했을 것입니다. 여기서 베드로는 6개의 질문을 통해서 아나니아의 문제를 지적합

니다.[9]

죄란 무엇인가?

이 베드로의 책망에서 우리는 '죄'와 관련하여 두 가지를 읽을 수 있습니다. 첫째, 죄는 사탄의 역사이면서 동시에 아나니아 자신의 의지로 한 일이라는 것입니다. 성령이 역사하는 공동체, 성령에 감동받은 우리 개인 안에 여전히 남아 있는 거짓과 탐욕, 위선과 불순종, 채워지지 않는 인정 욕구 같은 것들이 사탄의 역사를 불러오는 촉매 역할을 합니다. 베드로는 아나니아가 돈을 감추고 거짓말한 것은 사탄이 그의 마음을 채우도록 허락한 결과라고 분명히 말합니다. 아나니아는 악이 자기 마음에서 작동하도록 허용했습니다. 그의 마음은 더는 성령의 영역이 아니라 자기 권력과 명예를 확대하려는 자신만의 영역이 되었습니다. 야고보는 시험 앞에서 하나님과 사탄을 향한 태도는 한 동전의 양면인 듯 권면합니다.

> "그런즉 너희는 하나님께 복종할지어다 마귀를 대적하라 그리하면 너희를 피하리라 하나님을 가까이하라 그리하면 너희를 가까이하시리라 죄인들아 손을 깨끗이 하라 두 마음을 품은 자들아 마음을 성결하게 하라"(야고보서 4:7-8)

---

9 ① 왜 사탄이 그의 마음을 채우게 허락했는가? ② 왜 성령을 속였는가? ③ 왜 땅값 가운데 얼마를 자신을 위해 감추었는가? ④ 왜 땅을 판 후에도 그 소유권이 자기에게 있었음을 보지 못했는가? ⑤ 왜 판 돈을 자기 마음대로 할 수 있었음을 깨닫지 못했는가? ⑥ 왜 이 일을 마음에 두었는가?

하나님께 복종하는 것은 동시에 마귀를 대적하는 일이 된다는 것입니다. 하나님께 복종하는 사람이 사탄에게 대적하지 않고 순응할 수는 없습니다. 그런데 아나니아는 사탄을 대적하지 않고 사탄에게 자신의 주권을 넘겨줘 버렸습니다. 하나님이 자신의 마음에 왕 노릇 하시도록 복종하지 않은 것입니다. 누구든 욕망이 있습니다. 하지만 하나님의 말씀과 성령이, 그리고 공동체가 그 욕망을 제어하고 조율하도록 맡기느냐 그렇지 않느냐에 따라 죄를 짓기도 하고 죄를 이기기도 합니다. 아나니아와 삽비라 부부는 자신들의 위선과 불신, 탐욕과 형식적인 종교 생활을 그대로 방치했습니다. 이런 삶이 그들에게는 편한 옷이 되었습니다. 부활의 메시지를 듣고 성령의 역사를 목도하면서도 그것을 소유하려고 했을 뿐 자신들 안에서 창조가 일어나도록 허용하지는 않았습니다. 사탄은 그런 자들을 마음 놓고 지배하여 하나님의 아들을 죽이고, 그리스도의 몸을 파괴하는 데까지 부릴 수 있었습니다.

둘째, 베드로는 아나니아가 교회를 속인 것이 아니라 '성령'을 속였다고 지적합니다. 사람을 속인 것이 아니라 '하나님'을 속였다고 합니다.

"네가 성령을 속이고 땅 값 얼마를 감추었느냐"

"사람에게 거짓말을 한 것이 아니요 하나님께로다"

교회는 성령의 전입니다. 그리스도의 몸입니다. 그래서 교회를 속인 것은 성령을 속인 것이고 예수님을 속인 것이 됩니다. 조강지처 성령이 마음에 계시는데도 그분을 무시하고 사탄을 끌어들였습니다. 영적인 간음입니다. 은혜를 받은 믿는 무리(행 4:31)는 '성령에 충만' 했는데 에플레스쎄산, ἐπλήσθησαν, 이 부부는(행 5:3) '사탄이 가득' 에플레로센, ἐπλήρωσεν 하였습니다. 성령이 충만하다는 말이 양적인 표현을 써서 성령께서 능력 있게 역사하시는 모습을 말했다면, 여기서도 사탄이 아나니아의 마음에 여러 마리 들어가 앉았다는 뜻이 아니라 사탄이 강하고 집요하게 역사하였다는 뜻입니다. 그렇다면 지금 아나니아 부부의 이 행동은 순간적인 충동에 의한 것이 아니라, 치밀하고도 지속적으로 준비하여 행한 심각한 반역행위였다는 것을 보여줍니다. 나중에 보면 베드로가 책망한 즉시 그들은 모두 죽임을 당합니다. 이것은 그들이 가룟 유다만큼이나 얼마나 철저하게 사탄의 하수인이 되어 있었는지를 보여줍니다.[10] 은혜가 충만한 공동체, 성령의 권능이 나타나는 공동체 안에서 사탄이 물러가고 생명이 사망을 이기는 것을 목도하면서도 부부는 자신들만의 세속적인 야망을 키워오고 있었던 것입니다. 그것을 종교적인 경건으로 치장하였기에 여태 적발되지 않았습니다. 그리스도의 몸인 교회를 뒤흔들었던 할례 논쟁이나 음식 논쟁, 안식일 논쟁도 그것이 종교적 경건을 명분으로 삼은 차별이요 오만한 자기 의義의 표현이었다는 점에서 더 위험했던 것입니다. 예수님은 성령 대신에 거짓의 영인 사탄에게 속한 당대의 유대인들, 바리새인들, 사두개인들에게 이렇게 말씀하십니다.

> "너희는 너희 아비 마귀에게서 났으니 너희 아비의 욕심대로 너희도 행하고자 하느니라 그는 처음부터 살인한 자요 진리가 그 속에 없으므로 진리에 서지 못하고 거짓을 말할 때마다 제 것으로 말하나니 이는 그가 거짓말

10 아나니아와 가룟 유다 이야기 사이에는 세 가지 공통점이 있다. ① 마음에 사탄이 작용했다(눅 22:3; 행 5:3), ② 금전과 재물의 동기가 그 핵심이다(눅 22:4-6; 행 5:9), ③ 두 이야기는 땅과 관련이 있다(행 1:18; 5:3). 예수를 배신한 유다의 잘못과 재물에 관한 규율을 어긴 아나니아 부부의 잘못을 같은 지점에 놓고 대조하는 듯하다.

쟁이요 거짓의 아비가 되었음이라" (요한복음 8:44)

같은 복음을 듣고, 같은 믿음의 공동체 안에 있었으면서도 이 부부 안에는 전혀 부활의 진리나 구원의 감격이나 은혜가 없었습니다. 그들은 예수님을 바알세불의 왕이라고 불렀던 사람들처럼, 경건의 모양은 있었지만 경건의 능력은 없었습니다. 그리스도를 왕으로 받아들이지 않은 사람들이었습니다. 사탄이 욕하라는 대로 욕하고, 불평하라는 대로 불평하고, 거짓말 하라는 대로 거짓말 하고, 교만하라고 하는 대로 교만했습니다. 사탄의 하수인 노릇을 충실하게 잘 하고 있었습니다. 사도 바울께서 사망 아래 있던 자들을 가리킬 때 쓴 표현이 이 아나니아의 상태를 말해주는 것 같습니다.

> "그 때에 너희는 그 가운데서 행하여 이 세상 풍조를 따르고 공중의 권세 잡은 자를 따랐으니 곧 지금 불순종의 아들들 가운데서 역사하는 영이라 전에는 우리도 다 그 가운데서 우리 육체의 욕심을 따라 지내며 육체와 마음의 원하는 것을 하여 다른 이들과 같이 본질상 진노의 자녀이었더니" (에베소서 2:2-3)

아나니아와 삽비라의 미혹, 이것이 바로 이 땅에 시작된 초대교회의 실상입니다. 사도들이 직접 보고 들은 것을 전하고 성령께서 눈에 보이는 이적과 기사를 보여주며 역사하시는 교회에서도 사탄이 성도들을 미혹하고 공동체를 더럽혔다면, 오늘날 우리 시대의 교회는 당연히 공격을 받지 않겠습니까? 이 문제를 다루는 베드로 사도를 보면, 그는 이미 인간의 마음을 꿰뚫어 보는 카리스마가 있는 지도자가 되어 있었습니다.

"어찌하여 이 일을 네 마음에 두었느냐."

사도는 아나니아의 마음이 아이디어 수준인지, 충동적인 결정인지, 아니면 주도면밀한 계획을 따라 장기간 준비하여 행한 일인지 다 알고 있었습니다. 그냥 넘겨짚은 것이 아니라 선지자들이나 가질 만한 통찰력을 발휘하고 있습니다. 여기 '두다'라는 동사 '티쎄미' τίθημι 는 어떤 것을 달성하기 위해 무언가를 정하거나 결의하는 것을 뜻합니다. 하나님이 정하신 종말의 회복의 때에 대해(행 1:7)[11] 그는 수사의문문을 통해 아나니아의 결정과 실행에 대해 책망한 것입니다. 그는 베드로는 물론이고 하나님께서 그 마음을 다 아신다는 것을 의식하지 않았습니다. 돈을 좋아하는 바리새인들이 예수님을 비웃자(눅 16:14) 예수께서는 "너희는 사람 앞에서 스스로 옳다 하는 자들이나 너희 마음을 하나님께서 아시나니 사람 중에 높임을 받는 그것은 하나님 앞에 미움을 받는 것이니라"(눅 16:15)라고 하셨던 장면을 떠올립니다. 하나님은 아나니아의 내밀한 동기를 알고 계셨고, 그것을 베드로에게 알려주신 것입니다.

자발성과 진실성이 관건이다

큰 은혜를 받고 부활의 복음을 믿었다고 해서 누구든 다 자기 소유를 내놓은 것이 아니고, 내놓은 사람들마저도 한꺼번에 다 내놓은 것은 아니었습니다. 따라서 아나니아 역시 그럴 필요가 없었습니다. 바나바도 그의 재산 중에서 밭만 내놓았습니다. 아무도 그에게 집과 땅과 소유를 다

---

11 대럴 벅(전용우), 《사도행전》(부흥과개혁사, 2018), 288쪽.

팔아 바치라고 말하지 않았습니다. 그 안에 계셨던 성령도 그렇게 촉구하신 일이 없습니다. 왜 그렇습니까? 성령님이 보시기에 아직은 아나니아의 믿음이 그렇게 소유를 다 팔아 바칠 만큼 강하지 않다는 것을 누구보다도 잘 아셨을 것이기 때문입니다.

"땅이 그대로 있을 때에는 네 땅이 아니며 판 후에도 네 마음대로 할 수가 없더냐."[12]

베드로는 아나니아의 땅이 팔리지 않고 있을 때에메넨, ἔμενεν, 미완료 시제와 땅이 팔려 대금이 들어 왔을 때프라쎈, πραθὲν, 부정과거 시제 모두 땅에 대한 지배력과 권한이 그에게 있다고 말합니다. 그러니 교회가 아나니아에게 땅을 팔아서 다 바치라고 말할 수 없었습니다. 땅을 팔 것인지 여부와 그 판매 대금의 얼마를 바칠 것인지를 모두 이 부부가 결정할 수 있었습니다. 그것은 하나님께서 고유하게 주신 권리이기 때문입니다. 그렇다면 이 부부의 범죄는 무엇입니까? 일부만 내고 다 낸 것처럼 속인 것입니다. 혹은 전부를 내겠다고 서원했다가 지키지 않았으면서도 지킨 것처럼 행세한 것입니다. 그들의 범죄는 소유를 판 돈을 다 내지 않은 데 있는 것이 아니라 다 낸 것처럼 행세한 데 있었습니다.

오늘날에도 교회가 성도들에게 액수를 정해주면서 헌금하라고 요청하는 것을 지양해야 하는 이유가 여기에 있습니다. 집이나 땅이나 큰 돈을 바치겠다는 성도가 있다면, 그 동기와 의도, 기증자의 영적 수준을 잘 점검해야 합니다. 기증한 액수에 비해 신앙이 미치지 못한다면 만류하기도 해야 합니다. 갑자기 큰 은혜 받았다면서 큰 재산을 내놓으려고 할 때,

12 긍정적인 대답을 기대하는 의문사 '우키'(οὐχὶ)로 시작하고 있다.

그것이 진정한 은혜인지 일시적인 감정의 고양인지를 잘 살피도록 도움을 주어야 합니다. 그렇지 않으면, 그것이 나중에 그 당사자에게 뿐 아니라 교회에게도 화근이 될 수 있습니다. 성령님이 역사하지 않은 일을 우리가 해서는 안 됩니다. 기본적으로는 아무도 소유를 제 것이라 여기지 않는 태도가 필요하지만, 그렇다고 소유권을 일체 포기하거나 당장 모든 소유를 다 팔아서 가난한 사람에게 나눠주는 것만이 신앙인 것은 아닙니다. 성령께서 눈을 여시고 마음에 감동을 주시는 것에 따라서, 어느 정도 내놓아야 하는지, 언제 내놓아야 하는지, 누구를 위해 내놓아야 할지를 공동체와 잘 상의하여 결정해야 합니다.

아나니아는 자신의 실제 모습보다 더 의롭고 더 희생적이고 더 충성스런 사람처럼 보이고 싶은 욕망 때문에 무너졌습니다. 사탄은 그 틈을 놓치지 않았습니다. 종교적 경쟁심에 불타올라 하나님의 것을 가지고 생색을 내려고 한 아나니아가 사탄에게는 손쉬운 먹잇감이었던 것입니다. 종교적인 경쟁심이 '선한 열심'으로 둔갑하여 우리 주변을 서성입니다. 그것은 일차적으로 말씀을 전하는 자들에게 빈번합니다. 말씀을 잘 전하는 다른 사역자들을 보면 감사하거나 은혜를 받아야 할 것인데, '난 왜 이렇게 부족할까' 하고 자책하거나 '그래도 저건 좀 부족하네' 하고 트집 잡기에 여념이 없는 저를 봅니다. 부목사가 담임목사보다 더 설교 잘하면 정리해고 대상 1순위라는 우스갯소리가 있습니다. 교인 쟁탈전이나 선교지에서의 영역 다툼 등은 종교적인 명분을 내세운 자기 밥그릇 싸움이고, 인간의 공명심을 위한 일에 불과합니다. 성도들도 아나니아가 될 수 있습니다. 기도 잘하고 일 많이 하는 사람을 보면 영적 경쟁심이 생깁니다. 교회는 전도하는 일마저도 경쟁을 붙입니다. 임직을 받으려고 눈도장 찍는 일도 경쟁입니다. 베드로 사도는 이런 일은 모두 사탄의 하수인으로 전락한 사람들의 태도요 성령과 하나님을 속이는 일이라고 일갈합니다.

그러니 이제 우리는 자신의 신앙 상태에 대해서 좀 더 정직해야 합니다. 신앙은 하나님을 믿고 의지하는 일 아닙니까. 그것은 자신이 얼마나 작고 미력한 사람인지를 잘 알고 인정하는지에 관한 문제입니다. 영이 가난한 자, 애통하는 자, 온유한 자, 의에 주리고 목마른 자가 복이 있다고 하셨습니다. 이는 하나같이 자신의 무력함을 숨기지 않고 하나님이 필요하다는 사실을 인정하는 사람들입니다. 교만한 사람, 자기의 시청한계와 가청한계를 인정하지 않는 사람, 사람에게서 외모로 인정을 받으려는 사람은 그런 복을 누릴 수 없고, 그것을 복이라고 여기지도 않고, 그래서 하나님 나라에 합당하지 않습니다. 그러니 우리는 겉모습을 꾸며서 경쟁하는 성도나 교회가 되지 맙시다. 교회 안에서 직분을 탐하거나 종교적 명성을 탐하는 성도들은 되지 맙시다. 경쟁을 하려거든, 더 낮아지고 더 사랑하고 더 기도하는 사람이 되는 경쟁을 합시다. 완전히 내가 사라지는 경쟁을 합시다. 예수님에 대한 기억이 선명한 성령 충만한 교회마저도 사탄의 도전과 도발의 대상이 될 수 있다는 사실에 경각심을 갖지 않을 수 없습니다. 아나니아는 교회의 중견 성도였을 것입니다. 그런 자들도 무너질 수 있다니 두려워할 일 아닙니까? 하나님의 말씀을 날마다 묵상하고 기도하는 일은 바로 그 틈, 그 허물어지고 금이 간 내 정서를 발견하고, 내 욕망의 현주소를 확인하는 일입니다. 자신을 성찰하지 않은 채 성경에 대한 지식만 쌓아가는 일은 매우 위험합니다. 그것들이 나를 성장시키는 말씀이 아니라 나를 치장하는 액세서리가 될 수 있기 때문입니다.

하나님의 공격

아나니아가 하나님을 속이고 성령을 속이고 교회를 속인 결과가 어떻게 되었습니까?

> "아나니아가 이 말을 듣고 엎드러져 혼이 떠나니 이 일을 듣는 사람이 다 크게 두려워하더라 젊은 사람들이 일어나 시신을 싸서 메고 나가 장사하니라"(사도행전 5:5-6)

아나니아는 이 말을 듣자마자 아쿠온, Ἀκούων, 현재분사가 보여주는 동시성 곧 죽고 사람들이 그를 장사지냅니다. 베드로가 그의 죽음을 가져온 것이 아니라 그는 단지 아나니아의 죄만 지적했을 뿐이고 심판은 하나님이 하셨습니다. 그는 신속하게 장사됩니다. 유대 사회에서 매장은 죽은 바로 그날 이루어지지만 아나니아의 경우는 더 빨랐습니다. 가족들은 물론이고 아내까지 부르지 않았습니다. 장례라고 할 것도 없고 시신 처리에 불과했습니다. 이렇게 신속하고 간소하게 장례를 치른 것은 누가 봐도 이것은 하나님의 심판을 받아 일어난 죽음이었기 때문입니다.

공동체는 이 일로 하나님을 크게 두려워하기 시작했습니다. 이렇게 큰 돈을 헌금한 사람이 죽는다면, 큰 헌금이 죄악을 가려주지 못한다면, 은혜의 시대에도 즉각적인 심판이 일어날 수 있다면, 언제든 자신들에게도 이런 일이 벌어질 것이라고 생각한 데서 오는 두려움이었을 것입니다. 그들은 다시 한번 이 사건을 통해서 '낯선' 하나님을 경험했을 것입니다. 새 언약의 공동체는 용서의 공동체이고 사랑의 공동체인 줄로만 알았습니다. 구약에서 종종 있었던 즉각적인 심판이 새 언약의 시대에는 없을 줄 알았습니다. 그런데 갓 출범한 하나님 나라에서도 하나님은 죄에 대해 단호한 태도를 취하십니다. 하나님은 교회의 거룩성을 단호하게 요구하십니다.

하나님께서는 아나니아의 거짓됨, 존경과 지도력을 탐하는 마음을 악독한 누룩으로 간주하여 즉시 징계하셨습니다. 우리 시대에 실종된 하나님의 성품이 바로 이 '하나님의 진노'가 아닐까요. 그래서 사라진 하나님께 대한 우리의 태도가 바로 '하나님을 향한 외경심'일 것입니다. 구약시대나 지금 모두 거룩하신 하나님은 죄악에 대해 응징하시고 진노하시는 하나님이십니다. 우리는 마땅히 그 하나님께 경건한 두려움과 경외심을 갖고 나아가야 합니다. 하나님은 결코 우리가 함부로 조정하거나 통제하거나 영향을 미칠 수 있는 대상이 아닙니다. 그러니 '거룩한 타자성'을 상실한 곳에는 참다운 예배가 일어날 수 없습니다.

요한계시록에서 요한은 예수님을 만나고는 "내가 볼 때에 그의 발 앞에 엎드러져 죽은 자같이 되매"(계 1:17)라고 표현합니다. 이것이 예배자의 조건입니다. 엎드려 죽게 될 정도로 절대자 앞에 엎드러지는 것이 예배입니다. 외경심이 사라진 예배는 예배자를 만족시키기 위한 공연으로 전락하기 일쑤입니다. 목사의 설교가, 성가대의 찬양이, 예배 분위기가 은혜스러움의 여부를 결정하는 공연 말입니다. 예배는 그런 종교 오락 시간이 되어서는 안 됩니다. 내가 하나님 앞에 얼마나 두려워 떠는 마음으로 서 있는지, 그분의 말씀 앞에 얼마나 정직하고 적나라하게 나 자신을 비추어 보면서 솔직하게 반응하는지가 그 예배의 생명을 결정합니다. 내 마음을 위무하기 위한 예배라면, 그것은 죽은 예배요 썩은 예배일 뿐입니다. 나에게 은혜가 되었는지에 대한 관심보다 그분이 영광을 충분히 받으셨는지에 더 민감한 사람이 진정한 예배자입니다.

예배는 거룩하신 하나님의 습격을 수용하는 자리입니다. 그래서 내 거짓과 허위, 위선과 탐욕이 그 복된 공격을 받아 깨어지고 발가벗겨지고, 무너지고, 결국에는 죽어 사라지는 거룩한 항복을 경험하는 자리가 예배입니다. 그 죽은 자리에 나를 살리고 일으키시는 주님의 은총이 임합니다. 아나니아는 제물만 드렸지 자신은 드리지 않았습니다. 모든 예배는 자신이 죽는 일인데, 자신은 죽지 않은 채 제물만 가지고 하나님과 교인들의 마음을 훔치려고 하였습니다. 그래서 가인과 그의 제물을 받지 않으셨던 것처럼, 아나니아와 그의 제물도 받지 않으신 것입니다.

사랑하는 여러분, 거룩하신 하나님이 여러분을 습격하기 원하십니다. 말씀 가운데 습격하시고, 기도 가운데 돌격하시고, 예배 가운데 영적인 폭탄을 터트리기 원하십니다. 그래서 우리가 철저하게 무너졌으면 좋겠습니다. 시원하게 져봤으면 좋겠습니다. 진심으로 회개하고 제대로 돌아서면 좋겠습니다. 그래서 나의 승리가 아니라 하나님의 승리를 받아 누리길 바랍니다. 하나님을 얻는 장엄한 패배magnificent defeat를 경험하길 바랍니다. 하나님이 죽이기 전에 우리가 먼저 우리 옛 자아를 죽이는 성령의 역사가 있기를 바랍니다.

삽비라의 거짓말과 심판

세 시간쯤 후에 남편이 죽은 줄 모르고 아내 삽비라 역시 베드로를 찾아옵니다. 그리고 천연덕스럽게 거짓말을 합니다.

"세 시간쯤 지나 그의 아내가 그 일어난 일을 알지 못하고 들어오니 베드로가 이르되 그 땅 판 값이 이것뿐이냐 내게 말하라 하니 이르되 예 이것 뿐이라 하더라"(사도행전 5:7-8)

삽비라가 남편 아나니아에게 일어난 일을 모르고 있었다는 언급은 다소 충격입니다. 아나니아를 장사하는 일도 아내 몰래 했던 것입니다.[13] 이렇게까지 해야 할 만큼 아나니아의 죄가 큰지를 진지하게 묻지 않을 수 없습니다. 아나니아가 죽고 장례를 치르는 데 세 시간이면 충분했습니다. 삽비라는 남편이 땅을 판 값 일부를 바치러 간 줄을 알기 때문에, 그녀 역시 칭송을 받으리라고 기대했을 것입니다. 그런데 베드로는 세 시간 후에 나타난 삽비라에게도 묻습니다.

"그 땅 판 값이 이것뿐이냐 내게 말하라"

몰라서 묻는 것이 아닙니다. 삽비라 역시 남편처럼 땅 판 값은 내놓은 것이 전부라고 대답합니다. 남편과 사전에 공모한 대로 거짓말 했습니다.

결혼 전에 아내에게 부탁한 게 여럿 있습니다. 그중에는 제 목회의 야당野黨이 되어 달라는 것도 있었습니다. 당장 듣기에 아프더라도 제가 알아야 할 것은 꼭 지적해 달라고 부탁했습니다. 물론 지금은 그걸 너무 지나치게 잘하고 있어서 이젠 좀 칭찬도 섞어 주면 좋겠다는 생각마저 듭니다. 그런데 아나니아와 삽비라, 그들은 하나님보다는 남편을, 그리고 아내를 더 좋아했던 것 같습니다. 주님 앞에서, 그리고 주님을 위해서 하나 되는 것이 아니면 그 하나 됨은 서로를 망가뜨리는 야합野合이 됩니

13 '알다'(깨닫다, 에이뒤이아)가 완료분사인 것을 볼 때 남편이 죽은 것을 삽비라가 몰랐음을 암시한다.

다. 베드로는 삽비라의 죄가 무엇이라고 말합니까?

> "베드로가 이르되 너희가 어찌 함께 꾀하여 주의 영을 시험하려 하느냐" (사도행전 5:9a)

'함께 꾀하다' 쉰네포네쎄, συνεφωνήθη는 직역하면 '동의하다'입니다. 주의 영을 시험하는 일에 삽비라가 아나니아의 생각에 어찌 동의하였느냐고 수사적인 질문을 한 것입니다. 성령을 시험하는 것과 비슷한 표현이 출애굽과 광야의 여정을 묘사하는 대목에서 종종 나타납니다.(출 17:2; 민 20:13, 24; 신 6:16, 43:8; 시 106:32) 광야의 이스라엘 백성들이 맛사에서 하나님을 시험한 일을 이렇게 말합니다.

> "그들이 여호와를 시험하여 이르기를 여호와께서 우리 중에 계신가 아닌가 하였음이더라" (출애굽기 17:7)

아나니아와 삽비라는 하나님이 늘 자신들 가운데 계신 것을 믿지 않았습니다. 하나님의 존재와 활동을 믿지 않는 사람처럼 생각하고 행동했습니다. 부활하신 예수님에 대한 메시지를 듣고 은혜를 받았지만, 그 예수님이 부활하여 살아계시고 하나님 나라의 왕으로 다스리신다는 말이 무슨 뜻인지 실감하지 못했습니다. 그들이 믿은 것이 무엇이고 은혜 받은 것은 무엇에 관한 것인지 알 도리가 없습니다. 동의는 하지만 실감하지 못하는 메시지 사이 빈 틈을 이용하여 사탄은 미혹했습니다. 거기서 거짓이 나왔고 위선이 나왔고 탐욕이 나왔습니다. 하나님보다 남편을 더 따랐던 삽비라, 그녀에게는 남편이 간 길이 기다리고 있었습니다.

"보라 네 남편을 장사하고 오는 사람들의 발이 문 앞에 이르렀으니 또 너를 메어 내가리라 하니 곧 그가 베드로의 발 앞에 엎드러져 혼이 떠나는지라"(사도행전 5:9b-10a)

베드로는 "보라"이두, ἰδοὺ라는 말로 상황의 심각성을 환기시킵니다. 베드로의 말이 끝나자마자 죽임을 당했던 남편 아나니아처럼 삽비라의 죽음도 신속하게 찾아왔습니다. 삽비라가 거짓말을 하는 동안 남편을 장사한 사람들'젊은 사람들'(행 5:10)의 발이 문 앞에 이미 당도했기 때문입니다. 이런 타이밍을 누가 주관하겠습니까? 이 정확한 시점까지도 성령께서 주관하시고 있습니다. 이는 다른 방법이 동원되었다면 그녀가 회개하였을 가능성이 있었을지 모른다는 추측을 아예 불가능하게 합니다. 가룟 유다에게 주어진 최후의 만찬 자리에서의 마지막 기회가 그에게 아무 변화를 가져오지 못했듯이, 삽비라의 거짓말과 그를 장사할 사람들의 도착이 정확히 일치하는 이 기막힌 타이밍은 사실상 심판은 그들이 오랫동안 지속적으로 성령과 하나님과 공동체를 속이며 일을 도모한 과정에서부터 이미 굳어졌음을 보여줍니다. 베드로의 말이 떨어지자 삽비라는 그의 발 앞에 엎드러져 죽습니다. 아나니아와 삽비라 부부의 죽음을 보고 들은 예루살렘 공동체는 큰 두려움에 휩싸였습니다.

"젊은 사람들이 들어와 죽은 것을 보고 메어다가 그의 남편 곁에 장사하니 온 교회와 이 일을 듣는 사람들이 다 크게 두려워하니라"(사도행전 5:10-11)

승승장구하던 초대교회에 급제동이 걸립니다. 늘 천국 같았던 공동체가 일순간 녹록치 않은 현실을 드러냈습니다. 그것은 공동체 내부뿐만 아니라 이 소식을 들은 다른 교회들과 교회 바깥의 사람들에게까지도 두려움을 안겨 주었습니다. 아나니아의 죽음에 나타났던 두려움의 반응이 삽비라의 죽음 이후에도 나타납니다. 하나님은 축복을 통해서 뿐 아니라 심판을 통해서도 자신의 존재를 세상 앞에 드러내셨습니다. 하나님의 사람들이 하나님 앞에서 그릇되게 살 때, 하나님의 교회가 하나님의 말씀에서 멀어질 때, 하나님께서 당신이 얼마나 분노하시는지를 보여주심으로써 자신을 알리시는 분입니다. 공동체 안에 늘 이런 건강한 두려움, 혹은 거룩한 긴장이 있어야 합니다.

우리는 여기서 사도행전 저자가 이 책에서 23회 사용하는 교회에클레시아, ἐκκλησία라는 용어가 여기에 처음 쓰이고 있는 것을 볼 수 있습니다. 부부의 비극을 통해 저자가 교회의 신앙적 진실성, 일치의 가치, 통합의 정체성 등을 환기시키려는 의도가 있었음을 알 수 있습니다. 교회를 교회 되게 하는 중요한 특성은 '거룩한 두려움', '외경심'입니다. 교회나 목사를 소재로 한 영화나 드라마의 대부분이 교회의 위선과 탐욕을 풍자하거나 조롱하는 것 일색인 것이 마음 아프지만, 그것이 과장일지라도 비현실은 아니기에 막을 수도 없습니다. 우리가 하나님을 두려워하지 않고 그분의 거룩하심을 반영하지 않는데, 어찌 세상이 주님을 두려워할 수 있겠습니까? 그래서 히브리서 기자는 이렇게 권면합니다.

> "그러므로 우리가 흔들리지 않는 나라를 받았은즉 은혜를 받자 이로 말미암아 경건함과 두려움으로 하나님을 기쁘시게 섬길지니 우리 하나님은 소

멸하는 불이심이라" (히브리서 12:28-29)

바울 또한 종말을 사는 성도들에게 이렇게 권면합니다.

"그러므로 나의 사랑하는 자들아 너희가 나 있을 때뿐 아니라 더욱 지금 나 없을 때에도 항상 복종하여 두렵고 떨림으로 너희 구원을 이루라" (빌립보서 2:12)

우리 안에 있는 이 두렵고 떨리는 마음은 우리 중 누구도 하나님의 자리를 대신 차지하지 못하게 하고, 하나님의 뜻을 독점하지 못하게 하고, 하나님의 영광을 가로채지 못하게 하는 역할을 할 것입니다.

헤렘이 되신 그리스도의 구속에 합당한 성도

우리는 여기서 한 가지만 더 생각해보고 본문을 마무리하고 싶습니다. 정말 이 부부의 일이 이렇게 즉결 처분을 당할 만큼 심각한 죄였을까요? 하나님이 그들에게 회개할 기회를 주지 않으신 것은 새 언약 시대에 어울리지 않는 너무 가혹한 처사가 아닙니까? 우리도 이 정도는 거짓말하면서 살지 않았습니까? 당시엔 그보다 더 심한 죄를 지은 바리새인과 서기관들도 있었고, 예수님을 죽인 유대인들도 있었고, 로마인들도 있었는데, 그들은 그때까지 무사하지 않습니까? 한때는 예수님을 믿기로 작정했던 사람인데, 이렇게나 냉정하고 단호하게 처리하신 이유는 무엇일까요?

분명하게 대답하기는 어렵습니다. 다만 이 사건이 신약에서 교회가 시작된 후 벌어진 첫 번째 범죄라는 것이 중요합니다. 이 사건과 비슷한 사건이 있습니다. 여호수아 7장에 나온 아간의 범죄 사건과 하나님의 심판입니다. 이스라엘 백성들은 가나안에 들어가서 그 땅을 정복하는 동안 그 땅에 있는 재물에는 절대 손대지 말라는 명령을 듣습니다. '헤렘 명령', 즉 '진멸 명령'이라고 부릅니다. 헤렘의 대상이 되면, 그것은 하나님께 속한 구별된 것이 되고, 하나님께서 심판하시는 대상이 되기도 하고, 하나님께 드려지는 제물이 되기도 했습니다. 그래서 그 명령을 어긴 자는 하나님의 것을 훔친 죄인이 되고, 가나안 사람들이나 그 땅의 물건들처럼 헤렘의 대상이 되어야 했습니다. 그런데 유다 지파 사람 아간이 그 명령을 어깁니다. 그는 점점 제비뽑기를 통해 포위망이 좁혀 오고 있는데도 실토하지 않았습니다. 사실상 하나님을 믿지 않고 시험하던 자였습니다. 그러자 하나님은 아간뿐만 아니라 그의 전 가족을 죽이는 매우 엄한 벌을 내리십니다. 이 사건 역시 약속의 땅 가나안에 들어가서 벌어진 첫 번째 범죄였습니다. 두 사건 사이의 관련성은 사도행전 5:2에 나오는 "감추다"라는 단어가 아간의 범죄에도 사용되고 있다는 사실을 보여줍니다.(수 7:1) 하나님께 드려야 할 전리품의 일부를 아간이 빼돌린 것입니다.

구약에서 우리는 두 종류의 헤렘을 발견할 수 있습니다. 하나는 자발적 헤렘이고 다른 하나는 당위적 헤렘입니다.[14] 자발적 헤렘은 스스로 헌신을 다짐하여 구별하여 드리는 것을 말하고, 당위적 헤렘은 죄에 대한 심판으로 진멸을 명하는 것을 말하는데, 더 엄격한 척결 과정을 요구합니다. 당위적 헤렘의 경우 이방인들보다는 이스라엘 백성들에게 더 철저

14 박형대, 《헤렘을 찾아서?》(그리심, 2011).

한 규정을 제시하고 있는 것이 특이합니다.(사 34:2, 43:28; 렘 25:9) 말라기의 마지막 단어가 '헤렘'일 정도로 헤렘은 선지서에서 중요한 단어입니다. 예수님의 십자가 사건은 헤렘 사건입니다. 자발적인 헌물로서의 헤렘으로 드려졌을 뿐 아니라 우상숭배와 같은 심각한 죄로 인해 당위적 헤렘이 되어야만 하는 백성의 대표자로 나무에 달리신 것입니다. 요셉과 마리아에 의해 드려지신 것(눅 2:22-24), 아버지 하나님의 경륜에 따라 내어 준 바 되신 것, 예수님께서 자발적으로 아버지의 뜻을 따라 십자가를 지신 것 등에서 '자발적으로 드려진' 거룩한 예물이신 예수님의 모습을 엿볼 수 있습니다. 동시에 구약성경에 근거하여, 특별히 여호수아서에 기술된 '나무에 달린 가나안 왕들'을 통해, 예수님께서 가증한 죄로 인해 헤렘될 수밖에 없는 백성의 대표자로 나무에 달리셨다는 것을 확인할 수 있습니다. 헤렘이 되신 예수님을 통해 '대표적 대속'이 이뤄진 것입니다. 거룩하다 일컬어지는 '자발적 헤렘'의 경우 결코 무르거나 팔거나 속하지 못하지만(레 7:28), 당위적 헤렘의 경우에는 구원 혹은 대속될 가능성이 있습니다. 이사야서에서는 헤렘될 수밖에 없는 모든 민족이 여호와의 종을 통해 구속되고 속량될 것을 선포하고 있습니다.(사 34:2 '모든 민족'; 34:5 '에돔'; 43:1 '야곱') 이사야 선지자는 우상숭배와 같은 심각한 죄로 인해 당위적 헤렘의 대상이 될 수밖에 없게 된, 야곱을 포함한 모든 민족 가운데서 "오직 구속함을 얻은 자(들)"(사 35:9), "여호와의 속량함을 얻은 자들"(사35:10), "여호와께 구속된 자들"(사 51:11)이 있을 것이라고 예고합니다. 이러한 구속은 여호와의 종의 사역으로 가능해지고 있습니다. 야곱이 헤렘 대상으로 그려진 후(사 43:28), 곧바로 야곱의 회복이 44장 1-5절에서 그려지는데, 그 핵심에 '여호와의 신이 부어진 야곱의 씨' "나의 영을 네 자손에게"가 있습니다.(사 44:3) 여호와의 종의 대속 사역이 가장 잘 표현된 53장에서, 여호와의 종의 사역의 열매로 "그여호와의 종의 씨"(사 53:10)가 제시됩니다. 이 후 65장 9-10절에서 '야곱의 씨'가 언급된 후 "아골 골짜기는 소 떼의 눕는 곳이 되어 나를 찾은 내 백성의 소유가 되려니와"라고 예언됩니다. 하나님의 백성으로 요단을 건넜으나 자발적 헤렘을 취하여 당위적 헤렘이 된 바 있는 아간 일가가 묻혔던 곳이 바로 이 아골 골짜기입니다. 그런데 그곳이 회복되리라는 예언을 통해, 여호와의 종을 통한 하나님의 구원이 그려지고 있는 것입니다. 구약 선지서에 예언된 '당위적 헤렘의 구속'이 바로 예수 그리스도를 통해 성취된 것입니다.

그렇다면 우리는 하나님이 이 부부를 엄하게 다루신 이유를 짐작할 수 있습니다. 우선 하나님이 아들 예수 그리스도의 피로 세운 교회가 거룩하고 정결하기를 얼마나 간절히 원하시는지를 보여주기 위해 첫 범죄부터 엄하게 다루신 것 같습니다. 가나안 땅에서 벌어진 첫 범죄를 단호하게 다루신 취지와도 같습니다. 또한 누가복음과 사도행전에서 예루살렘은 구원이 시작되는 곳입니다. 이곳을 모母교회로 하여 전 세계로 복음이 퍼질 것입니다. 예루살렘은 《누가-행전》에서 복음의 중심으로 묘사되고 있습니다. 이런 중요성 때문에 하나님은 초기의 죄악들에 다소 엄격하게 대응하고 계신 것 같기도 합니다. 그러니 회개할 기회도 주지 않고, 남편이 죽은 후 아내에게 그 사실을 알리지도 않는 매몰찬 치리의 모습을 보면서 무서운 생각만 할 것이 아니라, 우리 교회를 향한 하나님의 기대가 얼마나 큰지를 생각해야 할 것입니다. 얼마나 우리가 거룩하기를 원하시는지, 얼마나 우리가 정직하기를 원하시는지 생각해야 합니다. 하나님은 우리의 일부가 아니라 전부를 원하시는 분입니다. 필요할 때만 찾아가 상담하는 컨설턴트가 아니라 우리 교회의 주인이 되기를 원하십니다. 더 나아가 아무리 예수님 자신이 헤렘의 제물이 되어 돌아가심으로써 죄인인 우리의 죄를 용서하시는 큰 은혜를 받았더라도, 아나니아와 삽비라 부부와 같이 제멋대로 헤렘법을 적용하여 그 그리스도의 몸인 교회를 훼손하는 자에게는 심판이 있음을 말해주고 있는 것입니다. 성도와 제자란, 예수님처럼 하나님께서 말씀하시고 작정하신 대로 따라가는 자들입니다. 헤렘 개념이 내포하고 있듯, '대가對價를 바라지 않고 드리는 헌신'으로 자기 정체성을 삼는 사람들이 성도들입니다. 아나니아와 삽비라의 가장 큰 죄는 그리스도의 헤렘헌신을 따르지 않고 그리스도를 헤렘시킨십자가에 달려 죽게 한 유대 지도자들의 탐욕적이고 위선적인 헤렘을 따랐다는 데 있습니다.

나가는 말

성령이 충만한 공동체에 찾아온 사탄의 역사

성령이 충만한 예루살렘 교회에 사탄이 충만한 사람들이 등장했습니다. 그들의 죄는 교만과 기만이었습니다. 자신들의 평판을 스스로 조작하려 했습니다. 그는 참된 평가는 하나님이 하시고, 진정한 영광은 하나님으로부터만 온다는 것을 잊었습니다. 그들은 자신들의 재물을 통해 그 평판을 사려고 한 것도 문제였는데, 명예를 위해 재물을 내놓을 만큼의 헌신도 없었기에 거짓까지 동원해야 했습니다. 그들은 사탄이 동원하는 가장 최고의 수단인 돈과 기만을 모두 사용하여 자신의 평판을 만들려고 했습니다. 그들은 하나님의 교회 안에 있으면서도 가장 하나님의 은혜와 상관없는 사람들로 살고 있었습니다. 아나니아와 삽비라 부부는 일심동체였지만, 그들 사이에는 예수 그리스도가 안 계셨습니다. 그래서 하나님과 타인을 사랑하기 위한 연합이 아니라 탐욕을 부채질하는 야합에 그치고 말았습니다. 부활을 믿고 성령을 받아 자기 소유를 내놓고 사랑하는 성도들의 삶을 보면서 큰 도전을 받았지만, 그런 사람이 되기보다는 그들이 누렸던 존경과 인정만을 갈망하였습니다. 즉시 공개적으로 심판을 받아야 할 만큼 부활하여 통치하시는 예수님을 의식하지 않은 채 교회의 지도력만을 탐하는 자들이 되어 갔습니다.

온전함을 가장하지 않고 온전함을 갈망하는 신앙

신앙을 흉내 내고 가장假裝하는 것은 신앙에서 멀리 떨어져 있는 것보다 더 심각합니다. 자기 자신을 속이는 일이기에 돌아올 길로부터 너 멀어집니다. 진실성이 결여된 신앙은 언제나 심판의 대상이 됩니다. 십자가와 부활의 신비, 즉 복음을 모르면 그 수레바퀴에서 벗어날 수 없습니다. 내가 죽어야 그리스도가 내 안에 살고, 그리스도가 내 안에 살아야 하나님 나라가 이루어지고, 하나님의 교회가 교회다울 수 있습니다. 그걸 모르면 우리는 늘 소유를 위해, 헛된 명예와 평판을 위해 하나님을 버리는 사람이 될 수밖에 없습니다. 가장 밝은 빛을 비추는 곳에서도 항상 그 빛의 저편에는 그림자가 있습니다. 이 세상에는 완벽한 것이란 존재하지 않습니다. 완벽한 사람도 없고 완벽한 공동체도 없습니다. 완벽한 사랑도 없습니다. 그러니 스스로 완벽한 척하지 않아야 하고, 타인을 향해서도 완벽을 기대해서도 안 됩니다. 누구든 하나님을 속이지 않고 내 허물을 그대로 인정하면서 살아야 합니다. 그러나 약함을 핑계로 삼지 말고 온

전함을 향한 갈망을 품어야 합니다. 정말 중요한 것은 늘 원점으로 돌아와 하나님의 은혜를 구하는 태도입니다. 이 세상에서 완벽한 것은 하나님의 사랑과 은혜뿐이기 때문입니다.

교회, 거룩한 헌신의 공동체

순식간에 열정적인 신앙의 불길에 휩싸인 예루살렘 공동체 안에서는 가진 것을 제 것이라 하지 않고, 재산을 팔아 사도들 발 앞에 놓는 엄청난 신앙의 표현들이 연일 이어졌습니다. 하지만 이것이 모든 이들을 다 감동시킨 것은 아니었습니다. 어떤 이들에게는 엄청난 시험이기도 했습니다. 평판이 좋고 뛰어난 것이 많은 곳일수록, 그 안에 있는 사람들은 영적인 부담감을 가질 수밖에 없습니다. 그것이 거룩한 부담으로 작용할 수도 있지만, 이 아나니아와 삽비라처럼, 속사람의 변화보다는 거죽만 인정받고 존경받으려는 사람이 되고 싶어 할 수도 있습니다. 교회의 거룩함을 향한 하나님의 기대는 아나니아와 삽비라 부부를 향한 즉각적인 심판으로 표현되었습니다. 이 심판은 이 사건을 아나니아 부부와 베드로 혹은 교회와의 관계가 아니라, 하나님혹은 성령님과 사탄의 관계로 확대시켰습니다. 교회를 단지 세상으로부터 구별된 사람들만의 모임이 아니라 영적이고 우주적인 차원의 전투가 벌어지는 현장으로 조명한 것입니다. 앞으로 사도행전에서 전개될 복음의 확장 과정이 얼마나 철저하게 삼위 하나님의 주도 아래 이루어질 것인지를 암시합니다. 베드로가 그 대리자 역할을 하였듯이, 이제 바울과 성도들이 그 역할을 감당하게 될 것입니다. '교회'에클레시아는 지역 공동체를 넘어서 하나님의 창조 계획과 언약을 완성하는 전 세계적이고 우주적인 공동체가 될 것입니다. 그 중요성 때문에 '교회'라는 말이 맨 처음 등장하는 이 대목에서 하나님을 시험하고 속인 이 부부를 단호하게 심판하신 것입니다.

사랑하는 성도 여러분, 〈패치 아담스〉의 이야기를 기억하십니까? 이것이 손가락 몇 개로 보입니까? 분명 네 개입니다. 하지만 이것 뒤에는 이 네 개의 그림자가 숨어 있다는 것을 잊지 않길 바랍니다. 어느 순간 존경하던 성도의 모습에서, 철석같이 신뢰하던 지도자의 모습에서, 듬직하던 청년의 모습에서, 믿었던 내 자식의 모습에서 그 그림자를 발견하시거든 조금만 놀라십시오. 그 그림자가 바로 나 자신의 것일지도 모른다고 생각하십시오. 그것이 나에게만 보일 수도 있습니다. 그것이 나의 그림자를 닮았기 때문일 수 있고, 내 아버지의 그림자를 닮았기 때문일 수 있습니다. 따라서 그 그림자가 보인다면, 사랑 없는 비판보다는 용납하고 감싸주고 일으켜 세워주기 바랍니다. 그 그림자는 우리 주님과 얼굴과 얼굴을 마주할 그 날이 오기 전에는 사라지지 않을 우리의 분신이기 때문입니다. 더 깊은 기도, 더 간절한 기도, 더 진실한 기도로 주님을 찾기 바랍니다. 더 열린 마음으로, 더 예민한 영적인 귀로, 주님의 말씀을 듣기를 바랍니다. 그럴 때 속이고 감춘 아나니아와 삽비라의 유혹을 이기고, 그 대신 자신을 포기하고 넉넉히 베푼 바나바의 신앙을 따라갈 수 있을 것입니다.

함께 기도하겠습니다

자비롭고 거룩하신 하나님 아버지,
우리를 향한 당신의 헌신과
우리에게 기대하시는 헌신의 사랑을 알게 하시니 감사합니다.
주님, 저희의 헌신이 흉내 내기와 꾸미기에 그치지 않고
하나님의 것을 하나님께 드리는 진심 어린 헌신이 되게 하시고
이미 받은 갚을 수 없는 은혜에 화답하는 헌신이 되게 하여 주시옵소서.
결코 하나님이 주시는 참된 영광이 아닌,
사람들이 무심히 건네는 인정과 찬사를 위해
근사하게 겉만 치장하여 감히 하나님을 시험하는 일이 없도록
주님, 저희를 지켜 주시옵소서.

주님, 저희가 부활하신 주님의 영광스런 통치와
자비로운 은총과 성령의 임재 속으로
매 순간 들어가기를 소원합니다.
그리하여 잠시도 우리를 가만 안 두는 사탄의 갖은 유혹을 넉넉히 이기고
당신의 아들 예수 그리스도의 몸인 교회를 은혜와 감사로 섬기게 하시고,
우리의 숨은 의도가 주의 말씀으로 다 적발되어
주님이 우리를 아시듯
우리가 주님을 아는 투명하고 정직한 관계가 되게 하여 주시옵소서.
헌신하고 순종하는 자에게 역사하시는
부활의 주님의 권능이 저희를 통해 드러나게 하셔서
이 어둔 세상을 거룩하신 주님 앞에 세우는 삶이 되게 하여 주시옵소서.

저희에게 하나님 아버지의 온전하심 같이 온전하라고 명령하셨지만,
감히 저희로서는 이루어드릴 수 없는 명령임을 고백하며
주님의 긍휼을 구합니다.
그러나 이대로 포기하거나 핑계하고 싶지는 않습니다.
날이 가고 해가 갈수록, 저희가 낮아지고 비워져서
주님 당신만이 우리의 자랑이 되고 기쁨이 되게 하시며,
주님으로 배부르고 만족하는 삶을 어느덧 살고 있게 하여 주옵소서.
그리하여 점차로 사람들의 찬사와 인정에는 둔감해지고
주님의 흡족해하시는 마음과 미소까지 예민하게 느껴는
성령의 사람이 되게 하여 주시옵소서.
아멘.

가둘 수 없고 막을 수 없는 생명의 말씀

사도행전 5 : 12-42

부활, 생명과 평화의 사건

신앙이라는 말을 '생명과 평화'라는 말로 바꿀 수 있다고 생각합니다. 신앙이 있다는 말은 생명이 있다는 뜻이고, 그 생명은 평화를 만드는 힘이기 때문입니다. 신앙인은 살아 있는 사람일 뿐 아니라 남을 살리는 사람이고, 장벽을 허물고 차별의 선을 지우고 누구와도 하나가 되려는 사람입니다. 갈등과 분열의 상처를 어루만져주고, 부당하게 주변으로 밀려난 이들의 이야기를 오래도록 들어주는 사람입니다. 예수님은 상종할 수 없는 원수였고 낯선 외인이었던 우리에게 '생명'을 주러 오셨습니다. '관계'를 이어주러 오셨습니다. 평화를 만들려고 오셨습니다. 구원은 생물학적 목숨을 연장하는 것이 아니라 평화의 관계를 만드는 찬란한 생명이 되게 하는 일입니다. 주님은 생명을 생명 되게 하고 죽어가고 있는 생명을 살려주고 음지에 가려진 생명에게 빛을 주려고 오셨습니다. 남을 죽이지 않고 누르지 않으면 내가 살 수 없다고 말하는 이 세상의 말이 거짓이고, 그 어둠의 삶은 이미 죽은 삶이라고 알려주셨습니다. 사랑하는 것, 용서하는 것, 관대하게 대하는 것, 사람을 있는 그대로 보는 것, 한 사람을 그 사람이 살아온 역사와 이야기와 사연들과 함께 이해하고 대해주는 것, 그렇게 평화와 안식을 만드는 사람들이 구원에 참여한 그리스도인입니다.

생명 지향적 존재인 그리스도인

우리가 그리스도인인지 여부는 이런 '생명 지향적' 가치관을 갖고 사는지로 판가름 납니다. 말과 소유와 재능과 직업을 통해 하나님의 생명을 발현하고 꺼져가는 생명을 살려내는 일에 참여한다면, 그 사람이 하나님의 아들이고 그 교회가 하나님의 교회일 것입니다. 내가 있는 곳에 사랑과 평화가 임하는지 아니면 갈등과 분열이 임하는지를 보면 내가 그리스도인인지 여부를 알 수 있습니다. 우리 교회가 자기 욕망에만 천착한 채 자기 자신이나 가족, 자기 교회밖에 모르는 사람을 만든다면, 아무리 많이 모이고 성경을 잘 가르치고 경건한 분위기로 예배를 드린다 해도, 그곳은 하나님의 교회가 아닙니다. 교회는 예수님의 몸입니다. 만약 예수님이 갈등 조율자가 아니라 갈등 유발자라면 누구든 그 예수는 안 믿고 싶어 할 것입니다. 예수님도 "평화를 만드는 자가 복이 있나니 그는 하나님의 아들이라 불릴 것이다"라고 하셨습니다. 평화를 사랑하는 자도 아니고, 평화를 노래하는 자도 아니고, 평화에 관한 논문을 쓴 자가 아니고, 평화를 만드는 자가 하나님의 아들, 하나님의 자녀라는 인정을 받을 것입니다. 그가 바로 구원 받은 하나님 나라 백성입니다. 하나님의 아들 예수님이 그 평화를 만들기 위해 오셨으니, 그 예수님의 몸이요 현현이요 분신인 교회와 성도 역시 차별과 혐오와 배제, 전쟁과 갈등과 분열을 이기고 평화를 만드는 사람이 되어야 합니다. 세상이 가장 싫어하는 것이 이 평화입니다. 갈등과 분열과 전쟁을 통해서 자기 이익을 도모하고 권력을 차지하는 사람들이기 때문입니다. 세상은 또한 예수께서 주시는 이 생명을 싫어합니다. 의학과 과학의 발달이 우리에게서 인간의 한계에 대한 경각심을 아예 가져가버렸습니다. 예수님이 생명과 평화를 위해 십자가를 지셨듯이, 생명과 평화를 만드는 그리스도인의 삶에도 십자가가 기다리고 있습니다. 그 십자가가 생명을 낳는 하나님의 방법이고 능력이고 지혜라는 것을 세상은 모르고 있습니다. 그런데 예수님의 부활이 그것을 입증했습니다. 따라서 생명을 만드는 그리스도인, 평화를 만드는 그리스도인은 오늘 부활을 경험하고 있는 사람들입니다. 오늘 생명이나 생명처럼 소중한 그 무엇을 내놓음으로써 전혀 다른 종류의 생명영생으로 살아나는 자들입니다. 부활하신 예수님으로 인해 아픈 자들이 낫고 매인 자들이 자유롭게 된다면, 그것이 작은 부활입니다. 깨어졌던 관계가 회복되고 안식이 찾아오고 정의와 공의가 구현되었다면, 그것이 부활입니다. 오늘 부활이 일어나는 곳이면 어디든 그곳은 부활하신 예수님이 왕으로 다스리시는 천국입니다. 천국은 생명의 공간, 평화의 공간, 사랑의 공간입니다.

세 번의 부활

본문에서 우리는 세 번의 부활을 목격할 것입니다. 그 부활은 사도들이 전하는 부활의 복음, 즉 예수님이 죽은 자 가운데서 살아나셔서 지금 우리의 왕이 되신다는 선포가 옳다는 것을 증명해주었습니다. 이미 성전

미문 앞에서 날 때부터 앉은뱅이였던 걸인이 부활하신 나사렛 예수 그리스도의 이름으로 일어나 걸음으로써 부활을 경험했는데, 이제 다시 그 역사가 일어나고 있습니다. 첫 번째 부활은 사도들을 통해서 일어납니다. 사도들이 병든 자들을 고쳐주고, 귀신들린 자들을 낫게 해줍니다. 꺼져가던 생명이 날갯짓을 하는 순간입니다. 두 번째 부활은 주의 사자에 의해서 일어납니다. 부활의 복음을 전하다가 옥에 갇힌 사도들이 주의 사자의 도움으로 아무 제지도 받지 않은 채 옥에서 태연히 걸어 나오는 기적을 경험합니다. 그것은 죽은 사람이 살아나는 것만큼이나 가능성이 없는 일이었습니다. 세 번째 부활은 유대인 랍비 가말리엘에 의해서 일어납니다. 예수님을 믿지도 않는 사람, 유대인의 정신적인 스승에 의해 유대인들의 손에 붙잡혀 있던 사도들이 풀려납니다. 이 사건 역시 하나님은 세상의 그 어떤 사람을 통해서든 당신의 자녀들을 보호하실 수 있음을 보여줍니다.

첫 번째 부활, 사도들을 통한 표적

앞 장에서 이런 생명의 공동체, 평화의 공동체, 사랑의 공동체에 시기와 질투가 침투하고, 결국 죽음으로 끝이 나는 것을 보았습니다. 평화와 생명이 깨졌습니다. 교회의 중견 성도로 보이는 아나니아와 삽비라 부부가 위로자 바나바의 생명 신앙과 사랑 신앙을 본받기보다는 그가 누렸던 명예와 존경을 갈망하면서 벌어진 일입니다. 그들은 소유를 판 돈 일부를 감추고도 하나님께 다 드린 것처럼 속이다가 들켰습니다. 그것은 충동적으로 벌인 실수가 아니었습니다. 성령이 충만했던 바나바와는 달리 "사탄이 그 속에 가득하여" 지속적으로 키워왔던 야망과 탐욕이 만들어낸 사건이었습니다. 사탄이 그 속에서 자유롭게 역사하고 능력 있게 역사할 만큼, 그들은 철저하게 그리고 오랫동안 하나님이 좋아하시는 생명과 평화, 사랑과 자비의 일을 거부하고, 사탄이 좋아하는 거짓과 속임수, 교만의 삶을 살았던 것입니다. 부부의 즉각적이고 공개적인 심판을 보고 들은 교회는 물론 교회 밖에 있는 사람들까지 두려움에 사로잡혔습니다. 교회에도 어둠이 얼마든지 침투할 수 있지만, 교회는 그것을 결코 용납하지 않아야 한다는 것을 이 부부에 대한 하나님의 즉각적이고 냉정한 심판을 통해서 배웠습니다.

교회는 밖으로는 복음을 전하지 못하게 하는 자들에게 핍박을 받고, 안으로는 복음을 왜곡하려는 자들을 통해 어려움을 겪습니다. 핍박과 유혹, 어둠의 세력은 다양한 방법으로 교회를 무너뜨리려고 지금도 시도하고 있습니다. 그 패턴이 오늘과 다음 시간에 반복될 것입니다.

3:1-4:37 성전 미문에서의 기적 a

    + 부활의 복음 선포 + 핍박 + 감옥에서 나옴 b

    5:1-11 아나니아와 삽비라의 범죄와 죽음 c

5:12-42 솔로몬 행각에서의 기적 a′

    + 부활의 복음 선포 + 핍박 + 감옥에서 나옴 b′

    6:1-7 구제 문제로 갈등이 일어남 c′

사도들이 예루살렘에서 각종 표적과 기사를 많이 행했습니다. 앞에서는 베드로와 요한만 기적을 일으켰는데, 이제는 열두 사도 전체가 다 이 기사와 표적을 일으키는 데 개입한 것처럼 말하고 있습니다. 하지만 이번에도 그 중심인물은 베드로였습니다. 그렇게 하나님 나라는 점차로 그 존재감을 드러내고 있었습니다.(행 5:12) 메시지와 그 메시지를 증명하는 사건들이 같이 존재했기 때문입니다. 그들은 감동적인 이야기로만 상대하지 않았습니다. 그 이야기가 과거와 단절되지 않고 현재 여전히 진행 중이라는 사실을 전했고, 그 이야기에 참여하도록 초청하였습니다.

> "사도들의 손을 통하여 민간에 표적과 기사가 많이 일어나매 믿는 사람이 다 마음을 같이하여 솔로몬 행각에 모이고"(사도행전 5:12)[15]

이것은 사도들의 기도가 응답된 결과이기도 합니다. 그들은 사도행전 4:29-30에서 세 가지 기도를 드렸습니다.

1) 주여 이제도 그들의 위협함을 굽어보시옵고,

2) 또 종들로 하여금 담대히 하나님의 말씀을 전하게 하여 주시오며,

3) 손을 내밀어 병을 낫게 하시옵고 표적과 기사가 거룩한 종 예수의 이름으로 이루어지게 하옵소서.

정말 이 기도대로 "사도들의 손을 통하여" 표적과 기사가 일어났습니다. 사도행전 5:15-16을 보면 구체적으로 그것은 병을 낫게 하는 것과 귀신을 쫓아내는 것이었습니다. '일어나다'에기네토, ἐγίνετο가 미완료 시제인 것을 볼 때 부활의 복음을 전하는 중에 표적과 기사도 줄곧 같이 일어

15 유상현은 이 요약문의 형태는 초기 기독교인들의 활동 중 흔히 벌어지던 어떤 일반적 모습의 그림을 그린다고 본다. 특히 자주 등장하는 미완료 시제는 관습적 활동의 일반적 모습을 그려낸다고 본다. 유상현, 《베드로의 예루살렘 활동》(대한기독교서회, 2019), 207-208쪽.

나고 있었음을 알 수 있습니다. 3장의 앉은뱅이가 고침을 받고 일어선 곳은 성전 미문 앞이었는데, 이번에는 '민간에서' 즉 공공장소인 사람들 사이에서 일어났습니다. 이 기적이 더는 장소로서의 성전의 힘에 의해 일어나지 않고 사도들이 전하는 예수의 힘으로 일어난 기적임을 증명해주는 장소가 바로 이 '사람들 사이'입니다. 이제 주께서는 타락한 성전이 아니라 믿음의 사도들이 있는 사람들 안에 거하시는 것입니다. 이에 믿는 사람들도 지속적으로 늘었고, 그들은 정기적으로 솔로몬의 행각에 모였습니다.[16]

그들은 사도들이 전한 부활의 복음을 믿었습니다. 이 예루살렘의 유대인들은 예수가 십자가에 죽는 것을 두 눈으로 똑똑히 보았고 최소한 그 유명한 이야기를 전해 들어 알고 있었는데, 예수의 이름으로 일어난 표적과 기사를 보고 나서는 그 예수가 사흘 만에 살아서 지금 왕으로 다스리고 계신다는 사도들의 말을 사실로 믿기 시작한 것입니다. 지금 그들의 눈앞에서 일어나는 표적과 기사는 예수가 생전에 행하셨던 바로 그 표적과 기사였기 때문입니다. 예수의 영이 살아계시지 않는다면 똑같은 사건이 재현될 수 없었습니다. 예수에게 일어났던 치유와 축귀가 일어난다는 것은 그 예수와 함께하셨던 성령께서 지금은 이 사도들과 함께하신다는 증거였습니다. 그들은 마치 자신들이 예수님이 살아계실 때 살던 사람들로 착각할 정도였을 겁니다. 사도들은 작은 예수, 예수의 분신, 예수의 현현이 되어 있었습니다.

믿는 자들이 성전 안에 있는 솔로몬의 행각이라는 곳에 모였습니

16 "모이다"라는 단어가 미완료 시제인 것을 볼 때 그들이 자주 모였음을 알 수 있다.

다.(행 5:12) 모인 자들은 '한마음과 한 뜻'이 되어 있었습니다."믿는 자들이 다 마음을 같이하여" 그들 안에 '평화', 즉 '샬롬'이 임했다는 뜻입니다. 하지만 그들의 모임은 유대교 당국자들에게는 큰 위협거리가 되었을 것입니다. 절대 다수였던 유대교 사람들에 비하면 이 부활의 복음을 믿는 자들은 소수에 그쳤을 것이고, 유대교의 눈에는 불온한 이단들일 뿐이었습니다. 하지만 더는 그런 시선과 평판이 두렵지 않았습니다. 죽음을 이기고 살아나신 예수님이 함께하시고, 그 생명의 주를 믿는 사람들이 곁에 있었기 때문입니다. 그들을 바라보는 세상"그 나머지"의 시선이 사도행전 5:13에 나옵니다.

"그 나머지는 감히 그들과 상종하는 사람이 없으나 백성이 칭송하더라"

제자들의 공동체와 상종하지 않기로 할 정도로 경계하는 자들이 있었지만, 동시에 그들을 칭송하는 자들도 있었습니다. 교회가 세상을 두려워한 것이 아니라 세상이 교회를 두려워했습니다. 그들과 엮이고 싶지 않았습니다. 아나니아와 삽비라의 즉각적이고 공개적인 죽음이 이 두려움"큰 두려움"의 분위기에 영향을 미쳤을 것입니다.(행 5:5, 11) 그들이 사도들과 상종하지 않은 것은 분명 기득권 세력의 눈 밖에 나고 싶지 않아서였던 것입니다. 그러나 다른 한편으로 세상은 그들을 인정했습니다. 성도들이 자기 소유를 팔아서 궁핍한 자들을 섬기는 사랑을 보았고, 사도들이 병든 자를 고치고 귀신 들린 자를 회복시키는 능력을 보면서 그들이 칭송하지 않을 수 없었을 것입니다. 그렇게 상종하지 않던 자들이 시간이 지나면서 어느새 믿는 자들의 무리 속으로 들어오기 시작했습니다.

그래서 주께로 나아오는 자가 "더" 많아졌습니다.

"믿고 주께로 나아오는 자가 더 많으니 남녀의 큰 무리더라" (사도행전 5:14)

여기 나온 '더말론, μᾶλλον 많다'가 비교급인 것을 감안하면, 아나니아와 삽비라 사건과 사도들을 통한 표적과 기사, 그리고 부활의 복음을 증거한 것을 통해서 믿는 자들이 더 늘어났는데, 그것은 이전에 늘어난 수보다 더 많이 혹은 더 빠른 속도로 늘었다는 뜻일 것입니다. 그렇다면 교회의 추문일 수도 있는 아나니아와 삽비라 사건이 공동체를 위축시키는 위기가 된 것이 아니라, 안으로는 교회를 교회답게 만들었고 밖으로는 교회를 새롭게 바라보게 하는 계기가 되었던 것입니다. 위기 속에서 조롱을 당하는 교회가 아니라 더욱 영롱한 교회가 되었기 때문입니다. 교회의 추문을 감추고 덮는 것이 아니라 썩은 곳을 도려내어 거룩하고 정결하게 하는 것이 교회를 지키는 길임을 보여줍니다. 여기 '나아오다'프로세티쎈토, προσετίθεντο는 직역하면 '(계속) 더해졌다'미완료 수동태입니다. 그렇다면 믿는 자를 지속적으로 더하신 주체가 '하나님'이시라고 말하고 있는 것입니다.

우리는 세상이 교회를 반대하고 그리스도의 복음을 거부하는 이유가 우리 믿는 자들에게 있지 않고 그들 자신에게 있도록 만들어주어야 합니다. 그들이 우리를 보고 믿음으로 나아오게 해야 합니다. 예수 믿는다는 사람들이 자신들이 믿는 대로 살지 않고 자신들이 전하는 예수님과는 전혀 다르게 사는 것을 보고서 안 믿고 싶어졌다는 말이 나오게 해서는 안 됩니다. 반대로, 초대교회 성도들이 예수님의 분신이 되어 칭송을 받았듯이, 성도들도, 교회도, 세상 앞에 칭송을 받는 작은 예수들이 되어서 그들이 주께로 나아오고 싶게 해야 합니다. 사도들이 구체적으로 어떤 표적과 기사를 일으켰는지가 사도행전 5:15-16에 나옵니다.

> "심지어 병든 사람을 메고 거리에 나가 침대와 요 위에 누이고 베드로가 지날 때에 혹 그의 그림자라도 누구에게 덮일까 바라고 예루살렘 부근의 수많은 사람들도 모여 병든 사람과 더러운 귀신에게 괴로움 받는 사람을 데리고 와서 다 나음을 얻으니라"

이렇게 치유를 받은 자들은 당연히 사도들을 반대하는 자들이 아니라 그 복음을 듣고 믿음에 이른 사람들일 것입니다. 혼자 나올 수 없는 사람들은 친지나 친구가 메고 나왔습니다. 그들이 성전 안에 있는 솔로몬의 행각까지 올 수 없어서 사도들이 그들이 있는 곳거리으로 내려갔습니다. 환자들은 사도들이 솔로몬의 행각에 가는 길이나 혹은 신자들의 모임 장소로 가는 길에서 기다렸을 것입니다. 그들은 베드로의 그림자를 스치기만 해도 병에서 나을 수 있을지 모른다고 기대했습니다. "혹"칸, κἂν이라고 하는 표현을 볼 때[17] 늘 그런 일이 일어났던 것은 아니고, 확신을 갖고 한 일도 아니었음을 알 수 있습니다. 사도들의 그림자만 닿아도 나을 수 있다고 믿는 이 모습은 마가복음 5장에 나오는 혈루증 앓는 여인을 생각나게 합니다. 예수님의 옷깃에 스치기만 해도 나을 것이라고 믿었고 실제

17 불변화사(안)는 기대감의 불확실성을 시사한다.

로 병 고침을 받았습니다. 예수님은 그 여인에게 이렇게 말해주셨습니다.

> "네 믿음이 너를 구원하였으니 평안히 가라 네 병에서 놓여 건강할지어다"(막 5:34)

이런 기적은 나중에 바울을 통해서도 일어납니다.

> "하나님이 바울의 손으로 놀라운 능력을 행하게 하시니 심지어 사람들이 바울의 몸에서 손수건이나 앞치마를 가져다가 병든 사람에게 얹으면 그 병이 떠나고 악귀도 나가더라"(행 19:11-12)

복음의 소문은 어느새 예루살렘을 넘어서고 있었습니다. "예루살렘 부근의 수많은 사람들도 모여" 믿는 사람 숫자가 늘었을 뿐만 아니라 지리적으로도 복음이 확대되고 있었습니다. 참 복음은 치유와 소생, 갱생과 부활의 에너지를 발산합니다. 이는 형식주의로 각질화되고 냉랭해져 버린 유대교의 성전 체제를 근본적으로 세차게 뒤흔드는 사건이었습니다. 우리 성도들의 삶에 이런 부활의 능력이 나타난다면, 그것이 반드시 병이 낫고 돈을 벌고 무탈한 삶을 동반하지 않더라도, 기존의 세계관이 전격적으로 바뀌고 상식이 흔들리고 동경의 대상이 달라지는 기적이 나타난다면, 우리를 보고서 믿고 주께로 나아오는 자가 더 많아질 것입니다. 예수님을 믿은 다음에 세상과 전혀 다른 방식으로 고난과 마주하고, 세상과 전혀 다른 방식으로 느닷없는 번영을 상대하는 모습을 보여준다면, 세상은 우리를 두려워하기도 하고 칭송하기도 할 것이고, 주님이 부족한 우리를 통해서도 믿는 사람들을 많아지게 하실 것입니다.

두 번째 부활, 주의 사자를 통하여

역시나 이 모습을 보고 성전 권력자들은 사도들을 가만두지 않기로 합니다. 사탄은 교회가 잘 되는 것을 그냥 지켜만 보고 있지 않습니다. 세상에게는 그리스도인들에게는 없는 '힘'이 있습니다. 설득하거나 달랠 필요가 없습니다. 그들에게는 사도들을 붙잡을 수 있고 강제로 입을 틀어막을 수 있는 완력腕力이 있습니다. 그들은 지금 자기 힘이 가장 강하다고 생각하는 자들입니다. 로마가 보장해주는 힘입니다. 그 힘만 있으면 누구든 자신들 발밑에 굴복시킬 수 있다고 장담합니다. 총과 칼과 돈만 있으면 하고 싶은 것은 다 할 수 있다고 생각합니다. 말 안 듣는 자들을 때리고 빼앗고 죽여서 두려움과 공포를 심어주면 된다고 생각합니다. 그런데 하나님을 믿는 이 유대인들이 일천번제를 드리고 하루 세 번 시간을 정하여 기도하면서도 로마와 똑같은 방법으로 자기 힘을 과시하려는 자기 욕망만은 건들지 않고 말씀으로 재평가 받지 않으려고 했습니다. 그 완력으로 메시아를 십자가에 매달아 죽이더니, 이제 그 백성들인 작은 예수들마저 죽이려고 하고 있습니다. 그들은 아직도 왕을 세울 수도 있고 그 왕을 왕좌에서 내려오게 하실 수 있는 하나님을 두려워하지 않고 있었습니다. 그들의 상태를 이렇게 말합니다.

> "대제사장과 그와 함께 있는 사람 즉 사두개인의 당파가 다 마음에 시기가 가득하여 일어나서"(사도행전 5:17)

사도들이 옥에 갇히다

사두개인들은 당시 종교 권력을 장악하던 자들입니다. 그들은 부활을 믿지 않았고 모세 오경만을 정경으로 인정했습니다. 그들은 모세 오경에는 부활에 대한 언급이 전혀 없다고 생각했기에 예수님의 부활뿐 아니라 어떤 부활도 믿지 않습니다. 그런 점에서 부활을 믿고 있던 평신도인 바리새파 사람들과는 달랐습니다. 저자 누가는 그들이 사도들을 가둔 이유는 "시기"[18]라고 폭로하고 있습니다. 대중들이 자신들에게 관심과 존경을 보내기보다는 배운 것도 없고 제사장도 아니고 율법학자도 아닌 사도들에게 향하는 것을 보고 경쟁심이 발동했습니다. 특별히 지지자들의 수가 지속적으로 증가하는 상황을 그들이 몰랐을 리 없고, 이는 대제사장가야바과 사두개인들에게는 좌시할 수 없는 체제 위협으로 다가왔을 것입니다.

그런데 '시기' 하면 누가 생각납니까? 바나바를 향하여 영적 경쟁심이 발동하여 큰 화를 입었던 아나니아와 삽비라 부부가 생각납니다. 따라서 여기 '시기'라는 단어 대신에 사탄을 넣어도 말이 됩니다. 그들 마음은 사탄으로 가득 찼습니다. 그들은 사도들을 제거하는 일에 "한마음과 한뜻"이 되었습니다. 예수님은 이미 이런 일이 벌어질 것이라고 알려주신 적이 있습니다.

"사람들이 나를 핍박하였은즉 너희도 핍박할 것이요 내 말을 지켰은즉 너

---

18 이 단어(젤로스, ζῆλος)는 긍정적인 의미로는 '열정' 혹은 '열심'을 의미하지만, 여기서는 다른 사람들의 업적이나 성공에 대한 부정적인 느낌을 의미한다.

희 말도 지킬 터이라"(요한복음 15:20)

"사람들이 너희를 출회할 뿐만 아니라 때가 이르면 무릇 너희를 죽이는 자가 생각하기를 이것이 하나님을 섬기는 일이라 하리라"(요한복음 16:2)

그렇게 사도들을 옥에 가두면 하나님의 말씀도 가둘 수 있다고 생각했을 겁니다. 이것이 세상이 상상할 수 있는 전부였습니다. 그들의 힘으로 할 수 있는 최대치였습니다. 그들은 솔로몬 행각에서 말씀을 전하던 (행 5:12) 사도들을 체포합니다.(행 5:18) 아마 예루살렘 서쪽 뜰인 헤롯의 옛 궁전에 있는, 유대인들을 가두는 옥에 가두었을 것입니다. 이것이 그들에게 익숙한 방법이었고 늘 효과가 있었습니다. 이렇게만 하면 이번에도 예수의 부활이라는 황당무계한 소식을 전하는 일도 사라질 것이라고 생각했을 것입니다. 그런데 참 어리석은 인생들입니다. 리처드 도킨스Clinton Richard Dawkins라는 학자가 쓴《만들어진 신》이라는 책이 있습니다. 그런데 사실 '도킨스의 신神'이 '만들어진 신神'입니다. 그는 현대인들이 자기 이성과 신념으로 만든 신을 믿고 있다고 말합니다. 그럴 수도 있습니다. 그런다고 여태 존재해오셨던 살아계신 창조의 하나님이 사라지는 것은 아닙니다. 니체Friedrich Wilhelm Nietzsche는 "신은 죽었다"라고 했습니다. 그런데 이것은 잘못 번역된 문장입니다. 원문에서 '죽었다'는 현재시제입니다. '신은 죽고 있다'라고 번역해야 합니다. 그런데 우리는 니체가 '신은 없다'라고 하지 않았다는 점에 주목해야 합니다. 니체는 무신론자가 아닙니다. 그는 누군가가 살아계신 신을 '죽이고 있는 중이다'라고 비명을 지르고 있었던 것입니다. 집안에 목사가 여덟 명이나 있었던 니체의 눈에는 당대의 타락한 교회, 인간의 탐욕으로 가득 찬 교회, 가난한 성도들을 괴롭게 하면서 탐욕만 채우는 타락한 목사들이 '신을 죽이고' 있었습니다. 그의 말은 무신론 선언이 아니라 신의 살해를 고발하는 소리였습니다. 우리가 부활 신앙으로 생명과 평화를 위해 살지 않으면, 우리도 부활의 예수님을 다시 십자가에 못 박아 죽이는 사람이 되겠지만, 어떤 고난과 역경이 있더라도, 또한 아무리 세상에서 호강하고 성공한다 하더라도, 부활의 주님에 대한 신앙을 견고히 지킨다면, 옥 안이든 밖이든 왕궁이든 저잣거리든지, 심지어 형장이라 할지라도 부활의 주님은 능력 있게 왕으로 역사하실 것입니다.

사도들이 기적적으로 풀려나다

부활의 주님은 그들의 무력행사가 얼마나 어리석은지를 친히 증명해 주십니다.

> "주의 사자가 밤에 옥문을 열고 끌어내어 이르되 가서 성전에 서서 이 생명의 말씀을 다 백성에게 말하라 하매 그들이 듣고 새벽에 성전에 들어가서 가르치더니"(사도행전 5:19-21a)

석방 명령 없이 유대 지하 감옥을 제지 없이 나온다는 것은 상상할 수도 없는 일입니다. 겹겹이 둘러싼 경비병들을 따돌리고 한 명도 아니고 열두 사도들이 다 빠져나온다는 것은 영화 〈빠삐용〉이나 〈쇼생크 탈출〉에서의 탈옥보다 더 어렵습니다. 앞으로 사도행전에서는 두 번 더 이런 기적이 일어날 것입니다.(행 12:6-11, 16:25-26) 죽음을 이기신 하나님만 하실 수 있습니다. 사라의 불임의 태에서 이삭을 낳게 하신 하나님만 하실 수 있습니다. 이것은 부활의 기적입니다. 천사의 존재를 믿지 않는 사두개인들에게는 천사를 통한 이 하나님의 개입은 그들을 깜짝 놀라게 하는 하나님의 역사를 증명하는 증거가 되어야 했습니다. 이런 역사 앞에서 하나님이 하신 일을 부정하려면 그들은 너무 많은 허튼소리와 궁색한 논리를 만들어야 할 것입니다.

그런데 놀랍게도 주의 사자는 그들을 옥에서 빼내신 다음에 다소 놀라운 명령을 하십니다. 그들이 체포당한 바 있는 바로 그 장소 '성전'으로 돌아가라고 하십니다. 이전에 베드로와 요한을 꺼내실 때는 그들을 위해 기도하고 있던 공동체로 돌아가 간증하게 하시더니, 이번에 주의 사자는 그들을 안전하게 숨겨주지 않습니다. 어서 예루살렘을 떠나라고 명하시도 않습니다. 다시 붙잡힐 것이 분명한데도 성전으로 가라고 하십니다. 역시나 나중에 다시 붙잡혀서 혹독한 채찍형을 당했습니다. 그런데도 그들을 성전으로 인도하십니다. '다시 빼앗으실 거면서 왜 그런 해방을 주셨을까?' 살다 보면 우리에게도 분명 하나님의 축복이라고 찬미했는데 곧 다시 그 축복이 더 큰 고난의 시작이 되는 일이 있습니다. 차라리 축복을 주시지 않았으면 더 좋았겠다는 생각마저 들 정도로 도무지 이해할 수 없는 하나님의 역사를 경험했을 것입니다. 얼마 전 참 귀한 의료 선교사 한 분이 암에 걸려 소천하셨습니다. 의사의 삶을 버리고 신학교에 가서 안수를 받고 캄보디아 선교사로 섬겼던 분입니다. 타인의 몸과 영혼은 살리면서도 정작 자신의 몸이 죽어가는 것은 모르셨습니다. 많은 사람들의 간절한 기도를 뒤로 하고 결국 소천하셨습니다. 왜 선교사로 보내시고는, 왜 그런 귀한 믿음과 사랑을 주시고는, 이렇게 허망하게 데려가시는지 우리로서는 이해하기 어렵습니다. 못된 사람들이 천지에 널려 있는데, 왜 이렇게 선량한 사람, 더 살면 분명 주님께 수지맞을 것 같은 귀한 일꾼을 서둘러 데려가시는지 그 하나님 속을 우리는 알 길이 없습니다.

사랑하는 여러분, 이런 순간에도 우리가 기억할 것이 하나 있습니다. 하나님 안에 있는 우리에게 축복이 따로 있고 축복 아닌 것이 따로 있다고 생각할 수 있지만, 사실은 그렇지 않다는 것입니다. 하나님의 관점에서 보면 주께서 우리와 동행하시는 모든 순간이 축복입니다. 그래서 바울 사도는 우리더러 항상 기뻐하고 쉬지 말고 기도하고 범사에 감사하라고 하셨을 것입니다. 쉼 없는 기도와 범사의 감사가 함께 가는 것은, 기도는 나의 관점이 아니라 하나님의 관점으로 모든 것을 바라보고 간구하는 일이기 때문입니다. 가장 자기부정적인 믿음의 행위이며 가장 이타적인 사랑의 행위가 바로 기도이기 때문입니다.

사도들에게도 자신들이 옥 안에 있는지 옥 밖에 있는지보다 더 중요한 것은 자신들이 '부활하신 그리스도 안에' 있는지 여부였습니다. 그들은 이미 사도행전 4:29에서 "담대히 하나님의 말씀을 전하게 하여 주시옵소서"라고 기도한 사람들입니다. 무사하고 싶으면 예수의 부활을 전하지 말라는 경고를 유대교 당국자들에게 받았는데도 "하나님 앞에서 너희 말을 듣는 것이 하나님의 말씀을 듣는 것보다 옳은가 판단하라"고 대들었던 사람들입니다. 그들에게 축복은 자신들이 어떤 처지에서든지 이 생명의 복음, 부활의 복음을 전할 수 있는 사람이 되는 것이었습니다. 복음을 전한 후에 얻는 어떤 대가, 즉 좋은 평판이나 안락한 삶이나 안전에 대한 보장 같은 것이 그들이 생각하는 보상의 전부는 아니었습니다. 심지어 믿는 자들이 늘어나는 것도 마땅히 보장 받은 결과가 아니었습니다. 그것을 원했겠지만, 그마저도 하나님 소관입니다. 사도들은 주 안에서 영생을 누리며 사는 것, 그것을 축복이라고 생각했던 사람들입니다.

산헤드린 회의가 열린 그 때에 사도들은 이 "생명의 말씀", 생명을 살리는 말씀을 전하기 위해 새벽에 성전으로 갔습니다.

"그들이 듣고 새벽에 성전에 들어가서 가르치더니"(사도행전 5:21a)

유대인들에게 새벽은 대단히 바쁜 시간입니다. 동틀 무렵 그들은 경배하고 기도하기 위해 새벽에 성전으로 몰려왔습니다. 사도들을 가둔 사람들은 주의 사자가 한 일을 전혀 모르고 있었습니다. 그래서 재판하기 위해서 사도들을 옥에서 잡아 오라고 명령합니다. 이것은 산헤드린 공의회 전체가 모인 정식재판입니다.

"대제사장과 그와 함께 있는 사람들이 와서 공회와 이스라엘 족속의 원로들을 다 모으고 사람을 옥에 보내어 사도들을 잡아오라 하니"(사도행전 5:21b)

하지만 부하들이 확인한 것은 사도들이 없는 빈 옥"부하들이 가서 옥에서 사도들을 보지 못하고 돌아와"이었습니다.(행 5:22) 예수님이 부활하신 무덤이 텅 비어 있었듯이, 사도들을 가둔 옥은 아무것도 가두지 않고 있는 텅 빈 옥이었습니다. 그런데 더 이상한 것이 있습니다. 빈 옥이 된 이유가 병사들이 경계를 소홀히 했거나 시설이 부실했기 때문이 아니었다는 사실입니다. 저자는 인간의 상식으로는 이해할 수 없는 일이 벌어졌다는 것을 옥의 상황을 성전 지도자들에게 돌아와 보고하는 부하들의 말을 통해 상세히 묘사합니다.

"이르되 우리가 보니 옥은 든든하게 잠기고 지키는 사람들이 문에 서 있으되 문을 열고 본즉 그 안에는 한 사람도 없더이다 하니"(사도행전 5:23)

옥은 여전히 잠겨 있는 상태였습니다. 현재완료수동태분사케클레이스메논, κεκλεισμένον는 옥이 밤새도록 잠겨 있었음을 보여줍니다. 그것도 "든든히"엔 파세 아스파레이아, ἐν πάσῃ ἀσφαλείᾳ 잠겨 있었습니다. 그들은 그렇게 알고 있었을 것입니다. 주의 사자가 잠시 그 문을 연 것을 몰랐으니 말입니다. 지키는 병사들도 문에 줄곧 서 있었습니다. 이 단어헤스토타스, ἑστῶτας도 현재완료형분사입니다. 정말 그들은 단 한 순간도 이 자리를 벗어난 본 적이 없었다는 뜻입니다. 사도들이 어떻게 빠져나왔을까요? 마술에서는 본 적이 있지만 현실에서는 어떻게 이런 일이 벌어집니까? 주의 사자가 문을 열어준 후 제자들이 나간 다음에 다시 원래대로 자물쇠를 채워놓은 것일까요? 경비병들의 정신을 잠시 혼미하게 한 후 유유히 옥을 빠져나오게 한 것일까요? 어쨌든 그리고 나서 남은 것은 예수님의 부활 후에 남겨진 빈 무덤 같은 빈 옥이었습니다. 그렇다면 적어도 저자는 사도들의 감옥 탈출 사건을 부활 사건처럼 묘사하고 있는 것 아니겠습니까? 로마 병사들이 지키고 있던 무덤의 돌이 굴려 옮겨져 있었고 그 안에 있던 예수의 시체가 사라졌던 그 부활 사건 말입니다. 예수의 시신을 쌌던 세마포만 고스란히 남긴 채 그 몸이 빠져 나간 부활 사건과 감옥 탈출 사건은 너무도 흡사합니다. 주의 사자를 통한 부활 사건이 이번에는 사도들에게 일어난 것처럼 묘사하고 있습니다. 사도들을 데리러 갔던 자들이 그 사실을 보고하자 성전 권력자들은 어떤 반응을 보입니까?

"성전 맡은 자와 제사장들이 이 말을 듣고 의혹하여 이 일이 어찌 될까 하더니"(사도행전 5:24)

당연한 반응입니다. 사도들이 집단적으로 탈출했으니 앞으로 이 사건이 어떤 파장을 불러올지 염려되었을 것이고, 두렵기까지 했을 것입니다. 그들이 어디로 잠적할 것이며, 또 예루살렘 밖의 어디로 가서 이 위험한 주장을 퍼뜨릴지 짐작할 수 없었습니다. "이 일이 어찌 될까?"라고 하는 말에서 그들의 불안감을 엿볼 수 있습니다. 그 충격이 채 가시기도 전에, 앞으로 어떤 일이 벌어질지 몰라서 전전긍긍하는 그들에게 다른 사람이 급히 뛰어 들어와 더 말도 안 되는 황당한 보고를 합니다.

"사람이 와서 알리되 보소서 옥에 가두었던 사람들이 성전에 서서 백성을 가르치더이다 하니"(사도행전 5:25)

사도들을 성전에 보낸 주의 사자의 결정에 사도들 자신도 놀랐겠지만, 성전 당국자들 역시 놀랐을 것입니다. "보소서"이두, ἰδοὺ 라는 말에서 이 소식을 전하는 자가 먼저 놀랐다는 것을 읽을 수 있습니다. 당국자들은 이보다 훨씬 더 골치 아픈 일들이 벌어져서 그 파장을 통제하기 어려울 수도 있을 것이라고 생각했는데, 다시 그들이 자신들이 체포하기 쉬운 독 안에 제 발로 들어왔다는 보고를 들은 겁니다. 하지만 그것이 호랑이를 잡으려고 호랑이 굴로 들어온 것인 줄은 몰랐습니다. 그들은 자신들의 연약함도 모르고, 부활하신 예수님의 권능도 모르는 자들이었습니다. 자신들의 인생이 얼마나 수동적인지를 몰랐습니다. 권력으로 무엇이든 자기 원하는 대로 창조할 수 있다고 착각하고 있었습니다.

사도들이 다시 재판을 받다

공회의 지도자들은 그 말을 듣고 성전으로 직접 갑니다. 이번에는 부하들에게 잡아오도록 명령하는 데 그치지 않습니다. 이제 사도들은 가볍게 다룰 수 있는 대상이 아니라고 판단했을 것입니다. 그들은 사도들에게 즉시 폭력을 사용하여 "강제로", 직역하면 "폭력을 써서", 메타 비아스, μετὰ βίας 산헤드린으로 데려올 생각을 감히 하지 못했습니다. 이미 그들이 백성들에게 미친 강력한 영향력 때문이었습니다.

> "성전 맡은 자가 부하들과 같이 가서 그들을 잡아왔으나 강제로 못함은 백성들이 돌로 칠까 두려워함이더라" (사도행전 5:26)

사도들은 이 권력자들에게는 '시기'의 대상이었지만, 백성들에게는 '존경'의 대상이었습니다. 백성들은 표적과 기사를 동반한 사도들의 메시지를 듣고 그들과 상종하지는 않았지만 칭송하기는 하였기 때문입니다.(행 5:13) 당국자들은 무력으로 생명의 복음을 죽이려고 했지만, 백성들은 그 생명의 복음으로 죽은 데서 새 생명을 얻고 있었습니다. 누구보다도 이 백성들은 사도들의 기적적인 탈출, 부활과 다름없는 사건의 증인이었습니다. 예수는 무고하게 죽였지만, 사도들은 함부로 죽일 수 없었습니다.

재판이 벌어집니다. 사도들의 죄는 분명합니다. 그들이 행한 기적이 잘못이 아니라 그들이 전한 부활의 복음이 문제였습니다. 그러나 그 둘은 별개가 아니라 하나인데, 이 종교지도자들은 눈앞에서 벌어진 표적과 기사는 어쩔 수 없이 인정하면서도 그들이 전하는 부활의 복음은 인정하지 않았습니다. 부활의 예수님이 아니고는 사도들로서는 표적과 기사가 일어날 수 없는데도, 그들은 끝내 이 명확한 인과관계를 외면했습니다. 어떻게든 즉시 믿지 않아야 할 이유를 찾는 것이 그들의 직업이었고, 하나님이 하신 일을 외면하는 것이 그들의 과업이었기 때문입니다. 자신들의 권력과 부에 기여하지 않는 것은 아무것도 진리로 받아들이지 않았습니다. 그들은 진리에 복종하는 자가 아니라 진리를 가공하는 자들이었습니다.

> "그들을 끌어다가 공회 앞에 세우니 대제사장이 물어 이르되 우리가 이 이름으로 사람을 가르치지 말라고 엄금하였으되 너희가 너희 가르침을 예루살렘에 가득하게 하니 이 사람의 피를 우리에게로 돌리고자 함이로다"(사도행전 5:27-28)

그들이 사도들에게 물은 죄는 고작 전하지 말라는 부활의 복음을 전했다는 사실뿐이었습니다. 그런데 이렇게 말하는 과정에서 사도들이 이미 예루살렘에 미친 복음의 영향력이 무시하지 못할 만큼 커졌다는 사실을 자인하고 있습니다: "너희가 너희 가르침을 예루살렘에 가득하게 하니" 그들은 '엄금하였지만'파랑겔리아 파랑겔레이라멘, παραγγελίᾳ παρηγγείλαμεν 예수의 가르침이 예루살렘에 '가득해졌습니다'페플레로카

테, πεπληρώκατε.[19] 그들의 엄중함이 통하지 않았다고 손수 밝힘으로써 사도들 앞에서 자신들의 권위가 얼마나 실추되었는지를 실토하고 있습니다. 수천 명이 회심하고 예루살렘 바깥에 있는 사람들까지 병을 고치려고 사도들을 찾아오는 상황을 그들이 모를 리 없었습니다. 그것을 알면서도 그들은 고작 사도들이 예수가 살아났다고 중단 없이 외치는 저의를, 정치범으로 불명예스럽게 처형된 예수의 죽음의 책임을 자신들에게로 돌리려는 수작이라고 주장합니다. "이 사람의 피를 우리에게로 돌리고자 함이로다" 혹은 예루살렘 사람들을 부추겨 자신들에게 폭력적으로 저항하게 만들려고 한다고 생각했을 수도 있습니다. 그렇게 항의하면서도 감히 그들은 입에 '예수'라는 이름조차 올리지 못한 채 '이 사람'이라고만 말합니다. 그것이 사도들의 메시지 선포의 의도의 전부는 아니었지만, 유대인들이 죽인 것은 정치범 예수가 아니라 하나님의 아들 메시아였음을 드러내고자 한 것은 맞습니다. 실제로 사도들은 앞서 "너희가 십자가에 못 박은 이 예수를 하나님이 주와 그리스도가 되게 하셨느니라"(행2:36)라고 전함으로써 예수를 죽인 책임이 로마 권력자들이 아니라 유대교에 있음을 지적한 바 있습니다. 그런데 이 성전 당국자들은 자신들이 예수를 죽음에 넘겨주면서 한 말은 기억하지 못하고 있습니다.

"빌라도가 … 무리 앞에서 손을 씻으며 이르되 이 사람의 피에 대하여 나는 무죄하니 너희가 당하라 백성이 다 대답하여 이르되 그 피를 우리와 우

---

19 '페플레로카테'(πεπληρώκατε)라는 완료형을 쓴 것은 예루살렘은 사도들의 가르침으로 가득 찬 잔과 같았다는 뜻이다(Daniel.B.Wallace, *Greek Grammar Beyond the Basics*(Zondervan,1996), 577).

리 자손에게 돌릴지어다 하거늘"(마태복음 27:24-25)

그들은 예수님의 피가 무죄한 자의 피일 경우에 그 대가를 자신들이 치르겠다고 장담했습니다. 그런데 이제 와서 사도들이 그 책임을 지적하자 발끈하고 있는 것입니다. 그러나 제자들은 이 협박 아닌 협박에 조금도 굴하지 않습니다. 더는 죽음이 무서워 예수님을 부인하고 달아났던 그 시절의 제자들이 아닙니다. 부활하신 주님을 통해 부활을 경험한 사람들, 죽었다가 살아난 자들에게 무서울 것이 무엇이겠습니까? 사도들은 말합니다.

"베드로와 사도들이 대답하여 이르되 사람보다 하나님께 순종하는 것이 마땅하니라"(사도행전 5:29)

얼마나 당찬 고백입니까? 사도들은 비교급을 사용하고 또 '마땅하다' 데이, δεῖ 라는 조동사를 넣어서 단호함을 표현하고 있습니다. 유대교 권력자들의 결정과 하나님의 명령은 서로 비교조차 할 수 없다는 뜻입니다. 하나님께서 권력자들의 명령을 인정하지 않으실 것이기 때문입니다. 그러고는 아예 이 골수 유대교 지도자들만 모인 바로 그 현장에서 전하지 말라고 명령한 그 예수 그리스도의 부활의 복음을 전합니다. 재판의 자리를 복음 증거의 기회로 삼은 것입니다.

"너희가 나무에 달아 죽인 예수를 우리 조상의 하나님이 살리시고 이스라엘에게 회개함과 죄 사함을 주시려고 그를 오른손으로 높이사 임금과 구

주로 삼으셨느니라"(사도행전 5:30-31)

조금도 물러서지 않습니다. 조금이라도 자신들을 재판하는 자들에게 고분고분하지 않았습니다. 양보나 타협의 흔적이 전혀 없었습니다. 사도들은 자신들의 자유와 안전을 유대 지도자들이 아니라 하나님께 맡기고 있었기 때문입니다. 이 순간 "종들로 하여금 담대히 하나님의 말씀을 전하게 하여 주옵소서"(행 4:29)라고 기도했던 사도 자신들의 기도가 응답되고 있습니다. 그들은 어려움을 만나지 않고 평안히 복음을 전할 수 있도록 해달라고 구한 것이 아니라, 반드시 만날 수밖에 없는 그 반대에도 불구하고 "그들의 위협함을 굽어보시는" 하나님을 의지하고서(행 4:29) 담대하게 해달라고 기도하였던 것입니다. 어쩌면 그들은 공생애 중에 자신들에게 주셨던 예수님의 약속과 격려를 기억하고 있었을지 모릅니다. 그때는 무슨 말씀인지 몰랐지만, 이제는 바로 이 순간을 위한 말씀이었음을 알게 되었을 것입니다.(눅 12:11-12)[20]

그들은 그 약속 그대로 담대한 증인이 되었습니다. 사도들은 메시아 예수님을 죽인 것은 유대인들이라고 분명히 밝히고, 특히 유대 지도자들 앞에서 예수님을 살리신 분을 "조상들의 하나님"이라고 의도적으로 전합니다. "이 사람의 피를 우리에게 돌리고자 한다"(행 5:28)는 말은 방금 전 유대인 권력자들의 우려를 그대로 인정하는 말입니다. 그러면서 그 예수를 살리신 분은 아브라함과 이삭과 야곱의 하나님, 즉 지금 사도들을

20 "사람이 너희를 회당이나 위정자나 권세 있는 자 앞에 끌고 가거든 어떻게 무엇으로 대답하며 무엇으로 말할까 염려하지 말라 마땅히 할 말을 성령이 곧 그때에 너희에게 가르치시리라 하시니라"(누가복음 12:11-12)

심문하고 있는 유대 권력자들도 믿고 있는 그 하나님이라고 소개합니다. 그 하나님이 예수님을 죽은 자 가운데서 살리셨다는 것은 그 부활을 통해서 조상들의 하나님이 약속하셨던 언약을 이루셨다는 뜻입니다. 부활은 새로운 시대를 연 사건입니다. 언약이 그토록 약속하고 내다보았던 하나님의 완전한 통치, 팔레스타인 땅의 경계를 넘고 유대인의 경계를 넘어서 온 세상 전 인류를 향해 나아가는 하나님 나라 역사의 새로운 장을 연 것이 바로 어둠과 죽음과 사탄의 권세를 깬 부활입니다. 예수께서 승리하시고 하나님 나라의 왕으로 등극하신 것은 바로 이 부활이 만들어낸 역사입니다. 그래서 부활은 "우리 조상의 하나님"이 하신 일일 수밖에 없습니다. 그렇다면 유대인들은 자신들이 믿는다고 고백하고 열정적으로 성전에서 제사하는 바로 조상들의 하나님의 아들을 죽였다는 말이 됩니다.

이렇듯 우리는 같은 장소에서 같은 하나님을 믿고 같은 성경을 보는 것 같아도, 사실은 정반대로 생각할 수도 있고 정반대로 살 수도 있습니다. 어쩌면 둘 중 하나는 자신이 만든 하나님, 자신들의 욕망을 정당화해주는 하나님, 시대가 만들고 이데올로기가 제작한 하나님일 수 있습니다. 제작자의 기호와 필요와 욕망에 따라 언제든 이 모양 저 모양으로 변조 가능한 하나님을 믿을 수도 있습니다. 원주민들을 학살하는 하나님, 흑백 차별을 지지하는 하나님, 에너지를 위해서 전쟁과 학살을 명령하시는 하나님, 고아와 과부와 가난한 자를 멸시하시는 하나님, 독재자들을 축복하시는 하나님, 저는 이런 하나님을 알지 못하고 믿을 수도 없습니다. 그런데 여전히 그 같은 정책이나 나라나 지도자를 지지하면서도 하나님을 믿는다고 말하고 예수님을 영접한다고 말하고 성령님을 의지한다고 말하는 자들과 저는 '우리 하나님'의 가족이 될 수 없습니다. 그들은 자신들이 믿는 하나님의 아들을 지금도 십자가에 못 박고 있는 자들이기 때문입니다.

사도들은 여기서 예수를 십자가라는 가장 수치스런 방법으로 죽인 유대인들과 그를 살리셨을 뿐만 아니라 임금과 구주로 삼으신 하나님을 극단적으로 대조하고 있습니다.[21] 사도들이 믿는 하나님은 예수님을 죽은 자 가운데서 살리셔서 그를 하나님 나라의 임금과 구주로 삼으신 하나님입니다. "임금"(행 5:31)이라는 단어는 "왕"이라는 말이 아니라 '저자', '선구자', '영도자'라는 뜻을 가진 '아르케고스'ἀρχηγός 입니다. 그분은 우리보다 앞서 십자가를 지시고, 우리보다 앞서 부활하신 분입니다. 우리를 대신하여 돌아가시고 부활하신 분입니다. 말만 하시지 않고 몸소 모범을 보이실 뿐 아니라 우리도 그 길을 걸을 수 있도록 도와주시는 분입니다. 자신이 간 그 순종의 길, 믿음의 길, 사랑의 길, 평화의 길, 생명을 살리는 길을 따라오도록 이끌어 주시는 분이 '임금'아르케고스, ἀρχηγός 예수님이십니다. 가망 없는 우리의 죄를 용서하시고 사망에서 건져주신 구원자소테르, σωτήρ 예수님이십니다. 하나님이 예수를 살리시고 높이신 사건이 그분을 임금과 구주가 되게 하였고, 그것이 우리로 회개함과 죄 사함을 가능하게 해주었습니다. 그 예수님을 영접하고 삶을 바꾸는 것이 '회심'입니다.

나도 십자가를 지고 예수님이 걸어가신 그 길을 걸어가고, 작은 예수가 되어 예수님처럼 살고, 예수님의 말씀에 순종하며 사는 자가 될 마음

21 원문에는 30절과 31절 모두에 행위의 주체로 "하나님"을 강조하여 두 번 다 언급하고 있다. 예수를 살리셨고 "이 사람"을 "임금과 구주"로 삼으신 분이 "하나님"이라는 것을 강조하고 있는 것이다. 특히 31절에서는 "이 사람", "하나님", "임금과 구주"가 나란히 문장 맨 앞에 나와서 강조되고 있다.

을 품지 않은 채 입술로만 회개한다면, 결코 죄 사함을 받을 수 없다는 뜻입니다. 자기 죄를 인정하고 부활하여 지금도 다스리시는 예수님의 나라로 들어오는 것이 회개요, 그것이 죄 사함의 길인 것입니다. 제자는 누구입니까? 바로 온 삶으로, 전 인격으로, 예수님이 바로 임금과 구주이심을 증거하는 증인입니다. 사도들은 자신의 정체와 자신들의 소명을 이렇게 밝힙니다.

"우리는 이 일에 증인이요" (사도행전 5:32a)

사도들의 사명은 '증거하는 일'입니다. 그들은 증인으로 부름받았습니다. 증거할 때 그들은 살 것이고 살아 있게 될 것입니다. 그래서 사도들은 증거하겠다고 합니다. 종교 지도자들의 말을 듣고 증거하는 일을 중단하면 몸의 안전은 잠시 보장받을 수 있을지 모르겠지만, 영혼의 안전은 잃어버리고 말 것이기 때문입니다. 그렇습니다. '소명'은 '생명'입니다. 부르심에 합당하게 살 때 그것이 영생입니다.

예수님의 부활을 증거하는 또 다른 증인이 계십니다. 바로 성령이십니다. 사도들은 말합니다.

"하나님이 자기에게 순종하는 사람들에게 주신 성령도 그러하니라" (사도행전 5:32b)

이로써 우리의 구원에 관여하신 삼위 하나님이 모두 소개됩니다. 시기가 가득하고 사탄이 가득한 종교지도자들은 하나님께 순종하는 자들이 아닙니다. 회개하고 죄사함을 받은 자들이 아닙니다. 그들에게는 성령이 없습니다. 하지만 하나님께 순종하는 자들에게는 성령을 주십니다. 예수님의 약속대로 그 성령께서 "증인"으로 살게 해주십니다.

> "오직 성령이 너희에게 임하시면 너희가 권능을 받고 예루살렘과 온 유대와 사마리아와 땅 끝까지 이르러 내 증인이 되리라 하시니라"(사도행전 1:8)

이 성령님이 바로 사도들이 "사람보다 하나님께 순종하는 것이 마땅하다"(행 5:29)고 자신 있게 이야기할 수 있었던 이유입니다.

사랑하는 여러분, 부디 우리 안에는 성령이 가득하길 바랍니다. 그리하여 우리 자신을 증거하지 말고, 우리의 잘남을 증거하지 말고, 우리의 성공을 증거하지 말고, 오직 하나님만 증거합시다. 그분의 영광만 드러내기를 갈망합시다. 그러면 세상 그 누구보다 존귀한 자가 되어 있을 것입니다. 세상은 우리를 두려워하겠지만 세상을 두려워하지 않는 담대한 믿음의 사람이 되어 있을 것입니다.

세 번째 부활, 가말리엘을 통하여

이제 세 번째 부활이 남았습니다.(행 5:33-42) 그 부활은 놀랍게도 저명한 유대교 지도자 가말리엘을 통하여 일어났습니다. 제자들이 자신들이 죽인 예수가 살아남으로써 자신들의 재판이 잘못임이 드러났다고 주장하자 종교지도자들은 분노합니다. 심지어 성령까지 들먹이면서 자신들을 하나님께 순종하지 않는 자로 몰아세우자 종교지도자들은 크게 화가 납니다. 예수님을 죽였듯이 사도들도 죽여야 한다고 생각할 정도로 강하게 분노했습니다.

“그들이 듣고 크게 노하여 사도들을 없이하고자 할새”(사도행전 5:33)

‘크게 노하다’ 디에프리온토, διεπρίοντο 는 이 표현은 베드로의 설교를 듣고 그들이 화가 나서 얼굴이 붉어지거나 두 주먹을 불끈 쥐는 것 같은 눈에 띄는 반응을 동반했음을 암시합니다.[22] 이 ‘없이하다’ 아나이레오, ἀναιρέω 동사가 신약에 24회 나오는 중에 19번이 사도행전에 나오고, 그것이 예수님(행 10:39, 13:28), 바울(행 23:15), 야고보(행 12:2), 스데반(행 22:20)에 사용된 것을 볼 때, 주와 복음을 위한 순종에 수반되는 고난으로 이 죽음을 제시하고 있는 것을 알 수 있습니다. 사도들에게는 이전 어느 때보다도 더 위태로운 순간이 왔습니다. 죽음을 결정할 수 있는 재판정에서 심판의 권한을 가진 자들을 이토록 분노하게 하였으니 옥에 갇혀 있을 때보다 더 위태로운 순간을 맞이한 것입니다. 주의 사자를 통해 옥에서 사도들을 건지신 하나님께서 이제 이들을 어떻게 하실까요?

놀랍게도 다음 장면에 등장하는 것은 주의 천사들이 아니라 유대교에서 존경받는 바리새인 랍비 가말리엘입니다. 우리에게는 사도 바울의 스승으로 알려진 사람입니다. 누가는 그를 “모든 백성에게 존경을 받는 자”로 소개합니다. 실제로 “원로 랍비 가말리엘이 죽었을 때 율법의 영광은 사라지게 되었으며 순결과 절제도 죽었다”라고 표현할 만큼 그의 명성

22 ‘노하다’(디아프리오, διαπρίω)가 사용된 것은 신약에서 단 두 번인데, 행 7:54에서 스데반을 향한 분노에 한 번 더 등장한다. 두 번 모두 예루살렘 공동체를 향한 분노다.

은 자자했습니다. 그와 그가 속한 바리새파는 세속권력과 영합하여 백성들을 학대했던 사두개인들과는 다른 사람이었고, 비록 유대 사회에서 소수파였지만 종종 사두개파와는 적대적인 입장에 서서 그들의 권한을 견제했습니다. 그들은 하나님의 주권을 믿었고, 부활의 소망을 가지고 하나님의 능력을 세속적인 권력보다 더 신뢰하는 사람들이었습니다. 하지만 예수 믿는 자들을 잡아 죽였던 사도 바울에게서 알 수 있듯이, 한때 사도 바울의 스승으로 알려진 가말리엘 역시 예수가 메시아라고는 전혀 생각하지 않던 자였습니다. 그가 일어나 발언한다고 했을 때, 그곳에 모인 공의회 의원들은 그 역시 사도들을 처형하는 데 무난히 찬성하리라 기대했을 것입니다.

그런데 피고인 사도들을 밖으로 내보낸 후(행 5:34) 그가 공회 의원들에게 한 말은 우리의 예상과는 사뭇 달랐습니다.

> "이스라엘 사람들아 너희가 이 사람들에게 대하여 어떻게 하려는지 조심하라"(사도행전 5:35)

사도들을 죽이라, 그들이 좇는 예수처럼 십자가에 못 박으라, 고 주장한 것이 아닙니다. 신중하라고 합니다. 조심하라 프로스세코, προσέχω 고 합니다. 잘 생각해서 판단해야 한다고 합니다. 그의 결론과 제안은 이것입니다.

> "이제 내가 너희에게 말하노니 이 사람들을 상관하지 말고 버려두라 이 사상과 이 소행이 사람으로부터 났으면 무너질 것이요 만일 하나님께로부터 났으면 너희가 그들을 무너뜨릴 수 없겠고 도리어 하나님을 대적하는 자

가 될까 하노라" (사도행전 5:38-39)

여기서 바리새파 사람들에게서 두드러지는 하나님 주권 사상을 볼 수 있습니다. 그가 사도들의 주장이 사실일 수 있는 가능성을 조금이라도 염두에 두었다는 증거는 없습니다. 다만 힘으로 이들을 제압하려고 했을 때 그 파장이 더 커질 수 있다고 우려하고 있는 것으로 보입니다. 그는 이 사도들의 소행이 사람으로부터 났고, 그래서 반드시 무너질 것이라고 보았을 것입니다. 적어도 가말리엘이 아무리 경건하고 학문이 깊어도, 메시아가 죽고 부활한다는 주장은 여전히 그에게는 황당무계한 소식일 뿐이었기 때문입니다. 가말리엘이 사람으로부터 났기에 무너진 사례들만 두 가지 제시하고 있는 것을 통해서도 짐작할 수 있습니다. 두 메시아 운동은 첫째 마술사 '드다'의 메시아 운동이고, 둘째 갈릴리 유다의 메시아 운동입니다.

"이전에 드다가 일어나 스스로 선전하매 사람이 약 사백 명이나 따르더니 그가 죽임을 당하매 따르던 모든 사람들이 흩어져 없어졌고, 그 후 호적할 때에 갈릴리의 유다가 일어나 백성을 꾀어 따르게 하다가 그도 망한즉 따르던 모든 사람들이 흩어졌느니라" (사도행전 5:36-37)

'드다'는 사람들을 모아 요단강을 갈라지게 해 보이겠다고 했다가 로마에 의해 참수 당한 유대인 마술사였습니다. '갈릴리 유다'는 주후 6년에 세금 반란을 일으켰다가 진압된 혁명가였습니다. 바리새인들이 기대한 메시아는 이방인 로마 제국을 거룩한 약속의 땅에서 완전히 몰아내고

현 체제를 완전히 전복시킬 수 있는 강력한 정치적 군사적 영웅이었습니다. 따라서 가말리엘은 이들이 하나님께로부터 나지 않았다면 자신들이 직접 처형하지 않아도 로마 군인들에 의해서 처형될 것이라고 주장하고 싶은 것입니다. 하지만 이 사도들의 주장이 사실일 수 있는 가능성이 천에 하나, 만에 하나라도 있다면, 그들을 제거할 경우 하나님을 대적하는 자들이 될 수 있었습니다.

> "만일 하나님께로부터 났으면 너희가 그들을 무너뜨릴 수 없겠고 도리어 하나님을 대적하는 자가 될까 하노라" (사도행전 5:39)

실제로 가말리엘이 그럴 가능성이 있다고 보았는지는 확인할 수 없습니다. 적어도 가말리엘은 기독교의 뿌리가 유대교와 연결되어 있다는 것만은 존중합니다. 또 삼천 명이나 믿게 되고, 또 나중에는 오천 명이나 예수의 부활을 믿는 자가 생겼을 뿐 아니라, 날마다 믿는 자의 수가 더해 가는 상황을 가말리엘이 몰랐을 리 없습니다. 그 소문이 예루살렘을 넘어 다른 인근지역까지 퍼지는 이 상황을, 상식 있는 영적 지도자라면, 강 건너 불구경 하듯 할 수는 없었습니다. 그는 찬성하든 반대하든, 도대체 어떤 하나님의 역사가 일어나고 있는 것인지에 대해서는 고민했을 것입니다.

뿐만 아니라 가말리엘은 사도들이 행하고 있는 각종 기사와 표적에 대한 소식에 주의를 기울였을 것입니다. 더군다나 어제 아무 제지도 받지 않은 채 옥에서 유유히 빠져나왔고, 그러고도 도망하지 않고 다시 붙잡힐 줄 알면서도 성전에서 똑같이 그리스도의 부활을 선포하였다는 사실을 들어 알고 있었을 것입니다. 사두개인들과는 달리 바리새인은 부활을 믿는 사람들입니다. 또 천사의 존재도 믿는 사람들입니다. 그래서 양심적인 학자였던 가말리엘은 이 사건을 예삿일로 보지 않은 것입니다. 드러내놓고 찬성할 수는 없지만, 인간의 상식으로는 이해할 수 없는 초자연적인 역사인 것만은 인정한 것입니다. 그런 그가 취할 수 있는 조치는 즉각적인 사형집행을 중단시켜 만에 하나 있을지 모르는 피의 책임을 면하게 하는 것이었습니다. 가말리엘의 이런 제안은 연륜이 있는 어른의 매우 실용적인 주장입니다. 이런 파급력이 있는 단체의 지도자들을 가혹하게 다루면 그 파장이 얼마나 심각할지를 우려하지 않을 수 없었을 것입니다. 그래서 그들이 하나님으로부터 나오지 않았다면 흩어질 것이니 그냥 두자고 한 것입니다. 그는 불안한 마음을 가졌지만 이렇게 될 가능성을 더 크게 보았고, 그렇게 되기를 기대하였을 것입니다. 하나님은 가장 유대교적인 사람을 통해서 유대교가 만든 위기에서 사도들을 지키고 계십니다. 유대교 핵심 인물을 통해서 당신의 사도들을 다시 한 번 죽음의 큰 위기에서 살려내고 계십니다.

이것은 나중에 그의 제자 바울이 회심하여 유대교의 가장 강력한 신학적인 영웅이었다가 가장 불온한 대적자가 되는 사건을 미리 보여주는 것이라고 하겠습니다. 또 나중에(행 23장) 바울이 부활을 전하다가 체포되어 예루살렘에서 재판을 받을 때 바리새인들과 사두개인들이 서로 싸우게 만들어 곤경에서 벗어나게 하는 일을 미리 보여주고 있습니다.

가말리엘의 제안에 공회는 어떻게 반응합니까?

"그들이 옳게 여겨 사도들을 불러들여 채찍질하며 예수의 이름으로 말하는 것을 금하고 놓으니"(사도행전 5:40)

그들은 사도들을 다시 수감하려고 했지만, 가말리엘의 제안을 받아들여 석방하기로 합니다. 하지만 그냥 보내지 않고 이미 범한 위반에 대해서는 매로 다스립니다. 유대인의 전통대로 채찍으로 서른아홉 대(사십에 하나 감한 매)를 때렸을 것입니다. 이것만으로도 살점이 떨어져 나가는 혹독한 처벌이었습니다. 죽지 않을 만큼 맞은 다음에 풀려났습니다. 게다가 다시는 예수의 이름으로 말하지 말라는 위협도 받습니다. 하지만 이번에도 그들의 위협이 초라해 보이는 것은 어쩔 수 없습니다. 이 글을 읽는 독자들이라면 이런 위협만으로 사도들이 입을 다물 것이라고 생각하는 이는 더 이상 없을 것입니다. 그렇게 풀려나면서 사도들이 보인 반응을 보면 그걸 짐작할 수 있습니다.

> "사도들은 그 이름을 위하여 능욕 받는 일에 합당한 자로 여기심을 기뻐하면서 공회 앞을 떠나니라"(사도행전 5:41)

채찍을 맞고 피를 흘리며 풀려났는데도 이것은 "그 이름을 위하여" 받은 능욕인 것과 그것을 잘 감당한 것에 대해 도리어 기뻐했습니다. 고난 속에서 자신들을 구해준 하나님의 손길을 경험하고서는, '이렇게 주 예수의 부활을 전하다가 고난을 받는 것을 보니 하나님도 내가 바르게 전했다고 인정해주시는구나'라고 생각하면서 기뻐했다는 뜻입니다. 안전이 아니라 고난이, 그들이 하나님의 증인이요 그리스도의 증인임을 입증해준다고 생각인 것입니다. 어떻습니까? 우리의 상식을 깨뜨리는 관점 아닙니까? 산상설교를 하시면서 예수님께서 하신 말씀이 떠오릅니다.

> "의를 위하여 박해를 받은 자는 복이 있나니 천국이 그들의 것임이라 나로 말미암아 너희를 욕하고 박해하고 거짓으로 너희를 거슬러 모든 악한 말을 할 때에는 너희에게 복이 있나니 기뻐하고 즐거워하라 하늘에서 너희의 상이 큼이라 너희 전에 있던 선지자들도 이같이 박해하였느니라"(마태복음 5:10-12)

야고보는 이렇게 말합니다.

> "시험을 참는 자는 복이 있도다. 이것에 옳다 인정하심을 받은 후에 주께서 자기를 사랑하는 자들에게 약속하신 생명의 면류관을 얻을 것임이니라"(야고보서 1:12; 개역한글)

사도들은 자신들이 '옳다 인정하심을 받고 있다'고 생각했습니다. 자신들이 한 일이 예수께서 걸어가신 십자가의 길을 걷는 일이었다는 것만으로 즐거워한 증인들이었습니다. '수치-명예' 문화가 강하게 작용하는 사회에서 굴욕당하는 것을 족하게 여겼다는 것은 그들이 당대의 지배 문화를 뒤집고 뒤엎고 거스르며 살았다는 뜻입니다. 그들은 이 굴욕을 자신들의 증인 자격을 인정하는 표시로 여겼고 큰 명예로 받아들인 것입니다. 가장 중요하고 영광스러운 것이 무엇인지 알았기에, 다른 모든 것을 상대화할 수 있었고 그 가치를 달리 판단할 수 있었습니다. 그래서 공회의 위협에도 불구하고 석방되는 즉시 그들은 다시 불법을 저지르기 시작했습니다.

"그들이 날마다 성전에 있든지 집에 있든지 예수는 그리스도라고 가르치기와 전도하기를 그치지 아니하니라." (사도행전 5:42)[23]

그들은 "하나님께로부터 났으면 절대 무너뜨릴 수 없을 것"이라는 가말리엘의 말이 옳다는 것을 증명해주었습니다. 죽음과 고난을 두려워하지 않고 기쁘게 여기는 사람들을 통해서 하나님의 말씀은 거침없이 선포되고 퍼져나가고 있었습니다. 이제 이스라엘의 열두 지파를 다스리는 자들은 산헤드린 공회원들이 아니라 열두 사도들이어야 했습니다. 여기 제자들의 증거 사역은 때"날마다"와 장소"성전에 있든지 집에 있든지"와 방식"가르치기와 전도하기"에 있어서 구애받지 않고 진행되었습니다. 그들이 얼마나 철저히 수동적으로 하나님께서 앞서 행하시는 역사에 이끌려 참여하였는지를 보여줍니다. 그랬으니 "그치지 않았다"는 표현처럼 그들은 즉시 체포되어 더 큰 곤욕을 치를 수 있는 상황에서도 지속적으로 부활의 복음을 증거할 수 있었습니다. 여기 사도행전에서 처음으로 '유앙겔리조'εὐαγγελίζω, 전도하다라는 표현이 나옵니다. 그들이 가르치고 전도한 내용은 "예수는 그리스도다"입니다. 유대인들이 죽인 예수가 구약의 모든 언약을 성취한 하나님의 아들이요, 새 시대를 가져온 메시아라고 전한 것입니다. 사도들은 산헤드린의 금령을 거부한 채 이 복음을 가르치고 전했습니다. 그것이 때로는 우리가 살고 있는 이 시대의 실정법을 어기면서까지 진행될 수도 있음을 사도들은 보여줍니다.

---

23 '그치지 않았다'(우크 에파우온토, οὐκ ἐπαύοντο)는 미완료 시제로서 제자들이 유대교의 금령을 지속적으로 거부했음을 보여준다.

나가는 말

부활 신앙으로 산다는 것은

오늘 본문은 우리에게 이렇게 질문하고 있습니다.

작은 예수로 살아가고 있는가?
날마다 자신을 부인하고 예수의 십자가의 길을 따름으로써
그 부활의 증거들을 경험하면서 살고 있는가?
말이 아니라 그 부활의 증거들을 통해서
세상에게 예수의 부활과 살아 계심과
그분의 통치를 믿도록 전하고 있는가?
예수의 부활이 만드는 생명의 역사,
평화를 만드는 역사가 일어나고 있는가?

사랑하는 여러분, "사람보다 하나님께 순종하는 것이 마땅하다"는 사도들의 단호한 대답이 오늘 우리의 대답이 되기를 바랍니다. 그렇게 순종하는 자에게 역사하시는 성령을 의지하여 이 시대에 변함없이, 거침없이, 그리고 그침 없이 주 예수 그리스도와 그분의 생명의 복음을 전하며 사는 증인들이 되기를 바랍니다. 아무도 거스를 수 없고 막을 수 없는 이 도도한 말씀의 흐름에 참여합시다. 그리하여 우리를 통해서 그 나라가 이 땅에 임하게 합시다. 그리스도께 옳다 인정함을 받는 것을 가장 큰 기쁨으로 여기는 저희들을 통해 크고 작은 부활들이 우리가 가는 곳마다 일어나기를 바랍니다. 우리 가정이 부활하고, 우리 친구들이 부활하고,

우리 동네가 부활하고, 우리 학교가 부활하기를 바랍니다.

부활에 참여하는 십자가 신앙

그 생명과 평화의 역사는 오늘 우리가 먼저 그 하나님의 말씀을 따라 십자가를 질 때 일어납니다. 우리가 믿는 대로 살고 말하는 대로 살 때 일어납니다. 말한 대로 살아야 하는 것이 결코 선택 사항일 수 없다는 한 현직 교사의 고백은 우리에게 증인의 삶에 대해서 성찰하게 해주었습니다.

> "우리 앞에도 독배가 놓여 있다. 그 독배는 바로 '말하는 대로 사는 삶'이다. 부모이든 교사이든 누군가에게 거울이 되는 사람들은 '말하는 대로 사는 삶'이라는 독배를 마셔야 한다. 소크라테스가 독배를 피하지 않음으로 지금도 살아 있듯이, 우리도 말하는 대로 살기 위해 독배를, 매일 조금씩 마셔야 한다."

자신의 말을 지키기 위해 독배를 마시고 죽었기에 지금도 영원히 그 주장이 살아 있는 철학자 소크라테스Socrates 처럼, 예수님도 하나님의 말씀에 순종하여 십자가라는 독배를 마셨기에 지금도 하나님 영광스런 보좌 우편에서 통치하고 계십니다. 세속적인 영광을 구하는 제자들에게도 예수님은 "내가 마시는 잔을 너희가 마실 수 있느냐"(막 10:38)고 물으셨듯이, 오늘 저희도 이 부활을 믿으면서 이 어둠과 죽음의 세상에서 빛이신 예수님의 말씀을 따라 순종하기 위해 날마다 독배를 마시는 우리가 되기를 바랍니다. 그럼 그곳에 생명과 평화가 피어날 것이기 때문입니다. 더 나아가 주의 이름을 위하여 능욕 받는 일에 합당한 자로 쓰임 받는 것을 기뻐하였던 사도들을 떠올립니다. 내가 진정한 하나님의 사람임을 가늠하는 시금석이 바로 이 십자가 신앙이라는 말인 것 같습니다. 오늘 우리가 무슨 일에 궁극적으로 기뻐하는지를 돌아보면서 주님께 합당한 자로 여김 받는 교회와 성도가 되기를 바랍니다.

부활의 나라에 동참하는 신앙

예수님의 부활은 새로운 시대가 도래했음을 보여주는 사건이었습니다. 이 종말의 시대에 믿는 우리는 이미 하나님 나라에서 예수님의 부활에 참여하였습니다. 주님은 당신의 사자들을 통해 옥에서 당신의 제자들을 구출하심으로써 역사하시고, 당신의 성령이 일으키는 표적과 기사를 통하여 역사하시고, 심지어 가말리엘 같은 유대교 지도자를 통해서도 역사하십니다. 인간의 힘과 논리가 만든 촘촘한 인과율과 상식과 기득권의 아성을 깨뜨리고, 당신의 뜻을 주권적으로 이루시고, 당신의 백성들에게 생명을 주시고, 당신의 공동체를 세워 가십니다. 이것이 모두 부활의 역사, 새 창조의 역사입니다. 이 하나님의 주권적인 역사 개입을 요청하고 기대하는 것이 생명 있는 믿음입니다. 교회의 뚜렷한 쇠퇴는 엄연한 현실이고 복음에 대한 사회의 반감은 더 거세졌지만, 그것이 우리로 절망하거나 포기하게 만들 이유는 되지 못합니다. 옥에 갇힌 제자들을 구출하시고, 그들을 다시 성전 앞에 세우시고, 산헤드린 공회 앞에서 "사람보다 하나님께 순종하는 것이 마땅하다"고 고백하게 하신 우리 주 예수 그리스도께서 우리와 함께 계시니, 이 생명과 평화의 나라 사명에 기꺼이 그리고 즐거이 동참하는 우리가 되기를 바랍니다.

함께 기도하겠습니다

생명의 주님, 평화의 주님 감사합니다.
오늘도 변함없이 주께서 살아계셔서 당신께서
아름답게 창조하신 세상을 크신 사랑으로 돌보시고 조율하시며
주님의 뜻하신 목표에 이르도록
당신의 창조를 이어 가심을 믿고 감사합니다.

사랑하는 주님,
오늘 저희가 즐거이 주님의 손에 저희 자신과 공동체를 의탁하여
죽음에서 생명으로 일으키고,
갈등과 다툼의 세상에 평화와 안식을 지으시는 주님의 역사에
기도로든 실천으로든,
저희도 기꺼이 참여하는 자녀들 되게 하여 주시옵소서.
힘이 만든 가치들을 동경하지 않으면 힘을 부러워할 일이 없고,
죽음을 만드는 세상이 주는 영광을 쓸데없다 여긴다면
얼마나 담대하게 사랑하고 당차게 순종할 수 있는지를 보여주고 싶습니다.
주권자 하나님께서 이 세상에 존재하는 모든 자원과 힘을 다 동원하여
스스로 지혜롭다고 하는 자들을 어리석게 만드시고
반대로 겸비하여 주를 신뢰하고 경외하는 것이
주님께서 가장 귀하게 여기는 지혜임을 보여주실 것을 믿습니다.

사랑하는 주님,
이제 저희도 사도들처럼 주께서 가라고 하시면 가고,

전하라고 하시면 전하고,

갇히라고 하시면 갇히고, 맞으라고 하시면 맞으면서도,

오직 주께 합당한 자로 인정받게 하시고,

그것을 가장 큰 영예로 아는 증인이 되게 하여 주시옵소서.

아멘.

거룩한
사역 나눔

사도행전 6:1-7

하나님 나라를 위협한다면

복은 무엇인가?

하나님 나라는 복의 공동체이며, 하나님의 백성은 복의 사람들입니다. 복을 받은 사람이며 또 복을 나눠주는 사람입니다. 여기서 '복'은 '생명력'이라고 바꿔 부를 수 있습니다. 생육하고 번성하는 능력, 그 사람을 그 사람 되게 하는 능력, 자신뿐 아니라 주변에 있는 존재들이 생명을 발휘할 수 있게 해주는 힘, 그것이 바로 '복'입니다. 탱탱한 포도알 안에 포도즙이 가득 차 있으면, 그것이 바로 포도의 '복' 생명력입니다. 그처럼 우리 안에 하나님의 생명이 충만하게 차 있으면 우리는 복의 사람이 됩니다. 복의 근원, 생명의 근원이 되시는 '하나님 안에 있고', '하나님과 함께' 있을 때만 참 복을 누릴 수 있습니다. 하나님 안에 농축되어 있는 것이 바로 인간의 참된 생명력입니다. 하나님의 복은 우리 혼자 누리라고 주신 복이 아닙니다. 인간은 본래 처음부터 혼자서는 생명력을 유지할 수 없도록 지음 받았습니다. 모든 인간이 유기적으로 엮인 공동체입니다. 하나님이 부으시는 복도 서로 공유할 때만 복이 됩니다. 그렇게 생명의 자원을 사이좋게 공유하고 있는 상태를 '샬롬', 즉 평화라고 부릅니다. 샬롬은 생명을 공유하고 있는 상태입니다.

죄는 무엇인가?

따라서 '죄'에는 두 가지 차원이 있습니다. 첫째, 하나님 안에만 있는 '복'을 거절하고 스스로 자신이 복의 근원이 되겠다고 나서는 것입니다. 하나님을 부인하고 하나님과 같아지려는 것이 죄입니다. 그런데 그럴수록 인간의 생명력은 고갈됩니다. 단번에 죽는 것은 아니지만, 서서히 생기를 잃고 물질에 포박되어 죽어가는 존재가 됩니다. 둘째, 죄는 인간의 연대성을 파괴합니다. 다른 지체들과 생명을 공유하는 것이 아니라 타인의 생명력을 약화시키고, 가인과 그의 후손 라멕에게서 볼 수 있듯이, 다른 사람의 생명을 통째로 빼앗는 일까지 범합니다. 그렇게 서로 죽이고 빼앗는 포악함의 역사가 극에 달한 시점이 바로 노아 시대였습니다. 하나님께서 물로 심판하실 수밖에 없을 만큼 심각했습니다. 이것을 '대지에서 뿌리 뽑힌 나무'로 비유할 수 있습니다. 아담처럼 하나님을 떠나 뽑힌 나무 안에 남아 있는 제한된 수분과 양분으로 근근이 살아가는 인생은 수많은 결핍에 시달렸는데, 그것이 죽음을 미분微分하여 미리 경험하는 것입니다. 그럼 구원은 무엇입니까? 바로 '복'을 회복하는 것입니다. 생명력을 회복하는 것입니다. 구원은 관계 가운데 '샬롬'을 회복하는 것입니다.

성령의 역사는?

성령은 생명의 영입니다. 흙으로 지음 받은 인간에게 '하나님의 영'이 들어갔을 때 생령, 살아있는 존재가 되었습니다. 에스겔 37장에서 골짜기의 마른 뼈에 하나님의 영이 들어가자 그들이 온전한 사람이 되는 환상이 나옵니다. 그것이 바로 성령을 통해 죽어가고 있던 인류가 새 언약 관계 속으로 들어가서(겔 36장) 새롭게 창조될 것을 보여주는 그림 언어입니다. 그러면 어떤 일이 벌어집니까? 하나님을 사랑하고 의지하는 사람이 될 뿐 아니라, 인간 사이에 끊어졌던 연대성이 회복됩니다. 이기적인 나 중심의 세계관이 무너지고 남남인 줄 알았던 서로가 운명공동체로 연결되어 있는 것을 알게 됩니다. 그것은 '성령'의 사람들, 즉 하나님의 DNA가 없는 사람들에게는 불가능한 일입니다. 예수 그리스도가 바로 그 생명의 영인 성령을 주려고 오셨습니다. 하나님의 충만한 생명력을 주시려고 오셨습니다. 사도 바울은 예수께서 하늘에 속한 신령한 복을 주러 오셨다고 말합니다.(엡 1:3-4) 그 복을 가진 사람은 이제 돈이나 명예나 외모가 주는 헛된 생명력에 속지 않고 참된 복을 추구합니다. 진정한 생명력을 얻기 위해 자신의 옛 사람, 옛 자아를 예수님과 함께 십자가에 못 박습니다. 그것을 '회심'이라고 부릅니다. 그리고 이제 예수께서 주시는 성령 받기를 간구하게 됩니다. 그러면 깨어졌던 이웃과의 연대성이 회복되고 이웃을 사랑하는 사람이 됩니다. 이웃의 존재가 내게 현상現像되고, 그들과 나 사이의 불가분의 관계가 인식되게 됩니다. 그리하여 나를 살게 해준 그들을 위해 내 생명을 나눠주는 사람이 되고, 약해져가는 이웃의 생명력을 북돋아주는 사람이 되어 갑니다. 그들이 복을 받을 때 나에게도 복이 된다는 것을 알아버립니다. 그래서 성령은 생명의 영이고, 성령의 공동체는 반드시 생명의 공동체여야 합니다. 성령의 공동체는 서로의 복지를 빌어주고 기여하는 샬롬의 공동체로 귀결됩니다.

성령의 공동체를 깨뜨린다면?

그럼 사탄이 이 공동체를 깨뜨리겠다고 작정하면 무엇부터 할 것 같습니까? 우리는 앞에서 교회의 영광을 보았지만, 교회가 당한 시련도 보았습니다. 외부적으로는 유대교 성전 당국자들로부터 물리적인 박해를 받았습니다. 옥에 갇히고 끔찍한 채찍도 맞았습니다. 부활의 복음을 전하지 말라는 오금 저리는 협박도 들었습니다. 그것은 과거 민주화 운동하던 학생들에게 다시 한번 데모하면 남산 안기부 지하 취조실에 끌려갈 것이라는 경고만큼이나 무서웠을 것입니다. 유대교 당국자들은 강제로 교회의 생명력을 강탈하려고 했습니다. 하지만 당장에는 통하지 않았습니다. 왜 그렇습니까? 그들은 이미 죽은 생명도 다시 살리실 수 있는 그리스도의 부활, 생명의 영이신 성령의 역사를 경험하였기 때문입니다. 죽음을 두려워하지 않는 사도들에게서 그들이 빼앗을 수 있는 것은 기껏해야 육신의 생명이었지만, 영원한 참 생명은 빼앗을 수 없었습니다.

다음으로, 사탄은 성도들의 탐욕을 부추겨서 그들이 하나님을 속이고 형제와 자매도 속이게 만들 수 있습니다. 하나님만이 주실 수 있는 영광을 스스로 제작하게 하였고, 우리 마음을 다 아시는 하나님을 속일 수 있다고 믿게 만들었습니다. 진정한 영광은 참 영광의 근원이신 하나님을 우리 안에 모시고, 그분을 드러내는 것임을 망각하게 했습니다. 아나니아와 삽비라 부부가 사탄의 레이더망에 걸려들었고, 그들 안에 성령 대신에 사탄이 충만하였고, 그래서 그들은 감히 하나님과 성령과 교회 공동체를 속이려고 시도하였습니다. 영광을 복으로 얻고 선물로 얻는 것이 아니라 그것을 경쟁적으로 쟁취하려고 하였습니다. 감춤과 속임으로 하나님과의 연대성과 공동체와의 연대성을 깨뜨렸습니다.

이제 본문은 이 공동체를 무너뜨리려는 사탄의 세 번째 전략이 나옵니다. 그것 역시 생명력과 샬롬을 깨뜨리는 데 목적이 있습니다.

부흥이 가져온 위기

놀랍게도 사탄은 공동체를 무너뜨릴 시기를 공동체가 내외적으로 가장 어려움을 겪을 때로 정하지 않고 가장 잘 나가고 번성할 때로 정했습니다. 지금 예루살렘 교회의 사도들은 채찍에 맞으면서도 "예수의 이름을 위하여 능욕 받는 일에 합당한 자로 여기심을 기뻐하고 … 날마다 성전에 있든지 집에 있든지 예수는 그리스도라고 가르치기와 전도하기를 그치지 않았"습니다.(행 5:41-42) 제자들이 부활의 복음과 함께 기사와 표적을 행하니 "주님을 믿는 자들이 더 많아져서 남자와 여자의 큰 무리를 이루었"습니다.(행 5:14) 박해가 많아질수록 제자의 수가 더 많아진 것입니다. 물리적인 박해로 교회를 겁박하여 질식시키려는 시도가 사실상 실패로 끝이 났습니다. 더 세찬 박해의 바람이 불수록 더 강하게 하나님을 의지했고 더 굳세게 똘똘 뭉치는 공동체가 되었습니다. 따라서 기도할 필요 없을 만큼 평안한 교회, 모든 것이 예측 가능한 무탈하고 권태롭기까지 한 삶은 결코 축복이 아닙니다. 내 한계를 인정할 만큼, 하나님의 개입과 동행하심을 경험할 만큼 우리의 삶에 틈과 균열을 주시고 상처를 내시고 놀라움과 막막함을 주시는 하나님의 무자비한 자비가 결국 나를 진정으로 하나님 앞에 세우고, 나를 위해 기도하고 섬겨주었던 이웃의 존재를 환기시켜줍니다. 그것이 나를 살게 합니다.

제자가 많아졌다는 것은 당연히 믿는 자들이 많아졌다는 뜻입니다. 특별히 성도들을 "제자"라고 부른 것은 그들이 성숙했기 때문이 아닙니다. 사도행전에서 믿는 자는 성도이고 제자입니다. 제자가 아니고서 믿는 자라고 말할 수 없습니다. 예수를 믿는다는 것은 예수를 따른다는 뜻과 동의어입니다. 제자훈련을 거쳤거나 예수를 유달리 더 잘 믿는 사람들만 제자로 등극하는 것이 아닙니다. 예수님을 따라서 십자가의 길을 가겠다고 나서는 제자만 성도입니다. 수준의 차이는 있고 성숙의 과정은 필요하지만, 그러한 방향설정이 분명히 된 자들이 믿는 제자입니다. 그런 제자들이 많아졌습니다. 그런데 많아진 제자의 수가 초대교회에게 늘 그 자체로 복이 된 것은 아니었습니다. 교회의 외적인 부흥은 하나의 큰 '균열'을 만드는 시작이 되기도 했습니다.

교회는 늘 크고 작은 어려움들을 겪으면서 성장합니다. 작은 교회에서 겪는 문제와 큰 교회가 겪는 문제는 그 양상이 다를 수 있습니다. 성장 과정에서 겪는 문제도 있습니다. 초대교회에서도 사람이 많지 않았을 때는 생기지 않았던 문제들이 나타나기 시작했습니다. 사람이 늘었다는 것은 이제 교회 안에 사랑해야 할 사람, 견뎌야 할 사람, 기다려주어야 할 사람, 이해해야 할 사람, 조율해야 할 사람이 늘었다는 것을 의미합니다. 초대교회도 사랑의 한계, 섬김의 한계, 평화의 한계가 드러나기 시작했습니다. 사탄은 그때마다 그 작은 틈을 결코 지나치지 않았습니다. 무슨 문제가 생겼습니까? 공동체 안에 "원망" 고귀스모스, γογγυσμὸς 이 생겼습니다.

"그 때에 제자가 더 많아졌는데 헬라파 유대인들이 자기의 과부들이 매일

의 구제에 빠지므로 히브리파 사람을 원망하니"(사도행전 6:1)

원망이 생긴 직접 이유와 간접 이유가 나오는데, 직접적인 이유는 헬라파 유대인 과부들이 구제 대상에서 빠진 일이었습니다. 그런데 그보다 앞서 생긴 원인은 "그 때에 제자가 더 많아졌기" 때문입니다.[24] 그냥 설명만 잘 하면 서로 이해할 수 있는 정도의 민원이 아니었습니다. 이 단어는 출애굽기 16장의 칠십인역에서 이스라엘 백성들이 신 광야에서 먹을 것이 떨어지자 하나님을 향하여 보였던 심각한 태도를 가리킬 때 나온 표현입니다.

"… 우리가 누구이기에 너희가 우리에게 대하여 원망하느냐 모세가 또 이르되 여호와께서 저녁에는 너희에게 고기를 주어 먹이시고 아침에는 떡으로 배불리시리니 이는 여호와께서 자기를 향하여 너희가 원망하는 그 말을 들으셨음이라 우리가 누구냐 너희의 원망은 우리를 향하여 함이 아니요 여호와를 향하여 함이로다"(출애굽기 16:7-9)

이것은 사실상 출애굽의 역사 자체를 부정하는 원망입니다. 하나님을 아무 대책도 없이 자기 백성을 살기 좋은 땅에서 빼내어 살 수도 없는 땅 광야로 유인하신 분으로 만드는 원망이었습니다. 애굽의 바로가 아니라, 애굽의 풍요로운 땅이 아니라, 창조주 하나님이 참 생명의 근원이심을 인정하지 않겠다는 의미를 가진 원망이었습니다. 마찬가지로 이 예루살

24 원인을 나타내는 분사구문으로 볼 수 있다.

렘 교회의 "원망"은 지도자들을 향한 단순한 불평이 아니라, 유대교의 안정된 구제 시스템으로부터 자신들을 꺼내서 차별과 굶주림의 위협 속에 몰아넣은 하나님을 향한 원망과 다름없었습니다.

정확히 어떤 문제가 벌어진 것입니까? 여기 나온 헬라파 유대인과 히브리파 유대인은 누구입니까? 왜 헬라파 유대인 과부들이 구제의 대상에서 빠지는 일이 생긴 것일까요? 할 수 있는 만큼 본문의 상황을 재구성해보겠습니다.

헬라파 유대인과 히브리파 유대인

예루살렘 교회 안에는 서로 다른 문화권에서 살다가 만난 두 부류의 사람들이 있었습니다. 그런데 대개는 다 유대인들입니다. 다만 그들의 출신지와 그들이 모국어로 사용하는 말이 달랐습니다. 한 부류는 헬라어를 구사하고 헬라문화권에서 살다가 예루살렘으로 온 디아스포라 유대인들입니다. 그들 중에는 거룩한 땅, 약속의 땅에서 죽어서 그곳에 묻히고 싶어서 이주한 사람들이 많았습니다. 장차 메시아가 하나님 나라를 이루면 자신들이 더 빨리 부활할 것이라고 믿었기 때문입니다. 특히 과부들이 많았는데, 원래 유대교는 구약의 말씀을 잘 지키기 위해서 이런 과부들을 잘 보살펴주었습니다. 실직한 사람들에게는 날마다 먹을 것을 주었고, 가난한 사람들에게는 일주일에 한 번씩 음식과 옷을 주었습니다. 그런데 이 사람들이 오순절 이후 예수 그리스도의 복음을 듣고 유대교를 떠나면서 이 혜택에서 제외되었습니다. 또 한 부류는 히브리파 사람이라고 부르고 있는데, 그렇다고 히브리어를 모국어로 구사하는 사람들은 아닙니다. 이 당시만 해도 히브리어는 사어死語가 되었고, 팔레스타인 땅에서 쓰던 말은 아람어였습니다. 예수님도 히브리어가 아니라 아람어로 말씀하셨습니다. 특별히 예루살렘의 성도들은 원래 예루살렘이나 인근에 살다가 회심한 유대인들을 '히브리파 유대인'이라고 부릅니다. 물론 히브리파 유대인들이 헬라어도 알고 있었고, 헬라파 유대인들도 유창하지는 않더라도 아람어를 알고 있었을 것입니다.

우리는 앞서 성령에 충만한 그리스도인들이 서로 유무상통하였고 일부가 자기 소유를 판 값을 사도들 발 앞에 갖다 놓으면, 사도들이 각 사람의 필요에 따라서 나눠주는 모습을 보았습니다. 또한 믿는 사람들이 점점 더 많아진 것도 보았습니다. 따라서 자연히 교회가 도와주어야 할 대상들도 늘어났을 것입니다. 여기 나오는 '구제'는 당연히 음식 구제였을 것입니다. 그래서 그것은 날마다 해야 하는 '매일의 구제'였습니다. 날마다 급식을 받지 않으면 살 수 없을 만큼 극빈한 과부들이 있었던 것입니다. 하지만 음식이 부족하지 않을 만큼 자발적인 후원이 있었습니다.(행 4:34) 그런데도 문제가 일어났습니다. 자원이 적어서가 아니라 그것을 필요한 사람들에게 전달할 수 있는 조직이 제대로 가동되지 않았기 때문입니다. 사도들을 도와서 구제하는 일을 했던 사람들은 당연히 사도들과 언어적으로 말이 잘 통했던 히브리파 유대인들이었을 것입니다. 그러다 보니 상대적으로 수가 적었던 헬라파 유대인들 가운데 도움이 필요한 가난한 성도들이나 과부들을 챙기는 일에 실수를 하기 시작했습니다. "빠졌다" 파레쎄룬토, παρεθεωροῦντο 가 동사의 미완료 시제인 것을 볼 때 상당 기간 반복적으로 이런 일이 벌어진 것으로 보입니다. 수동태를 사용하였지만, 빠뜨린 주체가 누구인지는 분명히 밝히고 있지 않습니다. 당연히 의도적으로 그들을 차별하거나 불이익을 주려고 했던 것은 결코 아닙니다. 자기들과 더 가까운 히브리파 사람들을 더 챙기려고 했던 것도 아닙니다. 그냥 실수였습니다. 행정 능력이 떨어진 것뿐이었습니다.

그런데 사탄은 그 기회를 놓치지 않았습니다. 사탄은 우리가 범죄한 일을 이용해서만 우리의 관계를 망가뜨리는 것이 아닙니다. 가장 선한 일을 도모하고 가장 거룩한 일을 도모하고 심지어 가장 사랑하는 일을 도모할 때에도 사탄은 우리의 관계를 파탄내려고 합니다. 사탄은 행정상의 실수를 틈타서 이 두 부류의 교인들을 갈라놓기 시작했습니다. 어떻게 했을까요? 여기서부터 우리가 상상할 수 있는 경우의 수는 수없이 많습니다. 어쩌면 사도들의 부주의가 헬라파 성도들을 오해하게 하고 서운한 마음을 갖게 만들었을 것입니다. 사도들이 자신들보다 히브리파 유대인들을 더 편애한다고 생각하게 했을 수 있습니다. 혹은 사도들은 바르게 명령을 내렸는데 구제를 집행하는 히브리파 사람들이 의도적으로 헬라파 유대인들을 소외시켰다고 생각했을 수도 있습니다.

"어떻게 한 교회 안에서 그럴 수가 있지? 말로는 사랑한다고 하면서 뒤에서는 자기 사람들만 챙긴 것이 분명해."

"사도들은 분명히 제대로 나눠주라고 했을 텐데 중간에서 히브리파 사람들이 착복한 것 같아."

"그 사람들 인상이 어쩐지 안 좋더라고. 소문을 듣자 하니 예수 믿기 전에 행실이 겁나게 안 좋았다고 그러더라 … 옛날 버릇 남 못 준다니까…"

그들은 "사도들을 원망한" 것이 아니라 히브리파 사람들을 원망했습니다.

"헬라파 유대인들이 자기의 과부들이 매일의 구제에 빠지므로 히브리파

사람을 원망하니"(사도행전 6:1)

사도들의 명령을 받아 구제를 집행한 사람들을 원망했습니다. 이것은 분명 오해였을 것입니다. 하지만 오해가 불러온 서운한 마음을 제때 제어하지 못하자 그 마음이 원망으로 자랐습니다. 우리는 우리의 감정이 하는 말에 귀를 잘 기울여야 합니다. 이성으로 억누르기만 하는 것도 문제이지만, 자기 감정에 솔직하겠다면서 그 감정을 해석하지 않는 것도 문제입니다. 우리의 판단이 그를 수도 있듯이 우리의 느낌이나 감정 또한 정당한 근거를 갖지 못할 수 있습니다. 헬라파 유대인들은 자신들의 지인들이 구제에서 빠진 분명한 사실fact로부터 생긴 감정이니 자신들이 화를 내고 원망하는 것은 마땅하다고 생각했을지 모릅니다. 하지만 그들은 반드시 눈앞에 펼쳐진 그 사실을 해석해야 했습니다. 그 사실 자체는 아직 아무런 의미도 완결해주지 않기 때문입니다. 실제 그 사실이 어떻게 해서 일어나게 되었고, 그 일에 히브리파 유대인들의 책임은 어느 정도이고, 또 그들이 원망의 대상으로 삼지 않은 사도들에게는 어떤 책임이 있는지를 그들은 전혀 모르고 있기 때문입니다. 그런 상태에서 그들이 화를 내고 원망하는 것이 그 자체로 정당화될 수는 없었습니다.

헬라파 유대인들의 집단 반발을 접하면서 히브리파 유대인들이 변명의 여지가 전혀 없는 것은 아니었을 것입니다.

"사람이 실수할 수도 있는 것인데 어떻게 저렇게 나올 수 있지?"

"우리가 고의로 그런 것도 아닌데 파렴치한 사람 취급할 수 있는 건가?"

이런 말을 들으면 헬라파 사람들도 또 가만있지 않을 것입니다.

“실수도 한두 번이지 어떻게 이렇게 자주 우리파 사람들만 빠뜨릴 수 있는가?”

“하루 받아서 하루 사는 우리의 절박한 처지를 이해했다면 실수라는 말로 넘길 수가 없지.”

이런 일은 우리 가운데서도 일어났었을 것이고, 또 앞으로 얼마든지 일어날 수 있는 문제들입니다. 처음부터 모든 문제가 심각했던 것은 아니었을 것입니다. 초기에 잘 다루었으면 큰 문제로 비화되지 않았을 것인데, 온갖 억측과 오해가 더해가는 것을 방치한 결과 우리 모두를 잡아먹는 괴물로 돌변한 경우도 있을 것입니다. 교회가 존재하는 동안은 조율과 이해가 필요한 갈등과 긴장은 항상 있습니다. 우리는 모두 혼돈과 무질서를 안고 있는 사람들이기 때문입니다. 헬라파 유대인들과 히브리파 유대인들이 너무 오랫동안 전혀 다른 문화 속에서 살아왔기에 같은 사안을 보고도 전혀 다르게 판단할 수 있었듯이, 우리도 그럴 수 있습니다. 우리가 추구할 것은 그 원망과 불평을 있을 수 없는 일로 받아들이면서 무조건 진압하려고 하기 보다는 언제든 그리고 얼마든지 있을 수 있는 일로 여기며 있는 그대로 수용하고 성숙하게 해결해가는 것입니다. 아무도 사과하거나 회개할 만큼 잘못이 없는 일에 대해서 서로를 아주 몹쓸 사람으로 만드는 실수를 해서는 안 됩니다. 아주 사소한 일에서 엄청난 정의를 세우려다 정말 큰 것을 잃어버리는 선택을 하지 않아야 합니다. 배후에서 사탄은 의미심장한 미소를 짓고 바라보고 있을 것이기 때문입니다.

사도들의 해결책

이런 민감한 상황에 사도들은 어떻게 대처하고 있는지 살펴보겠습니다.

"열두 사도가 모든 제자를 불러 이르되 우리가 하나님의 말씀을 제쳐 놓고 접대를 일삼는 것이 마땅하지 아니하니"(사도행전 6:2)

우선 우리를 놀라게 하는 것이 있습니다. 사도들은 둘 중에 누가 잘했고 잘못했는지를 정하고 있지 않습니다. 한쪽이 사탄에게 조정을 받아 잘못을 하고 있다고 말하지 않았습니다. 실제로 구제를 집행했던 이들을 문책하지도 않았습니다. 사도들은 공동체의 지도자들로서 자기 자신들에 대해서 먼저 성찰했습니다. 그리고 모든 책임을 우선 자신들에게"우리가" 돌리고 있습니다.

사도들은 교회가 커지면서 자신들이 하나님과 사람보다는 사역 중심으로 사고하고 경영했다는 사실을 인정하고 있습니다. 그런데 그들이 헬라파 유대인들이 구제에서 빠지는 일이 벌어진 가장 결정적인 이유가 행정 역량의 부족 때문이라고 진단하지 않았습니다. 자신들이 하나님의 말씀을 선포하고 가르치는 사명에 소홀히 하였고카탈레입산타스, καταλείψαντας, '제쳐 두다'[25] 하나님께 기도하여 공동체의 모든 일들을 주께 의탁하는 일을 잘 하지 못한 것이 이번 사태를 초래한 가장 결정적인 이유라고 보고 있습니다. 얼핏 보면 너무 피상적인 사태분석으로 보이고, 말씀과 기도 사역을 소홀히 한 것과 헬라파 유대인 과부들이 구제에서

25 무언가 하던 일을 중단하거나 다른 일을 위해 한 가지 일을 방치하는 것을 의미한다.

빠진 것 사이에 어떤 직접적인 연관성이 없어 보이기까지 합니다. 둘은 어떤 관계가 있는 걸까요?

문제의 진단

사도들은 일어난 일 자체는 얼마든지 바로잡을 수 있다고 보고 있습니다. 히브리파 유대인들이 고의로 헬라파 유대인 과부들을 배제시킨 것이 아님을 알고 있었기 때문입니다. 다만 이것이 '원망'으로까지 비화된 것은 공동체 안에 심각한 영적인 문제가 있음을 보여주는 증상이었습니다. 만약 공동체에 하나님의 말씀이 충만하고 성도들이 말씀에 큰 은혜를 받고 있었으면, 역지사지易地思之의 마음으로 이해하려고 했을 것입니다. 그런데 지체를 향해서 집단적으로 원망을 품었다는 것은 더는 개인적인 문제에 그치지 않습니다. 헬라파 유대인들이 서로 히브리파 유대인들에 대해서 서운한 마음을 나눴는데, 그 마음이 원망으로 자란 것입니다. 판단과 감정을 제어할 수 있는 하나님의 말씀이 그들 사이에 없었습니다. 그들은 이 문제를 앞에 두고 먼저 하나님께 기도했어야 했습니다. 이의를 제기할 수 있는 사안입니다. 원망의 마음을 갖지 않은 채로도 얼마든지 바로잡을 수 있는 문제였습니다. 그런데 그들은 이 문제를 사도들보다 먼저 하나님께 갖고 가지 않았습니다. 사도들이 보기에 헬라파 과부들이 구제혜택을 입지 못한 것보다 더 심각한 것은 헬라파 유대인들이 자신들로부터 말씀과 기도의 혜택을 받지 못한 것이고, 이것이 더 근본적인 문제라고 여겼습니다. 공동체 안에 말씀과 기도의 기근이 찾아오면, 공동체에 크고 작은 균열들이 나타납니다. 하나님 나라와 주님의 뜻이 중심이 되기보다 저마다 자기 자신이 중심이 되기 때문입니다. 더 풍성한 상상력으로 이야기의 큰 그림을 보지 못하기 때문입니다. 반대로 말씀과 기도가 풍성하여 성도들이 하나님을 사랑하고 그분의 은혜를 깨닫고 그분의 기준과 기대에 민감해지면, 우리의 생명력이 왕성해지고, 서로를 잘 참아주고 기다려주며, 서로를 품어주고 감내해줄 여유가 생기게 됩니다.

교회 곳곳에서 파열음이 생기면, 그 일 자체를 면밀히 살피는 것만큼이나 중요한 것이 공동체의 영적인 상태를 파악하는 것입니다. 문제 해결은 그 일에 책임이 있는 지도자가 자기 자신을 돌아보고 성찰하는 일에서 시작합니다. 성도들이 하나님 앞에 있는지, 그리고 지도자의 영적인 권위를 인정하고 있는지를 돌아봐야 합니다. '내가 하나님 말씀 앞에서 죽지 않았기 때문에 성도들이 저마다 살아서 자기주장만 강하게 하는 것이구나' 혹은 '내가 말씀으로 영적인 힘을 공급해주지 못해서 성도들이 저렇게 참고 기다릴 내공을 갖지 못한 것이구나' 하면서 반성해야 합니다. 그것이 문제를 회피하는 듯 보이고, 무조건 '내 탓이요'라고 하라는 말처럼 들릴 수 있지만, 사실 그렇지 않습니다. 문제의 근원을 진단하는 것이며, 근본적인 문제 해결의 방법을 찾아가는 태도입니다. 하나님의 말씀을 전한다는 것은 성도들이 주 예수 그리스도의 다스림에 복종하게 한다는 뜻입니다. 그분이 주시는 생명력으로 살아가도록 돕는다는 뜻입니다. 그분의 시각에서, 공동체 전체의 시각에서, 자신이 처한 역사적 맥락 안에서 분별하는 눈을 갖게 해주는 것입니다. 따라서 하나님의 말씀이 우리 안에 충만하지 않으면 자기만의 좁은 안목으로 판단하고 자기 힘으로만 살아가려고 할 겁니다. 말씀이 없으면 자기 욕망과 느낌과 필요를 따라서 판단하고 삽니다. 말씀의 감화를 받지 않으면 자기중심적으로 일과 사람을 판단하고, 그러면 하나님께서 부여하신 생명들 사이의 거룩한 연대성이 깨지게 됩니다. 공동체가 기도한다는 것은 지도자와 성도들이 자신들의 한계를 인정하고, 하나님의 도우심과 긍휼하심을 의지한다는 뜻입니다. 그러면 남의 허물을 탓하고 심지어 원망하기 전에 인간의 연약함에 대해 먼저 생각하게 될 것입니다.

교회 안에서 우리가 하나 되지 못하는 요인은 수없이 많습니다. 아무리 똑똑한 목사라고 해도 혼자서 그 문제들을 다 통제하거나 해결할 수 없습니다. 성도들은 저마다 사는 지역이 다르고, 배움의 수준이 다르고, 성격이 다릅니다. 자라온 배경이 다르고, 개인적인 취향도 다릅니다. 신앙의 연조가 다르고, 신앙의 색깔도 제각각입니다. 무슨 수로 이렇게 다양한 사람들을 "한마음과 한 뜻"이 되게 할 수 있겠습니까? 오직 예수 그리스도의 복음 앞에 각자가 자신을 버리고 죽일 때, 그리고 성령의 감동하심을 따라서 나보다는 남을 더 낫게 여기면서 상대방의 필요에 더 민감해질 때, 우리는 한마음과 한 뜻의 공동체가 될 수 있습니다. 그래서 공동체에 어려움이 생기면, 특히 지도자들이 가장 먼저 진단해야 하는 것은 지금 우리 공동체에는 하나님의 말씀이 바로 전해지고 있는가, 사역자들은 말씀 준비와 기도에 집중하기 적합할 만큼의 사역 분량을 감당하고 있는가 하는 것입니다. 하나님의 말씀이 크게 들리지 않으면 인간 지도자의 말이 크게 들립니다. 또 아무것도 들을 수 없을 만큼 교인들이 제각각 목소리를 크게 높여서 소음만 가득한 집단이 되고 말 것입니다. 말씀의 선포와 기도의 사역은 교회의 여러 사역 가운데 하나입니다. 하지만 가장 중요한 사역이고 중심적인 사역입니다.

대안 제시

사도들은 자신들이 말씀을 제쳐둔 채 접대하는 일에만 너무 몰두했다는 사실을 인정합니다. 그렇게 문제를 진단하고 나서 이제 대안까지 제시하기 시작합니다. 그런데 그들이 내민 대안도 우리를 사뭇 놀라게 합니다. 오늘 우리 시대의 교회가 여기서 배워야 할 것이 실로 큽니다.

> "형제들아 너희 가운데서 성령과 지혜가 충만하여 칭찬받는 사람 일곱을 택하라 우리가 이 일을 그들에게 맡기고 우리는 오로지 기도하는 일과 말씀 사역에 힘쓰리라"(사도행전 6:3-4)

• 업무분장

그동안은 사도들이 구제 사역을 책임지며 수행해왔습니다. 이를 자원하여 돕는 자들이 있었지만, 사도들이 직접적으로 관여하지 않으면 안 되었습니다. 하지만 이제 구제 사역을 위해서는 전담 사역자 일곱 명을 세우자고 제안합니다.[26] 그런데 놀라운 것은 엄청난 권세를 갖고 있는 사도들이 직접 적합한 대상자를 선정하지 않았다는 데 있습니다. 사도들이라면 얼마든지 그렇게 할 수 있었고, 또 그렇게 한다 해도 자신들의 잘못을 인정한 사도들의 결정에 성도들이 기쁜 마음으로 화답했을 것입니다. 그런데 사도들은 '인선 기준', 그러니까 일꾼이 될 만한 사람의 자격

---

26 콘첼만에 따르면 '일곱'을 선택한 것은 헬라문화에서 고대협의회의 규모와 관련이 있을 것이라고 추측한다. 요세프스에 따르면 갈릴리에서 일흔 장로가 더 중요한 사안을 처리할 동안 일곱 심판관이 임명되어 많은 도시를 감독하고 작은 분쟁을 조정했다고 한다(*Ant*. 4.8.14).

만 알려주고 나머지는 교인들이 직접 선출하도록 맡기고 있습니다. 사도들은 자신들에게 임한 성령이 공동체에도 동일하게 임하여 역사하고 계시다고 믿었던 것입니다. 자신에게 역사하시는 성령님이 성도들의 성령님보다 더 우월하거나 능력 있다고 생각하지 않았습니다. 이런 모습은 슈퍼맨 신드롬, 혹은 모세 신드롬에 걸려 있는 현대의 목회자들에게 시사하는 바가 큽니다. 목회자 한 사람이 행정과 재정, 교육과 심방까지 다 책임지려는 경향을 가리켜 하는 말입니다. 교회가 그렇게 요구해서도 안 되고, 목회자가 혼자 다 할 수 있다고 생각하는 것은 더욱 안 됩니다. 우리는 출애굽기 18장에서 탁월한 종 모세가 업무를 나누지 않고 자기 혼자 다 하려고 하다가 업무 과부하에 걸리고, 결국 자기도 힘들고 백성들도 힘들게 하는 모습을 볼 수 있습니다. 모세는 장인 이드로의 조언을 받아서 공동체에 장로를 세워 자기 업무를 나누고 있습니다. 사도들도 이처럼 전격적으로 업무분장을 한 이유를 이렇게 말합니다.

"우리는 오로지 기도하는 일과 말씀 사역에 힘쓰리라."

• 이원론을 넘어서는 통전적인 사역

사도들은 그동안도 기도와 말씀의 사역을 해왔습니다. 그런데 집중력을 잃은 자신들의 모습을 발견한 것입니다. 그래서 이번 교회 일을 겪으면서 사도들은 더욱 힘써야겠다고프로스카르테레소멘, προσκαρτερήσομεν 결심합니다. 사도들의 이런 결단의 배경에는 중요한 신학이 자리 잡고 있습니다. 그것은 모든 성도들이 사역자라는 것입니다. 그 증거가 있습니다. 여기 1절에 나오는 "매일의 구제"라는 단어와 2절에 나오는 "접대하다"라는 단어, 그리고 4절에 나오는 "말씀 사역"이라고 할 때 공통적으로 등장하는 단어가 있습니다. '디아코니아'διακονίᾳ입니다. '봉사', '섬김', '사역' 등으로 번역하는데, 원래는 '식탁을 차리다'라는 뜻입니다. 사도들은 자신들은 '기도와 말씀의 사역'을 맡고, 성도들은 '음식 사역'을 맡도록 일을 나누기로 합니다. 사도들은 둘 다 중요한 '사역'으로 여기고 있습니다. 어느 것 하나를 제쳐두고 다른 하나만을 선택할 것이 아니라, 둘 다 잘해야 하고 중요한 하나님 나라의 사역이고, 하나님의 공동체를 살리는 사역이라고 믿었습니다.

굶주리는 성도들이 있는데 사랑의 복음만 설교한들 무슨 소용이 있습니까? 야고보가 "만일 형제나 자매가 헐벗고 일용할 양식이 없는데 너희 중에 누구든지 그에게 이르되 평안히 가라, 덥게 하라, 배부르게 하라 하며 그 몸에 쓸 것을 주지 아니하면 무슨 유익이 있으리요. 이와 같이 행함이 없는 믿음은 그 자체가 죽은 것이라"(약 2:15-17)라고 했던 것처럼, 둘은 뗄레야 뗄 수 없는 관계입니다. 그런데 사도들은 지금껏 자기들이 둘 다 자신들의 책임 아래서 몸소 해왔는데, 교회가 커지고 일이 많아지고 이렇게 문제가 불거지면서 자신들이 둘 다 잘 해내지 못하고 있다는 것을 알게 됩니다. 그래서 음식 나누는 사역은 성도들에게 맡기기고, 자신들은 말씀과 기도의 사역에 전념하기로 한 것입니다. 사도들만 사역자가 아니라 성도들도 사역자로 여기고 있습니다. 말씀 사역자만 사역자가 아니라 성도들도 사역자로 생각하고 있습니다. 모든 성도들이 교회 안에서 뿐만 아니라 가정과 직장에서, 주일만이 아니라 주중에도 하나님 나라의 사람으로 살아가면서 하는 일이 다 '사역'입니다. 우리가 교회입니다. 우리의 사역이 교회의 사역입니다. 우리의 수준이 교회의 수준입니다. 교회 안에서든 밖에서든 우리가 말하고 행하는 모든 것이 하나님 나라의 '사역'입니다. 설거지 하는 것, 청소하는 것, 음식 만드는 것, 도서관을 정리해주는 것, 모임에 참여하여 삶을 나눠주는 것, 성도들을 위하여 기도해주는 것, 이것이 모두 하나님 나라와 하나님의 교회를 세우는 우리의 사역입니다. 저는 목사로서 사역자입니다. 우리는 모두 성도로서 사역자들입니다. 모두 존중받고 존경해야 할 사역자들입니다.

• 말씀 사역과 기도의 중요성

단 주의할 점도 있습니다. 중세의 성직자 개념이 엘리트주의를 조장하여 성도의 사역의 중요성을 약화시켰다면, 만인제사장설로 대표되는 종교개혁은 직분의 하향 평준화를 가져와서 말씀과 기도 사역과 그 일을 담당하는 목사의 중요성을 약화시켰습니다. 모든 일이 중요한 하나님의 사역이라는 말이 모든 일이 다 똑같이 중요한 사역이라는 뜻은 아닙니다. 밥 짓는 일이 중요하지만, 하나님의 말씀을 연구하고 전하는 일만큼 똑같이 중요한 것은 아닙니다. 그렇다고 각각 차별하여 대하는 것은 정당하지 않지만, 더 중요한 일을 하는 사람에게 어울리는 권위를 부여하고 책임을 지우고 배려하는 것은 꼭 필요합니다. 사도들이 구제하는 일을 성도들이 세운 대표들에게 맡기고 자신들은 말씀과 기도에 전무하기로 결정할 만큼 그 사역은 중요하였습니다. 말씀과 기도 사역의 부진이 현재 갈등의 근원적인 문제였다고 진단한 것 자체가 그 일들의 남다른 중요성을 반증합니다. 따라서 우리는 공동체의 지도자에게 모든 사역을 다 잘 해내도록 팔방미인의 자격을 요구할 것이 아니라, 말씀과 기도 사역에 집중할 수 있도록 다른 사역은 성도들이 잘 나누어 감당하는 것이 필요합니다. 저희 광주소명교회에서는 당회 의장moderator을 담임 목사가 맡기보다는 당회 회원 중에서 선출하여 임기제로 섬기게 하여 담임목사의 과도한 권한을 제한하고 사역을 분담하는 효과도 의도하고 있습니다.

• 기도의 중요성

말씀만큼이나 기도 사역이 중요하고 또 어렵습니다. 기도는 말씀 사역을 건실하게 해주는 아주 중요한 사역입니다. 말씀 사역은 회중 앞에 서는 사역이지만, 기도는 홀로 하나님 앞에 서는 사역입니다. 하나님의 성령이 역사하도록 기다리는 일이요 자신을 비우고 버리고 일입니다. 그리하여 하나님이 채우시고 하나님의 성령이 내 기도에 불을 놓으실 때까지 기다리는 일입니다. 사도들은 기도할 시간도 없을 만큼 사람들을 섬기느라 바빴습니다. 좋은 일을 하다가도 정작 그 자신은 망가질 수 있습니다. 다른 사람은 살려놓고 자기 자신이나 가족은 죽을 수 있는 것이 바로 균형 잃은 영적인 사역입니다. 사역자 자신을 살리는 것이 기도입니다. 그것은 타인을 위한 지도자의 중요한 사역이면서 자기 자신을 주 앞에 세우고 성찰하고 또한 힘과 지혜와 담력과 통찰을 얻는 은혜의 통로입니다. 말씀 사역만큼이나 기도 사역은 중요하며, 둘은 늘 같이 가야 합니다.

• 인선기준

우리는 사도들이 제시한 구제 사역자의 자격에 대해서 주목할 필요가 있습니다.

“성령과 지혜가 충만하여 칭찬 받는 사람 일곱을 택하라”(사도행전 6:3)

'일곱'을 택한 것은 유대인들이 중요한 일에 '일곱' 명을 선택하여 맡기는 경향이 있기 때문일 것입니다. 사도들은 세 가지 기준을 제시합니다.

1) 성령에 충만한 사람

2) 지혜가 충만한 사람

3) 칭찬을 받는 사람

참 절묘한 기준입니다. 성령에 충만한 사람은 자기 자신보다도 왕이신 예수님의 뜻을 받들 것이고, 치우침 없이 타인의 생명력을 증진시키고, 공동체에 샬롬을 가져다 줄 결정을 내릴 것입니다. 성령이 충만한 사람이 활동하면, 균열이 생긴 공동체는 한마음과 한 뜻으로 봉합될 것입니다. 지혜가 충만한 사람은 실질적으로 문제를 해결할 능력을 가진 사람입니다. 왜 헬라파 과부들이 구제에서 빠지게 되었는지를 진단하고 적절한 대안을 제시해 줄 것입니다. 공평하게 치우침 없이 일을 해낼 수 있는 사람, 그러려면 세상에서 그런 일을 처리해본 사람 가운데 뽑으면 더 좋을 것입니다. 아무리 신앙이 좋아도 숫자만 보면 현기증을 일으키는 사람들에게 재정을 맡긴다면 지혜로운 인선이 아닙니다. '칭찬을 받는'마르튀르메누스, μαρτυρουμένους, 증명되는 사람을 선택하라고 합니다.(행 16:2) 이미 공동체 안팎에서 인정받는 사람을 고르라는 뜻입니다. 하나님과의 관계, 개인적인 자질, 공동체와의 관계를 두루 살펴서 일꾼을 정하도록 하고 있습니다. 이것은 앞서 열두 사도 중 하나를 보선할 때 요구한 자격 요건과는 다릅니다.(행 1:21-22) 열두 사도와 일곱 일꾼들의 사역이 다르기 때문입니다. 물론 열두 사도도 구제하는 일에 관여하고, 일곱 일꾼들도 말씀 전하는 사역을 할 수 있었습니다.스데반과 빌립은 말씀 전하는 사역을

하고 있습니다

공동체의 일곱 일꾼 선정

공동체는 사도들의 제안을 듣고 기뻐하였습니다. 자신들의 잘못을 먼저 인정하는 지도자들, 현실적인 문제를 지적하기 전에 영적인 진단을 먼저 하는 사도들, 그리고 자신들의 기득권을 내려놓는 사도들, 납득할 만한 인선 기준을 제시하는 리더들, 성도들에게 선출권을 줌으로써 수렴청정하려는 의지가 없음을 보여준 사도들, 이런 사도들의 결정과 태도를 보고 들은 공동체는 흡족했습니다. 이 사도들이야말로 성령이 충만한 사람들이었습니다. 그래서 공동체는 일곱 사람을 선택합니다.

> "온 무리가 이 말을 기뻐하여 믿음과 성령이 충만한 사람 스데반과 또 빌립과 브로고로와 니가노르와 디몬과 바메나와 유대교에 입교했던 안디옥 사람 니골라를 택하여 사도들 앞에 세우니" (사도행전 6:5-6a)

예루살렘 공동체가 세운 일곱 명의 일꾼들의 이름을 들은 사도행전의 일차 독자들은 깜짝 놀랐을 것입니다. 왜냐하면 이 일곱 명의 이름이 모두 헬라식 이름들이기 때문입니다. 그중 어떤 사람들은 아직 팔레스타인에 사는 유대인들이 사용한 것으로 확인되지 않은 이름을 가진 사람들도 있었습니다. 그들은 디아스포라 유대인들이었을 것입니다. 또 아람어와 헬라어를 모두 구사할 수 있는 사람들도 있었을 것인데, 대표적인 일꾼이 빌립입니다. 당시에는 한 사람이 히브리식 이름과 헬라식 이름과 로마식 이름을 모두 가진 경우도 있었고, 그 중 헬라식 이름으로만 여기 언급했다고 볼 수도 있지만, 실제로 예루살렘 공동체는 헬라파 유대인들 사이에서만 일곱 명을 뽑았을 개연성이 더 큽니다. 물론 그들이 다 유대인은 아니었습니다. 맨 마지막에 나오는 니골라는 유대교로 개종한 이방인인데 다시 복음을 듣고 그리스도의 제자가 된 사람으로 보입니다. 그가 수리아 '안디옥' 사람이라고 나오는데, 나중에 바울과 바나바가 사역하는 이 안디옥 교회는 유대인과 이방인이 섞여 있는 교회였습니다. 그는 사도행전에 맨 처음 나오는 이방인 출신의 그리스도인입니다.

그렇다면 공동체는 참으로 놀라운 결정을 내린 것입니다. 사도들은 분명히 예루살렘 교회 전체 안에서 일곱 명을 고르라고 했고, 그들의 내적인 자격에 대해서만 언질을 주었는데, 공동체는 그 기준에 부합한 사람들 중에 헬라파 제자들 안에서만 일곱 명을 모두 고르는 결정을 내린 것입니다. 유독 헬라파 사람들만 이 자격을 갖춘 것은 아니었을 텐데 말입니다. 그럼 왜 이런 결정을 한 것일까요? 이미 히브리파 유대인들 안에서는 이 구제를 담당하는 자들이 있었습니다. 비록 그들이 헬라파 유대인들을 구제에서 빠뜨리는 실수를 했지만, 그래도 경험이 있는 귀한 일꾼들입니다. 이제 필요한 것은 헬라파 사람들의 형편을 잘 아는 자들입니다. 그래서 이번에는 그들 안에서만 새로운 담당자를 뽑은 것입니다. 예루살렘에는 당연히 히브리파 유대인들이 압도적으로 많았습니다. 그런데 그들은 사도들의 자기반성을 보고는 헬라파 사람들로만 일꾼을 뽑음으로써 자신들의 실수를 인정하고 있는 것입니다. 헬라파 사람들이 구제의 책임자들이 되면 자신들은 그 곁에서 도우면서 모두에게 공평하게 구제가 집행될 수 있도록 돕겠다고 나선 것입니다. 이제 그들에게 중요한 것은 구제 책임자의 지위에 오르는 것이 아니라, 구제가 그 본래의 취지대로 잘 집행되어 아무도 이 혜택에서 부당하게 제외되는 일이 없도록 하는 것이었습니다. 아니 그보다 더 중요한 것은 공동체가 이런 일로 사탄의 놀이터로 전락하지 않고 한마음 한 뜻을 고수하는 것입니다. 사도들이 자신들을 부인하여 주님과 교회만 도드라지는 결정을 했다면, 예루살렘 교회 역시 하나님의 아름다운 뜻과 질서대로 구제가 이루어져서 소유를 팔아서 맡긴 성도들의 헌신이 헛되지 않게 하는 결정을 내린 것입니다. 얼마나 아름답습니까? 정치꾼들은 국민들이 고생하든지 말든지 개인과 계파의 이익 챙기기에 분주합니다. 교계도 파벌 싸움으로 교권을 장악하려고 민망한 짓을 연출합니다. 그런데 성령에 압도된 성도들은 자기를 부인하고 자기를 낮추고 자기를 버리고 있습니다. 한마음이 되어 지체들을 높여주고 기꺼이 섬김의 자리로 내려가고 있습니다.

일곱 명 중에서 두 사람 스데반과 빌립을 맨 먼저 언급한 이유는, 앞서 바나바를 미리 언급한 이유처럼, 그들이 앞으로 사도행전 7장과 8장에서 중심인물로 등장하기 때문입니다. 특별히 7장에 나오는 스데반에 대해서는 더 자세히 묘사하고 있습니다. 그는 여기서 "믿음과 성령이 충만한 사람"으로 소개됩니다. 하나님과 주 예수 그리스도에 대한 절대적인 믿음, 그리고 사람의 힘으로 감당할 수 없는 것을 감당케 하시는 성령님의 역사로 말미암아 스데반은 이제 담대히 성전에서 부활의 복음을 전하여 순교하기에 이를 것입니다. 그가 행한 표적과 기사들(행 6:8)과 회당에서 보여준 강력한 복음 선포와 논쟁은 그가 성령 충만한 사람이며 지혜가 가득한 사람임을 보여줍니다. 빌립은 가이사랴에 살고 있으며, 사도행전 21:8에서 "일곱 중 하나인 전도자"로 나오고, 그에게는 네 딸이 있다고 말해줍니다. 후에 그는 사마리아 복음 전도 사역에 쓰임 받고 있으며

(행 8:4-24), 에디오피아 내시가 회심하는 일에도 관여합니다.(행 8:26-39)

• 집사 선출?

여기 일곱 명이 오늘날의 (안수)집사의 시작이라고 보는 해석이 있습니다. 그런데 우선 여기에는 '집사'라는 표현diakonos의 원형인 '섬김'디아코니아, διακονίᾳ은 나오지만 집사라는 직분 자체는 전혀 언급되지 않습니다. 여기서 선출된 인물 중에 우리가 잘 아는 스데반과 빌립도 포함되어 있는데, 나중에 보면 그들은 오늘날의 안수집사들처럼 단지 구제나 재정만을 맡은 것이 아니라, 설교자와 전도자로서 활발하게 활동하고 있는 것을 볼 수 있습니다. 그들은 사실상 사도들의 말씀과 복음 증거 사역을 잘 보좌할 뿐 아니라 그들을 대신하여 사역하기도 하였습니다. 로마서 16장에 디아코노스διάκονος로 불리는 사람 뵈뵈Phoebe가 나옵니다. 그는 여성 집사일까요? 아닙니다. 그녀는 바울을 포함해 많은 사람들을 물심양면으로 도와준 후원자prostatis였을 뿐만 아니라 겐그레아 가정교회를 책임진 사역자minister였습니다. 그녀가 로마서를 가지고 로마에 가는 것을 볼 때, 그녀는 사도 바울을 대신하여 로마서를 해석해줄 만큼 상당부분 사도와 사역을 공유한 여인이었습니다. '집사'디아코노스, διάκονος가 초대교회에서부터 존재한 한 직분이 아니라 열두 사도나 바울 사도 모두 어떤 의미에서는 '디아코노스', 즉 사역자, 섬기는 사람이라고 볼 수 있습니다.

• 사도들의 인준

공동체가 일곱 명을 정해주니 사도들은 두말없이 인준해줍니다.

"사도들 앞에 세우니 사도들이 기도하고 그들에게 안수하니라"(사도행전 6:6)[27]

사도들이 다시 재심사했다는 언급이 없습니다. 사도들은 공동체의 결정을 존중했습니다. 그러나 그들의 결정이 정말 뜻하고 기대한 바를 이루려면 하나님께서 그들을 돌보시고 도와주셔야 했습니다. 사도들은 그것을 알았기에 기도하고 안수한 것입니다. 안수는 우리 시대에도 그렇듯이 이 일곱 사람을 교회의 정식 사역자로 세우는 공적인 의식이었습니다. 이것은 교회에게나 안수를 받은 그 사역자 모두에게 하나님의 것으로 구별된 존재임을 각인시키는 효과가 있었을 것입니다.

예루살렘 사역의 결과

이렇게 회중을 통해서 일꾼을 세우고, 사도들이 말씀과 기도에 전무하고, 효과적으로 매일의 구제가 잘 시행되었을 때, 갈등으로 흔들렸던 예루살렘 교회에는 어떤 변화가 일어났습니까?

"하나님의 말씀이 점점 왕성하여 예루살렘에 있는 제자의 수가 더 심히 많아지고 허다한 제사장의 무리도 이 도에 복종하니라"(사도행전 6:7)

---

27 사도행전과 신약성경에서 안수는 ① 성령을 받는 사건(8:17), ② 눈 먼 상태에서 고침을 받는 사건(9:17), ③ 순회 전도 사역의 사명을 주는 사건(13:3), ④ 세례(19:6), ⑤ 사역을 위한 영적 은사를 받는 사건(딤전 4:14), ⑥ 한 영혼을 교회로 회복하는 사건(딤전 5:22) 등이 있다.

첫째 변화는 이것입니다.

"하나님의 말씀이 점점 왕성하여"

놀랍습니다. 사람들이 늘어났다는 말보다 먼저 하나님의 말씀이 점점 왕성해졌다는 표현이 나오고 있습니다. 미완료 시제 에위크사넨, ηὔξανεν 는 이 성장이 지속적으로 진행되었음을 보여줍니다. 사도들이 잠시 구제하는 일에 빠지느라 말씀에 소홀히 하고 있을 때 영적 위기가 찾아왔는데, 사도들이 제자리로 돌아가자 교회 공동체도 제자리를 찾기 시작한 것입니다. 사람들의 말이 잦아들고 하나님의 말씀이 위세를 떨치기 시작했습니다. 말씀이 왕성했다는 말은 설교가 길어졌다는 말도 아니고 성경공부 모임이 많아졌다는 말도 아닙니다. 말씀의 영향력이 커졌다는 뜻입니다. 성도들이 말씀을 대하는 태도가 달라졌다는 뜻입니다. 사도들의 말씀에 더 강력한 성령의 역사가 나타났다는 뜻입니다. 성도들이 이 말씀을 선포하는 사역에 참여하였다는 의미도 될 수 있습니다.

둘째, 말씀이 점점 왕성해진 결과 제자의 수가 더 심히 많아졌습니다. 단순한 증가가 아니라 급격한 증가를 보였습니다. 동시에 지속적인 증가 에플레쒸네토, ἐπληθύνετο, 미완료 였습니다. 더 고무적인 것은 이것이 전도폭발 프로그램의 성과가 아니라 말씀이 왕성해진 결과로 나타난 수적 성장이기 때문입니다. 교인 수만 늘어난 것이 아니라 제자의 수가 늘어났습니다. 허다한 무리가 아니라 허다한 제자가 생겼습니다. 삼천 명의 전도(행 2:41)와 오천 명의 회심(행 4:4), 사도들의 석방 이후 큰 무리가 믿게 된 것(행 5:14), 제자 수의 증가(행 6:1)와 그 성장의 지속성(행 6:7)까지, 말씀과 성령의 역사로 꾸준히 믿는 자들이 증가하였으며, 대략 예루살렘의 그리스도인은 만 명을 넘어가고 있었을 것입니다. 이는 예루살렘 전체

인구의 십 퍼센트에 이르는 큰 성장이었습니다. 말씀을 통한 제자의 증가, 이것이 참된 부흥입니다.

셋째, 더 놀라운 것은 이것입니다.

"허다한 제사장의 무리도 이 도에 복종하니라"

전에 없던 일입니다. 제사장의 회심은 강력한 유대교 성전체제에 균열이 가기 시작했음을 의미하기에 매우 고무적입니다. 하나님의 교회를 무너뜨리려고 했던 사탄의 전략이 되레 역습을 당했습니다. 자기 함정에 빠졌습니다. 잠깐 그들이 이긴 듯 보였습니다. 믿는 공동체에 갈등이 일어났기 때문입니다. 하지만 결국 참 성전인 그리스도의 몸은 더욱 단단해졌고, 반대로 껍데기만 남은 성전, 건물만 남은 성전은 점점 무너지고 있었습니다. 여기 "도"는 직역하면 '믿음'피스티스, πίστις인데, '복종하다'가 동사인 것을 볼 때 사람들이 믿는 내용, 즉 하나님이 보내신 메시아요 이스라엘의 구원자 예수님과 그분에 관한 메시지를 가리킬 것입니다. 잠시 관심을 가진 정도가 아니라 완전히 이 믿음에 지속적으로 헌신하는미완료 동사 휘페쿠온, ὑπήκουον 제사장들이 허다했습니다.[28]

사도행전 6:7은 성령의 예루살렘 사역의 마무리 구절입니다. 사도행전에는 이런 마무리 구절이 여섯 군데 나오는데 본문이 그 첫 번째입니

28 요세푸스는 헤롯이 다스리던 기간에 대제사장과 지방에 있던 평범한 제사장 사이에 다툼이 있었다고 기록한다. 대제사장은 "타작마당으로 종들을 보내어 제사장들에게 바쳐야 할 십일조를 수거해감으로써 가난한 제사장들이 굶어 죽게 할 만큼" 부끄러움을 모르는 사람들이었다고 기록한다. 만일 주후 30년대에도 이와 비슷한 적대적인 감정이 남아 있었다면, 많은 제사장이 예수님을 믿고 신자 공동체에 합류하게 된 것은 놀라운 일이 아닐 수 있다. 에르하르트 J. 슈나벨(정현),《강해로 푸는 사도행전》(디모데, 2018), 354쪽.

다. 마무리 구절은 교회가 성장했다는 말, 말씀이 흥왕했다는 말을 포함하고 있습니다. 이를 통해서 사도행전 1:8에서 예수께서 미리 말씀해주신 대로, 성령이 임하여 증인이 된 사람들의 예루살렘 사역이 성공적으로 끝났다는 것을 나타내주고 있습니다. 성령께서 오순절에 예루살렘에 오셔서 시작한 일이 성공적으로 진행되고 있었습니다. 사람으로는 상상할 수도 없는 역사였습니다.

나가는 말

가장 경건하고 거룩한 공동체인 교회가 가장 아름다운 나눔의 사역을 하는 바로 그곳에서도 사탄은 가장 능숙하고 간교하게 역사하여 공동체를 두 동강 낼 뻔했습니다. 아무도 하나님 앞에서 죄짓는 편이 없었는데도 서로 원망하고 공동체를 분열시키는 가장 큰 죄를 지을 뻔했습니다. 낯선 타향에서 구제에 의지하여 간신히 연명하는 헬라파 유대인들이 구제 명단에서 자주 빠지는 일이 벌어진 것은 엄연한 사실fact 입니다. 없는 일 지어내서 이의를 제기한 것이 아닙니다. 그렇다고 사도들을 도와서 구제를 담당하던 히브리파 유대인들이 고의로 헬라파 유대인들을 수혜 대상에서 제외시킨 것이 아니라는 것도 사실fact 입니다. 잘못을 감추거나 축소하지 않았습니다. 앙금이 생기고 갈등이 표면화될 때까지 사도들이 알고도 모른 체한 것은 아니라는 것도 사실fact 입니다.

언제든 일어날 수 있는 위기

그들은 도무지 몰랐습니다. 말씀을 전하는 사역과 기도하는 사역에 전무하지 못하면서까지 이 구제 사역이 잘 이루어지도록 애썼습니다. 육신의 필요를 채우는 일을 영적인 필요를 채우는 일만큼 소중히 여겼습니다. 특별히 이 시점에서는 그것을 말씀과 기도보다 더욱 소중히 여기기조차 했습니다. 따라서 하나님 앞에 부끄럽거나 형제들에게 부끄러울 만큼 고의로 잘못을 한 편은 아무도 없었습니다. 그랬는데도 덕스럽지 못한 결과가 나왔습니다. 그래서 공동체에 큰 상처를 줄 만한 갈등까지 생겼습니다. 그럴 수 있습니다. 아무도 잘못하지 않았는데 잘못된 결과가 나올 수 있습니다. 한 교회가 세워지고, 건강하게 자라고, 거룩과 사랑이 문화로 자리 잡기까지 이런 지난한 과정이 필요합니다. 각자가 자기 자신을 하나님 앞에서 돌아보고 지체들 입장에서 역지사지의 태도로 성찰하는 것이 체화된 공동체만이 시시각각 우리를 넘어뜨리려고 우는 사자같이 노리는 사탄의 공격으로부터 자신과 교회 공동체를 지킬 수 있습니다. 그렇지 않고 겉으로 보이는 것만을 교회의 우선하는 목표로 삼는 순간, 근사하고 아름답고 명분이 있는 하나님의 일을 하면서도 우리는 형제를 절대 상종하지 못할 존재로 만들 수도 있고, 사랑하고 용서하는 것만 빼고 다 하는 사람들이 될 수도 있습니다. 그래서 경건의 모양만 있고 경건의 능력은 없는 공동체, 스스로 자신을 속이는 공동체로 전락하면서도 자신만은 모를 수 있습니다. 그것은 교회가 산산이 조각나서 해체되는 것보다 더 위험한 일이고 더 간교한 사탄의 승리입니다.

위기에 대처하는 지혜로운 공동체

언제든 찾아올 수 있는 이런 공동체의 위기에 대처하는 사도들의 모습에서 교회는 두고두고 남을 만한 교훈과 지혜를 얻습니다. 여기서 중요한 것은 사태를 수습하는 방식이 아니라 우선순위입니다. 해결방법만큼이나 해결순서가 중요합니다. 사도들은 먼저 갈등 당사자들에게 책임을 묻지 않고 사도 자신들의 책임을 인정합니다. 실제적인 처방을 내리기 전에 영적인 처방을 제시합니다. 사람들과의 관계보다 하나님과의 관계를 먼저 바로잡습니다. 사도들 자신이 말씀과 기도, 즉 하나님과의 관계에 집중하지 못했고, 그리하여 갈등 당사자들뿐 아니라 예루살렘 공동체 전체가 하나님과 더 잘 교제하고 관계가 깊어지게 하는 데 소홀했음을 인정합니다. 만약 사도들이 말씀과 기도 사역에 더 충실했다면, 행정상의 실수가 큰 갈등으로 비화되지 않도록 성도들이 스스로 해석하고 마음을 다스릴 수 있게 해주었어야 했는데, 그렇게 하지 못한 것에 대해 자신들의 책임을 통감하고 있습니다. 만약 사도들이 갈등하는 두 편 가운데 한쪽 편을 들었다면 즉시 반발을 불렀을 것입니다. 하지만 사도들이 자신들의 책임을 먼저 거론하고 하나님과의 관계를 점검하자, 이의를 제기한 헬라파 유대인들이나 항의를 받은 히브리파 유대인들 모두 서로를 향하던 마음의 손가락을 자신을 향하게 되었을 것입니다.

지혜로운 현실적 대처 방안

사도들은 구제사역이 원활하게 진행되지 못한 실제적인 문제에 대해서도 눈감지 않았습니다. 하나님과의 관계만 바로 잡히면 모든 게 다 잘될 거라고 여긴 순진한 사람들이 아니었습니다. 그렇다고 더 숙련된 조직력과 실행능력만 갖추면 일이 해결될 거라고 여기지도 않았습니다. 그는 구제사역을 전담할 일곱 일꾼들을 세우기로 합니다. 사도들은 그들의 자격 요건을 제시하는데, 영적인 능력과 실제적인 능력을 모두 요구하였습니다. 특이하게도 이 기준에 따라 자신들이 세우지 않고 공동체에 위임하였습니다. 어쩌면 전담할 일꾼을 세우는 과정에서 이 공동체가 좀 더 성숙하게 이 갈등을 다루기를 원했을 것입니다. 더 놀라운 것은 교회가 헬라파 유대인들로만 일곱 명의 책임자를 선정했다는 것입니다. 이는 분명 다수의 히브리파 유대인들이 주도한 일이었을 것입니다. 그들은 헬라파 과부들을 구제에서 빠뜨린 자신들의 실수를 인정하고 소수의 헬라파 유대인들을 배려하기로 한 것입니다. 이것을 본 헬라파 유대인들의 마음은 어떠했을까요? 사도들과 히브리파 유대인들을 향해서 품었던 원망에 대해 부끄럽게 여기지 않았을까요? 그리스도의 몸의 생명은 하나됨입니다. 그것을 깨뜨림으로 교회를 유명무실하게 만들려고 했던 사탄의 전략은 완전히 무너졌습니다. 그들은 이 갈등을 계기로 이전보다 훨씬 자신을 이해하고 서로를 신뢰하게 되었습니다. 공동체를 노리는 사탄의 전략을 알게 되었고, 지도자들의 영적 권위는 더 견고해졌을 것입니다. 그 결과로 나타난 예루살렘에서의 성령의 역사를 다시 한번 들어보십시오.

> "하나님의 말씀이 점점 왕성하여 예루살렘에 있는 제자의 수가 더 심히 많아지고 허다한 제사장의 무리도 이 도에 복종하니라" (사도행전 6:7)

사랑하는 여러분, 주께서 오늘 우리의 연약함을 드러내시거든, 바깥에서 책임 소재를 찾기 전에 먼저 내 안에 하나님의 말씀이 어떻게 역사하고 있는지를 물어보기를 바랍니다. 우리의 기도 생활에 대해 점검하기 바랍니다. 말씀이 풍성하고 기도의 불이 활활 타오를 때, 우리는 가장 인간다운 인간이 되고 가장 풍성한 생명력을 발휘하면서 인생을 만끽할 수 있고, 사랑하는 가족과 이웃들을 살리는 사람이 될 수 있습니다. 그런 끈끈하고 돈독한 연대감을 갖고 세상의 어려움을 격파하는 교회가 되기를 바랍니다. 사탄의 음모를 불꽃 같은 눈으로 적발하여 분쇄하고, 인간의 교만과 탐욕, 착각과 기만의 유혹을 넘어서서 사랑과 자비가 넘실거리는 성령의 공동체를 만들어가기를 바랍니다. 그리하여 우리를 통해서 도저히 살아날 것 같지 않은 사람들이 살아나고, 회복될 것 같지 않은 가정이 회복되고, 무너질 것 같지 않는 우상들이 무너지는 생명의 역사가 일어나는 교회가 되기를 바랍니다.

함께 기도하겠습니다

사랑하는 주님,
저희 가운데 여러 가지 직분과 역할을 주셔서
그리스도의 몸인 교회를 세워가게 하신 것을 감사합니다.
주님 저희는 약하고 사탄은 악하고 강합니다.
그래서 저희가 아무리 좋은 마음으로 잘해보겠다고 해도
저희가 바라는 결과가 나오지 않기도 하고,
많이 실수하고 넘어지기도 합니다.
그럴 때도 저희의 성취만이 아니라
저희의 의도와 마음을 먼저 보시고 받으시는
우리 주님을 늘 생각하면서
겸손히 우리 자신의 한계와 부족함을 인정하고
또 지체들을 충분히 이해하고
따듯하게 격려하는 관계가 되게 하여 주시옵소서.
평가하고 심판하는 자리보다는
섬기고 격려하는 자리에 있게 하여 주시옵소서.
그리하여 사탄이 우리의 연약함을 이용할 수 없게 하고
도리어 주께서 우리의 연약함을 통해
당신의 능력과 사랑과 영광을 드러내시도록
겸비와 신비의 마음을 키워가는 저희들이 되게 하여 주시옵소서.

하나님, 우리의 생사여탈을 결정하는 듯 보이는 저 세상보다 먼저
하나님 당신과의 관계를 앞세워 든든하게 세워가게 하시고

무슨 일을 하든지 주님의 마음으로 하고
그 일이 지체들과 이웃을 사랑하는 일이 되게 하여 주시옵소서.
주님, 다른 사람을 탓하기 전에 자신들을 돌아본
오늘 말씀 속에 나타난 사도들의 모습이 얼마나 보기에 좋았는지 모릅니다.
그것이 주님의 은혜를 진심으로 알고 있는 사람들의
마땅한 열매가 아닐까 싶었습니다.
저희도 말씀과 기도로 나아가고 멈추는 인생이 되어
저희가 수고하고 애쓴 것보다도 훨씬 더
놀랍게 주님의 뜻을 이루게 하시옵소서.
그리하여 우리가 모두 주님과 복음을 기뻐하고 자랑스럽게 여기며
하나님 외에는 아무도, 아무것도 자랑하지 않게 하여 주시옵소서.
아멘.

위태로운 복음,
위험한 복음전도자

사도행전 6:8-15

종교의 급진성, 복음의 급진성

사람은 처음부터 존재하는 것만으로 만족하도록 창조되지 않았습니다. 사람은 의미를 찾는 존재입니다. 다른 사람 눈에는 기이해 보이고 심지어 저급해 보이는 것일지라도, 그 사람에게는 중요하고 가치 있게 보이는 것을 삶의 목표로 정하고, 그것에 어울리는 삶의 방식을 취하여, 자기만의 멋과 흥을 따라 살아갑니다. 그것이 체계를 갖추고 정리되고 많은 이들에게 공감을 얻으면, 문화가 되고 이야기가 되고 세계관이 됩니다. 각 시대는 각 시대정신을 따라 움직입니다. 시대마다 여러 시대 정신이나 이야기meta-narrative, 세계관이 각축전을 벌입니다. 철학이 지배하던 시대가 있었고, 힘이 지배하던 시대가 있었고, 종교가 지배하던 시대가 있었고, 지금은 돈, 즉 자본주의가 시대정신을 대변하고 있다고 해도 과언이 아닙니다.

자본주의가 우리 시대만큼 상식이 되고 공기 같은 정신이 된 적은 없었습니다. 사람의 가치가 오늘날처럼 돈으로 판단되던 것이 언제부터였습니까? 내 남편과 아내의 능력이 '돈 버는 능력'으로 결정되고, '돈'이 사랑을 낳고 사랑을 키우고, 여유는 넉넉한 지갑에서 나온다는 말이 더는 우스갯소리가 아닌 시대에 우리는 살고 있습니다. 아이들의 입에서 가장 꿈꾸는 미래는 '건물주'나 '정규직'이라는 말이 나온 것은 언제부터입니까? '자본'이 이 시대의 지배적인 가치관이 되었다는 증거입니다.

거대한 건물을 갖추고 사람이 그 속에 가득 들어찬 교회가 성공한 교회요, 그것을 일군 목회자가 성공한 목회자라고 인식하고 있습니다. 좋은 신앙 인격을 갖추는 것보다는 돈을 많이 버는 것이 하나님의 축복이라고 믿는 일이 더 자연스러워졌습니다. 호객행위 하듯 전도하는 방법은 언제 시작되었습니까? 이 모든 것들은 물질과 자본이 우리 시대의 '신'임을 증명해줍니다.

그러나 어느 시대든 이런 각가지 시대정신을 비판하고 늘 대안적인 세계관, 대체해야 할 세상이 있다고 말하는 목소리가 있었습니다. 그것이 바로 하나님 나라의 세계관, 즉 복음입니다. 그래서 복음이 전해지는 곳마다 파장과 긴장과 혼돈이 일어났습니다. 복음이 모든 사람을 기쁘게 한 적은 단 한 번도 없습니다. 그것은 작게는 개혁과 변화를 요구했고, 크게는 역전과 전복을 명령했습니다. 살짝 고치는 정도가 아니라 전격적으로 철저히 뒤집어지고 뒤엎어져야 한다고 말했습니다. 주류사회에 균열을 내고, 기득권 세력에 도전하는 메시지를 전했습니다. 거짓의 허위를 까발리고 폭로하고 가면을 벗겨버렸습니다. 악한 질서를 거룩하게 해체하고 상식을 무너뜨리고 기존의 신념 체계를 뒤흔드는 복된 공세를 취했습니다.

존 위클리프John Wycliffe는 가톨릭 신부들만 성경을 읽는 것이 상식이던 시대에 모든 성도들이 성경을 읽고 직접 해석해야 한다고 주장했고, 최초로 영어로 성경을 번역했습니다. 그 일로 그는 이단으로 정죄를 받았고, 나중에 시신마저 다시 파헤쳐져 불살라지는 심판을 받았습니다. 하지만 교회사는 그가 종교개혁의 '불꽃'을 일으켰다고 평가합니다. 체코의 개혁가 얀 후스Jan Hus는 교회와 신부가 재산을 소유해서는 안 된다고 주장했습니다. 교황이 중보자의 역할을 해서는 안 되고, 교황의 자리 자체가 필요 없다고 주장했습니다. 그 역시 화형을 당했습니다. 하지만 교회사는 그가 종교개혁을 '점화'했다고 평가합니다. 마틴 루터Martin Luther는 신부가 아니라 모든 성도들이 제사장이라고 주장했고, 구원은 교회를 통해서가 아니라 성도들의 믿음을 통해서 받을 수 있고, 우리를 구원하는 것은 행위의 공로가 아니라 은혜에 대한 믿음이라고 주장했습니다. 모든 권위는 교회에 있지 않고 성경에 있다고 주장했고, 서민들도 성경을 읽을 수 있도록 자국어인 독일어로 성경을 번역했습니다. 그는 이단 중의 괴수가 되었지만, 교회사는 그를 종교개혁의 '횃불'을 든 사람이라고 평가합니다. 그들은 모두 그 시대에는 불온한 자였습니다. 강고한 시대정신을 거스른 도발적인 사람들이요, 상종해서는 안 되는 전염병 환자 같은 불순한 자들이었고, 성직자들뿐만 아니라 고통당하면서도 순응하며 살기 원하는 평범한 사람들이 불편해하는 사람이었습니다. 하지만 모두 철저히 성경적이었습니다. 너무 기본에 충실했기 때문에 그들은 원칙과 기준에서 한참이나 벗어난 자신들의 시대에는 너무 도발적이고 급진적이고 위험한 존재로 살아야 했습니다.

모든 복음은 급진적입니다. 그 복음을 따라 살고자 하는 그리스도인들의 삶 역시 급진적입니다. 하지만 '급진적'이라는 말이 '폭력적'이라거나 '거칠다'는 의미만은 아닙니다. 기성의 가치관이나 상식을 뒤엎고 뒤집는다는 뜻입니다. 그래서 돈이 전부라고 생각하는 시대에 돈이 전부가 아닌 것처럼 살고, 힘이 전부라고 생각하는 시대에 힘을 숭상하지 않고, 부당한 힘에 굴복하지 않고, 목숨을 버릴지언정 사랑과 용서를 택하는 사람이 된다는 의미입니다. 우리는 역사 속에서 인간이 종교의 이름으로 얼마나 잔인할 수 있는지를 숱하게 봐왔습니다. 가톨릭이 종교개혁의 급진성에 대하여 얼마나 잔인하게 진압했으며, 이 신념을 지키기 위해 종교개혁자들이 얼마나 오랫동안 많은 피를 흘려야 했는지를 우리는 똑똑히 목격해왔습니다. '사랑'을 말하지 않는 종교가 없을진대, 실상 기득권자들의 종교가 말하는 그 사랑은 '자유'가 없는 사랑이요, 강요된 폭력적인 사랑이요, 관용과 포용이 없는 사랑이었으며, 그래서 그것은 사랑이 아니었음을 보고 큰 충격을 받기도 했을 것입니다.

오늘 본문을 통해서 다시 한번 우리는 복음의 급진적이고 공세적인 성격을 확인하게 될 것입니다. 그리고 복음 없는 종교의 폭력성도 보게 될 것입니다.

새로운 국면

사도행전 1:8에서 저자는 사도행전의 전체 조감도를 보여주었습니다. 복음이 예루살렘을 넘어 유대와 사마리아, 즉 팔레스타인 전역으로 퍼진 후에, 다시 팔레스타인의 경계마저 넘어 땅끝으로 나아가게 될 것이라고 했습니다. 인간 증인들을 통해서 복음이 전해지겠지만, 성령께서 그 증인들에게 능력으로 임하실 때 가능할 것이라고 말해주었습니다. 지금까지는 예루살렘에서의 복음 증거 사역을 살폈습니다. 오순절에 성령이 내린 후 베드로와 요한을 중심으로 한 사도 공동체가 어떤 어려움 속에서 복음을 성공적으로 증거했는지 보았습니다. 그 결과를 사도행전 6:7은 다음과 같이 요약해주고 있습니다.

> "하나님의 말씀이 점점 왕성하여 예루살렘에 있는 제자의 수가 더 심히 많아지고 허다한 제사장의 무리도 이 도에 복종하니라"(사도행전 6:7)

참된 부흥은 말씀이 왕성해지는 것입니다. 단지 교인 수가 늘어나는 것이 아니라 제자의 수가 많아지는 것입니다. 복음의 영향력이 얼마나 강했던지 당시의 지배적인 이데올로기의 선도자요 대변자였던 제사장들의 무리마저 자신들의 신념과 기득권을 다 버리고 이 복음의 도, 십자가의 도에 복종하는 역사가 일어났습니다.

이제는 그 복음이 유대교의 심장인 예루살렘의 경계를 넘어서야 할 때가 되었습니다. 그런데 예루살렘은 이 복음을 순순히 나가게 해주지 않고 있습니다. 하나님은 '핍박'이라는 방식을 통해서 복음이 예루살렘 밖으로 나가게 하고 있습니다. 이 유대와 사마리아 복음 전도를 주도하는 두 주요 인물은 스데반과 빌립입니다. 그런데 그들 말고 또 한 사람이 등장합니다. 그가 바로 훗날 '바울'이라는 이름으로 땅끝 전도를 이끈 '사울'입니다. 그간 예수 그리스도의 복음이 전해질 때마다 당시 지배적인 권력이었고 시대정신의 대변자들이었던 성전 권력자들이 격렬하게 저항했고 박해했었습니다. 이제 사도행전 6:8-8:3에서는 그 박해가 더욱 심해지는 것을 보게 될 것입니다. 사도들은 잠시 감금했다가 채찍형을 맞고 풀려났지만, 이제 스데반은 그들의 손에 의해 죽임을 당할 것입니다. 생명의 복음을 전했다는 이유로 증인이 죽임을 당한 것입니다. 그것은 하나님 나라의 증인으로 사셨던 예수님이 십자가에서 돌아가신 것과 같습니다. 그래서 모든 복음은 '급진적'입니다. 내가 살기 위해 남을 죽이는 것이 아니라 남을 살리기 위해 내가 죽는 것이 복음이기 때문입니다. 그러나 역설적으로 남을 죽여서 살겠다는 사람은 죽지만, 나를 죽여서 남을 살리겠다는 사람은 다시 사는 것이 복음입니다. 스데반은 죽지만 동시에 죽지 않을 것입니다. 그것은 그리스도께서 돌아가셨지만 죽음에 머물지 않고 부활하신 것과 같습니다.

스데반의 사역

오늘 스데반의 사역과 죽음에서 우리는 그가 전한 예수 그리스도의 모습을 보게 될 것입니다. 스데반은 사도행전의 예수 그리스도, 작은 예수가 될 것입니다. 모든 그리스도인은 그리스도의 제자들입니다. 예수께서 전하신 것을 전하고, 그가 사시던 대로 살고, 그분이 받으신 고난과 죽음을 자신의 운명으로 여기고, 그분이 받으신 영광을 받는 자들이 그리스도인이고 제자들입니다. 구원은 '아들의 형상'을 입는 것이고, 구원의 목표는 '아들의 영광'을 공유하는 것입니다. 아들 예수님은 이 땅에 구원자로 오셔서 사망 아래 매여 있던 자들, 죄의 노예가 되어 있던 자들을 해방시키고 구원하셨습니다. 예수님의 취임설교에서 이미 우리는 그것을 확인했습니다.

"회당에 들어가사 성경을 읽으려고 서시매 선지자 이사야의 글을 드리거

늘 책을 펴서 이렇게 기록된 데를 찾으시니 곧 주의 성령이 내게 임하셨으니 이는 가난한 자에게 복음을 전하게 하시려고 내게 기름을 부으시고 나를 보내사 포로된 자에게 자유를 눈 먼 자에게 다시 보게 함을 전파하며 눌린 자를 자유롭게 하고 주의 은혜의 해를 전파하게 하려 하심이라 하였더라 책을 덮어 그 맡은 자에게 주시고 앉으시니 회당에 있는 자들이 다 주목하여 보더라 이에 예수께서 그들에게 말씀하시되 이 글이 오늘 너희 귀에 응하였느니라 하시니"(누가복음 4:16-21)

가난한 자, 포로된 자, 눈 먼 자, 눌린 자들의 해방과 치유, 사탄이 만들고 죄가 만들고 사망이 만들어낸 온갖 억압과 착취, 혼돈과 무질서로부터의 구원을 선포하고 있습니다. 그것이 바로 "주의 은혜의 해", 영적인 희년에 있을 일입니다. 주의 성령을 받은 메시아가 하실 것입니다. 메시아는 하나님 나라를 가져올 왕입니다. 예수님은 바로 자신이 그 메시아 왕으로서 이 말씀을 성취하러 오셨다고 첫 설교에서 말씀하신 것입니다.

그가 가는 곳마다 치유가 있었고, 귀신이 물러가는 역사가 일어났습니다. 하나님 나라가 전진하고 있었습니다. 그런데 하나님 나라를 가장 강력하게 저항하는 것은 귀신들이 아니었습니다. 바로 하나님을 가장 잘 믿고 있고, 하나님의 말씀을 가장 잘 지키고 있고, 하나님 나라를 가장 열렬하게 소망하고 있다고 자부하던 유대교였습니다. 하지만 그들은 율법을 수호한다고 하면서도 율법을 지키지 않았습니다. 율법의 가장 중요한 의와 인과 자비를 버렸습니다. 성전을 가장 거룩한 곳이라고 말하면서 성전을 강도의 소굴로 만들었습니다. 성전은 가장 위선적인 공간이 되었고, 거룩한 하나님의 백성들이 아니라 종교에 열광하는 자들만 양산하는 곳이 되어 버렸습니다. 그 결과 어떻게 되었습니까? 마침내 그 율법과 성전을 완성하러 오신 예수님을 죽여 버렸습니다. 왕을 거절했고 메시아를 죽였습니다. 그것은 그간 자신들이 얼마나 율법을 유린했고 성전을 능멸했는지 스스로 입증한 일이었습니다. 그런데 그들이 죽인 예수님은 부활하셨습니다. 그것은 예수님이 하나님에 의해 무죄방면 되었다는 뜻입니다. 그분의 의로우심이 입증되었다는 뜻입니다. 저주의 상징인 십자가에 달려 죽었는데도 그가 살아났다면, 그것은 유대교의 율법 해석이 틀렸고 그 율법을 완성하러 오셨다는 예수님이 옳다는 것이 증명된 것입니다. 성전을 모독했다는 죄목으로 죽은 예수가 살아났다면, 예수님 자신이 이제 하나님과 백성들이 만나는 성전이 될 것이라는 말씀이 옳다는 것이 증명된 것입니다. 이제는 건물이 성전이 아닙니다. 이제 제사장들이 제사를 드리지 않아도 됩니다. 이제는 속죄제물을 드려서 죄를 용서받지 않아도 됩니다.

은혜와 권능이 충만한 사역

성전과 율법 중심인 정교일치의 사회에서 성전과 율법의 역할 중단을 주장하는 것은 그 사회의 가치와 이데올로기 전체를 부정하는 일이었습니다. 철옹성 같은 기득권 체제와 정치적 위계질서를 무너뜨리는 일이었습니다. 그래서 예수는 죽었습니다. 그리고 유대교는 여전히 부활을 믿지 않습니다. 그들에게 예수는 죽은 채로 끝난 실패한 혁명가였습니다. 그런데 교회가 등장했습니다. 그리고 그리스도와 똑같은 주장을 합니다. 그런데 오늘 본문에서는 스데반이 작은 예수가 되어 똑같은 주장을 하고 있습니다. 놀랍게도 스데반에 대한 이어지는 기록은 그가 구제사역을 얼마나 잘 수행했는가 하는 것이 아니었습니다. 저자는 그를 예수님의 삶과 죽음, 부활과 영광을 선포하는 증인의 모습으로 그리고 있습니다.

> "스데반이 은혜와 권능이 충만하여 큰 기사와 표적을 민간에 행하니"(사도행전 6:8)

스데반은 앞서 구제사역을 위해 예루살렘 교회로부터 일곱 일꾼으로 뽑힌 사람 중의 한 명입니다. 그는 헬라파 유대인입니다. 디아스포라 유대인 출신으로 팔레스타인 바깥에서 살다가 종말에 대한 열망을 갖고 예루살렘으로 돌아온 열성파 유대인이었거나 그 후손일 것입니다. 그런데 사도들의 복음을 듣고 그 대열에서 이탈했습니다. 급진적인 유대교인에서 이제 급진적인 그리스도인으로 변한 것입니다. 예루살렘 교회가 뽑은 일곱 명의 헬라파 유대인들을 대개 "집사"라고 불러왔는데, 그것은 사실이 아닐 뿐더러 우리 시대의 '안수 집사'와도 그 성격이 달랐습니다. 그가 사도들과 예루살렘 교회에게 위임받아 구제하는 사역을 담당한 것은 사실이지만, 교회의 재정이나 구제를 맡는 것에 그치지 않았습니다. 그는 복음전도자였습니다. 헬라어를 구사할 줄 알았기 때문에, 과거 자신이 속해 있던 회당에서 자신의 옛 동료들에게 복음을 전했을 것입니다. 저자는 그를 여러 모양으로 묘사하고 있습니다.

1) 성령과 지혜가 충만하여 칭찬을 받는 사람(3절)

2) 믿음과 성령이 충만한 사람(5절)

3) 은혜와 권능이 충만하여 큰 기사와 표적을 민간에 행하는 사람(8절)

4) 지혜와 성령으로 말하는 사람(10절)

그는 우선 성령의 사람입니다. 자기 소욕을 따라 살지 않고 하나님 나라를 위해 사는 사람입니다. 예수님을 그 중심에 확고한 통치자로 모신 사람입니다. 그는 성령의 임재를 지속적으로 경험하는 성숙한 신자입니다. 그는 지혜의 사람입니다. 선과 악을 잘 분별하고, 설 때와 앉을 때, 목숨을 걸어야 할 때와 피해야 할 때를 아는 사람입니다. 그는 은혜의 사람입니다. 은혜 또한 지혜처럼 성령이 주시는 선물입니다. 그래서 예수님의 자비로우심을 닮은 사람이 되었습니다. 진리에 대해서는 타협이 없지만, 자신에게 핍박하는 사람들에게까지 오래 참고 기다리시고 우리를 사랑하시되 끝까지 사랑하신 예수님의 사랑을 가진 사람입니다. 그는 돌에 맞아 죽으면서까지 예수님처럼 "주여 이 죄를 그들에게 돌리지 마옵소서"라고 기도할 수 있는 사람입니다. 그는 권능의 사람입니다. 예수 안에서 역사하여 각종 이적과 기사가 일어나게 하셨던 성령께서 스데반 안에서도 역사하셔서 사망을 이기고 생명을 만들어내며, 병을 이기고 귀신을 이길 힘을 주셨습니다. 끝으로 그는 믿음의 사람입니다. 복음의 진리를 믿었습니다. 하나님의 능력을 믿었습니다. 예수님의 부활을 믿었습니다. 하나님 나라의 승리를 믿었습니다. 성령의 역사를 믿었습니다. 성령과 지혜, 은혜와 권능, 그리고 믿음의 사람 스데반, 그는 바로 예수님의 화신이었습니다. 그것은 오늘 증인인 우리에게도 주신 축복입니다. 우리도 성령과 지혜의 사람입니다. 우리도 은혜와 권능의 사람입니다. 우리도 믿음의 사람입니다. 그렇게 되는 것이 우리 공동체의 목표입니다. 예수 같은 사람이 되는 것이 예수처럼 사는 것보다 앞서야 합니다.

스데반 안에는 부활하신 예수께서 성령을 통해서 역사하고 계셨습니다. 그래서 그가 부활의 복음을 전하는 곳에 기사와 표적들"큰 기사와 표적을 민간에 행하니"이 일어났습니다. 음식과 옷이 필요한 사회의 최약자들뿐 아니라 병든 사람과 귀신 들린 사람들도 만났습니다. 그들에게는 부활하신 주님의 치유하고 온전하게 하시는 능력을 경험하게 함으로써 복음을 전했습니다. '행하다' 에포이에이, ἐποίει가 미완료 시제인 것을 볼 때 지속적이고 반복적으로 행했을 것입니다. 사람들은 그것을 경험하거나 지켜보면서 불과 얼마 전까지 예수님께 보고 들었던 치유와 축귀의 역사를 떠올렸을 것입니다. 물론 오늘 초자연적인 기적이 일어나야만 복음이 입증되는 것은 아닙니다. 진정한 기적은 우리가 성령의 사람으로 변화되어 사는 것입니다. 우리가 예수 닮은 사람이 되고, 그 복음이 가리키는 생명 지향적인 삶, 샬롬 지향적인 삶, 복을 나누고 복을 만들어내는 삶을 살게 되고, 그렇게 급진적으로 세상과 차별되는 삶을 사는 것이 참된 기적입니다. 그런 기적이 일어날 때, 부활의 주님을 드러내는 능력 있는 증인이 될 것입니다. 우리가 복음에 깊이 뿌리를 내린 성령의 공동체라면, 우리의 존재 방식이 세상이 보기에는 급진적일 수 있습니다. 그런데 그것이 우리 공동체 안에서 공기와 같이 자연스러워지고 상식이 된다면, 우리는 은혜와 권능이 충만한 스데반이 되어 세상 앞에 부활하신 예수님을 드러낼 것입니다.

급진주의자들의 저항

스데반의 등장과 활동은 예루살렘에 큰 파문을 일으킵니다. 후에 그를 반대한 사람들의 주장을 보면 그가 성전과 율법에 대해 예수께서 가르치신 것을 전한 것으로 보입니다. 특히 그는 자신과 말이 통하는 헬라파 유대인들로 구성된 '자유민들의 회당'에 가서 이 가르침을 전한 것으로 보입니다. 그러자 이에 대해 격렬하게 저항하는 자들이 있었습니다.

> "이른 바 자유민들 즉 구레네인 알렉산드리아인 길리기아와 아시아에서 온 사람들의 회당에서 어떤 자들이 일어나 스데반과 더불어 논쟁할새"(사도행전 6:9)

여기 '자유민들'은 한때는 노예였다가 자유롭게 된 사람들이나 그들의 후손을 말합니다. 로마제국의 자유민 신분으로 타지에서 살다가 예루살렘으로 돌아온 유대인 교포들입니다. 북아프리카의 구레네와 이집트의 알렉산드리아[29], 소아시아 남동쪽에 있는 길리기아와 에베소를 수도로 하는 소아시아에서 온 사람들이 다니는 회당들이 있었습니다. 바울 역시 이 아시아 출신이었기에 이곳 회당을 출입했을 것이고, 이때만 해도 스데반의 복음 전도를 듣고 분개하고 그와 논쟁한 사람들 중 하나였을 것입니다. 스데반은 디아스포라 유대인들이 모이는 회당들을 방문하여 예수가 그리스도라는 사실을 전했을 것입니다. 이것은 후에 바울 일행이 복음 전도 여행에서 늘 행하던 패턴입니다. 이 복음을 들은 몇 사람이 스데반의 가르침에 문제를 제기하였습니다. 그들은 스데반처럼 헬라파 유대인들입니다. 자신의 고향을 떠나 이주한 이 사람들이 팔레스타인에서 살아온 히브리파 유대인들보다 모세의 율법과 성전에 대해 훨씬 더 열정적이었고 충성도가 높았습니다. 그들은 메시아가 자기 시대에 시온

---

29 당시 알렉산드리아 인구 50만 명 가운데 10만 명이 유대인이었을 것으로 추산한다. Andre Bernand, *Alexandria la grande*(Fayard, 2012), 262-64.

에서 강림하실 것을 믿고 기다린 사람들입니다. 해외에서 성공했는데 그것을 다 놔두고 예루살렘에 와서 하나님의 메시아가 오실 것을 기다리는 사람이 있다면, 그들이 얼마나 적극적이고 열정적인 사람이었을지 상상해보십시오. 그들은 '성전 극우파'들 이었습니다. 율법은 예수님을 통해서 완성되었으니 실제로는 폐지되었고, 성전 역시 예수님을 통해 완성되었으니 더는 건물로서의 성전은 존재하지 않고 오직 성도들을 통해 새로운 성전이 이루어질 것이라는 스데반의 가르침을 듣고는 유대교의 토대를 허무는 이단사설이라면서 격분했을 것입니다. 복음의 급진성이 유대교 급진주의자들을 자극하였고, 그들과의 충돌을 야기했습니다. "어떤 자들이 일어나 스데반과 더불어 논쟁할새"에서 "논쟁하다"쉬제툰테스, συζητοῦντες가 현재분사형인 것을 볼 때, 이 논쟁은 일정 기간 지속된 듯합니다. 그 결과 어떻게 되었습니까?

> "스데반이 지혜와 성령으로 말함을 그들이 능히 당하지 못하여"(사도행전 6:10)

여기 지혜와 능력은 스데반의 구변과 기적을 의미할 것입니다. 그는 논리적으로도 탁월했고, 그 주장을 뒷받침할 만한 능력도 베풀었습니다. 참 믿음은 맹목성을 요구하지 않습니다. 복음은 분명한 논리와 증거를 갖춘 탁월한 이야기입니다. 이 세상의 모든 존재하는 것들과 일어나는 일들의 존재 이유와 그 방향과 존재 방식을 결정해줄 만큼 논리적이고 체계적인 세계관을 갖고 있습니다. 복음은 단순하지만 유치하지 않습니다. 섬세하고 정교합니다. 논리적으로 탄탄합니다. 폭이 넓고 깊습니다. 정확하면서도 신비와 여백이 있습니다. 인격적이면서도 권위와 위엄이 있습니다. 그래서 어느 시대 누구에게든지 복음으로 형성된 세계관은 늘 변하고 유동하는 이 세상의 각종 세계관이나 이데올로기에 맞서서 자기 진리를 스스로 변증할 수 있습니다. 성경은 우리 모든 그리스도인들이 자기 삶을 도모하고 해석할 수 있는 준거틀frame of reference로 손색이 없습니다. 성경을 많이 알수록 그리고 제대로 알수록 우리는 세상을 바르게 이해할 수 있고, 어떤 시대든지 그 시대의 지배적인 이데올로기에 저항하고, 더 나아가 대안적인 세계를 만들어갈 수 있습니다. 그것을 가리켜 '영적 상상력'이라고 부릅니다. 그것은 믿음의 다른 이름입니다.

지식 없는 맹목적인 신앙은 결국 우리의 욕망을 정당화하는 도구로 변질되기 쉽습니다. 조국 교회의 타락은 지도자들이 제대로 가르치는 대신에 시대의 입맛에 길들여진 청중들을 만족시키기 위해 그들의 구미에 맞는 소비자 중심의 복음, 상업적인 복음, 정크 푸드 같은 인스턴트 복음을 만들어 전했기 때문입니다. 그래서 성도들의 입맛을 버렸고, 체질을 망쳤고, 기호가 달라지게 했습니다. 잘 배워야 합니다. 하나님의 창조 목적이 무엇이고, 예수 그리스도의 복음이 무엇이고, 하나님 나라는 어떤 나라이고, 하나님이 이 세상을 운영하시는 원리가 무엇인지를 잘 배워야 합니다. 그리스도인은 돈을 어떻게 사용하고, 가정은 어떻게 세우고, 부부관계는 어떠해야 하며, 자녀 교육은 어떻게 하는 것이 옳은지 배워야 합니다. 정치, 경제, 문화, 예술, 과학 등 각 분야에서 기독교 세계관은 어떻게 적용될 수 있는지를 잘 배워야 합니다. 그 복음 위에 하나님이 '이미'와 '아직' 사이의 종말의 시기에 보기 원하시는 교회는 어떤 곳이며, 교회에게 맡기신 사명이 무엇인지를 알아야 합니다. 좋은 성도, 좋은 교회, 좋은 시민, 좋은 가정의 그림을 공유해야 합니다.

스데반은 지혜와 성령이 충만하였기에 이론적으로나 실제적으로 자신이 몸담았던 유대교에게 절대 밀리지 "그들이 능히 당하지 못하여" 않았습니다.(행 6:10) 예수께서 이미 제자된 증인들에게 약속하신 것이 성취된 것입니다.

> "이 모든 일 전에 내 이름으로 말미암아 너희에게 손을 대어 박해하며 회당과 옥에 넘겨 주며 임금들과 집권자들 앞에 끌어 가려니와 이 일이 도리어 너희에게 증거가 되리라 그러므로 너희는 변명할 것을 미리 궁리하지 않도록 명심하라 내가 너희의 모든 대적이 능히 대항하거나 변박할 수 없는 구변과 지혜를 너희에게 주리라" (누가복음 21:12-15)

이렇게 논리에서 밀리자 유대교 급진주의자들은 어떤 선택을 합니까? 그들은 자신들의 생각을 바꿀 용의가 없습니다. 만약 순전한 마음으로 진리를 추구하려는 마음이 있었다면, 그리고 그들의 믿음의 근거가 성경이었다면, 그들은 상대방을 굴복시키려고 할 것이 아니라 자신을 성경에 굴복시키려고 했을 것입니다. 그런데 그들은 그렇게 하지 않았습니다. 종교개혁자들을 무자비하게 죽였던 가톨릭처럼, 또 십자군 전쟁으로 무고한 양민들을 학살했던 중세 열광주의자들처럼, 유대인들은 불의한 방법을 동원해서라도 자신들의 신념을 지키고 장애물을 제거하려고 했습니다. 이는 스스로 자신들이 성경적이 아니고 불법적인 것을 믿고 있다고 증명한 행태였습니다. 그들이 한 일은 무엇입니까?

"사람들을 매수하여 말하게 하되 이 사람이 모세와 하나님을 모독하는 말을 하는 것을 우리가 들었노라 하게 하고" (사도행전 6:11)

그들은 이대로 지고 싶지 않았습니다. 그들은 말로는 스데반을 당해낼 수 없었지만, 그가 모세와 하나님에 대해 신성모독의 죄를 범하고 있다는 것만은 확신했습니다. 십자가에 달려 죽은 예수가 살아났다고 주장하고 그것이 그가 메시아인 것을 입증한다는 스데반의 주장은 율법을 거스른 죄이고, 율법을 준 모세와 하나님을 모독하는 죄이며, 따라서 예수가 그랬듯이 반드시 죽어야 할 큰 죄였습니다. 그렇게 마음을 정하고 나니 이제 이 스데반을 죽음에 이르게 하는 방법으로 무엇을 사용하든지 상관없다고 여겼습니다. 예수를 십자가에 죽일 때 종교 권력자들이 했던 거짓말과 불의한 방식을 떠올려 보십시오. 그러고도 그들은 신성모독한 자를 없애서 하나님의 명예를 지켰다고 떳떳해했을 것입니다. 그들은 스스로 자신들의 종교가 무법하다는 것을 입증한 자들입니다.

이번에도 크게 다르지 않았습니다. 그들은 맥락을 무시한 채 스데반이 토론 중에 말한 것 가운데 일부를 문제 삼았습니다. 듣지 않았으면서 들었다고 주장하는 자들을 만들어서 고소했습니다. 여기 모독하는 "말을 하는 것을" 랄룬토스, λαλοῦντος 이 현재분사이고 "우리가 들었노라" 아케코아멘, ἀκηκόαμεν 가 현재완료형 동사인 것을 볼 때, 그들은 오랫동안 반복적으로 스데반이 신성모독 하는 말을 들었다고 증언하도록 매수했음을 알 수 있습니다. 레위기 24:11-16에 따르면 신성모독은 돌로 쳐 죽여야 하는 죄입니다. 그들은 예수님의 증인이나 성경 진리의 증인이 되기보다는 자기 자신의 증인들을 만들었습니다. 이것은 오늘 우리 시대에도 얼마든지 있을 수 있는 잘못입니다. 특히 목회자들은 진리의 증인이 아니라 자기 논리나 신학의 증인이 될 수 있고, 그보다 심한 경우에는 자기 왕국이나 아성을 만들기 위해 교인들을 자신의 추종자로 만드는 경우가 있습니다. 진리를 사수한다고 하지만, 사실은 자신들의 세속적인 이데올로기나 기득권을 지키기 위해 진리를 이용할 수도 있습니다. 동시에 아무리 진정성 있는 일이라고 하더라도-정말 옳다고 믿고 하더라도-다 정당화되는 것도 아닙니다.

유대교 급진주의자들은 돈으로 매수해서라도 거짓 증인들을 만들었습니다. 유대 권력자들과 거래하여 예수를 십자가에 못 박으라고 말한 자들이나 예수를 은 삼십에 팔아넘긴 가룟 유다가 떠오르지 않습니까? 나라를 지킨다는 명분을 앞세운 채 국가 권력에 의해 증거를 조작하고 증인들을 매수하여 무고한 사람을 죄수로 만들고 인생을 망가뜨린 일들이 한국 현대사에서 종종 있었는데, 그것은 절대 그리스도 예수를 믿는 믿음과 병행할 수 없다는 것을 이 유대 권력자들의 행태로 알 수 있습니다. 성전 당국자들이 이 고소를 받아들여 스데반을 체포합니다.

> "백성과 장로와 서기관들을 충동시켜 와서 잡아가지고 공회에 이르러"(사도행전 6:12)

네 개의 동사, 충동시키다 쉰네키네산, συνεκίνησάν, 오다 에피스탄테스, ἐπιστάντες, 잡아가다 쉰네르파산, συνήρπασαν, 이르다 에가곤, ἤγαγον를 사용하여 그들이 얼마나 일사분란하고 신속하게 스데반을 제거하는 일을 추진했는지를 보여줍니다. 만약 당일에 재판을 받지 않았다면, 그는 감옥에 들어갔을 것입니다. 그를 산헤드린 공회 재판에 회부합니다. 이 거짓 증인들의 주장을 다시 한번 들어보시겠습니다.

> "거짓 증인들을 세우니 이르되 이 사람이[30] 이 거룩한 곳과 율법을 거슬러 말하기를 마지 아니하는도다 그의 말에 이 나사렛 예수가 이 곳을 헐고 또 모세가 우리에게 전하여 준 규례를 고치겠다 함을 우리가 들었노라 하거늘" (사도행전 6:13-14)

거짓 증언은 십계명에서 금할 정도로 큰 죄입니다.(출 20:16; 신 19:16-18) 그런데 헬라파 유대인들은 거짓 증인들을 세웠습니다. 종교권력자들이 예수님을 고소했던 내용과 하나도 다르지 않습니다. 예수님의 말뜻에는 관심을 갖지 않고 예수님 말씀의 일부만을 발췌하고 인용하여 죄인으로 만들었는데, 그 수법까지 똑같이 쓰고 있습니다. 심지어 고소 내용까지 예수님 때와 비슷합니다.(마 26:60-61; 막 14:57-58) 매수당한 자들은 예수가 "이 거룩한 곳과 율법을 거슬러 말하기를 마지 아니하는도다"라고 증언합니다. 또 다른 이는 "이 나사렛 예수가 이곳을 헐고 또 모세가 우리에게 전하여 준 규례를 고치겠다"라는 말을 들었다고 증언합니다. 정말 예수님이 이런 말씀을 하셨습니까? 유대인들에게 '거룩한 곳'과 거룩한 경전, 즉 성전과 율법은 그들이 존립 근거로 삼은 것들입니다. 이것을 무너뜨리려고 하면 죽음을 각오해야 했습니다. 자신들의 존재 근거와 목

30 '호 안드로포스 후토스'(ὁ ἄνθρωπος οὗτος)는 스데반을 비하하여 지칭하는 것으로 '이 작자'라는 뉘앙스다.

적, 자신들이 가장 의미 있게 여기는 것의 근본 토대를 허물고 뿌리까지 뽑는 주장이기 때문입니다. 그런데 예수님은 표적을 구하던 유대인들에게 성전을 헐면 사흘 만에 다시 세우겠다고 하셨습니다. 예수님 자신이 손수 저 눈에 보이는 성전을 헐겠다고 하신 적이 없습니다. 그 성전은 주후 70년에 가서야 헐립니다. 성전의 멸망에 대한 예수님의 말씀은 자신의 죽음과 부활을 통해서 이루실 일에 대한 것이었습니다. 삼 일 만에 세워질 성전은 삼 일 만에 부활하신 자신의 부활의 몸을 의미하고, 또 눈에 보이는 성전을 대체할 자신의 영적인 몸, 즉 교회를 의미합니다.(요 2:21-22) 이제 돌로 쌓아올린 성전은 돌 위에 돌 하나 남지 않고 다 무너질 것입니다. 그 기능이 끝났고 시효가 만료되었기 때문입니다. 성전은 그림자이고 예수님이 실체입니다. 성전은 하나님이 자기 백성 가운데 거하신다는 것을 보여주는 가시적인 징표였습니다. 그런데 이제 하나님이 직접 육신을 입고 인간 가운데 오셨습니다. 예수님을 통해 임마누엘 하셨습니다. 그런데 빛이 어둠을 거절하듯, 사람들이 메시아와 성전이신 예수님을 거절했습니다. 지금은 성령을 통해서 부활의 몸을 입고 거하고 계십니다. 예수님의 이름으로 구원을 받은 사람들 가운데 거하십니다. 그들과 예수님은 하나로 연결되어 있습니다. 따라서 성도들의 모임인 교회가 예수님의 몸이 되는 것입니다. 그분을 모시고 그분의 말씀에 순종하는 곳마다 성전이 되는 것입니다.

이것은 유대교의 붕괴를 선언하는 말씀입니다. 유대교의 시효는 만료되었고, 이제 실체인 예수님을 믿고 그분 안에서 예배해야 하는 때가 왔다는 뜻입니다. 유대인만의 예수가 아니라 온 인류의 예수로 오셨습니다. 그러나 이 복음이 모든 이들에게 복음이 되는 것은 아니었습니다. 유대인만의 메시아, 모세와 다윗과 같은 능력으로 로마를 몰아내고 정치적인 독립을 이루어줄 메시아, 팔레스타인 땅의 메시아를 꿈꾸던 자들에게는 청천벽력 같은 소리였습니다. 하나님과의 인격적인 관계와 실천적인 삶보다는 건물과 종교적인 의식과 의무를 이행하는 것으로 만족과 위안을 삼았던 이들에게는 너무 불편하고 낯설고 부담스러운 소리입니다. 그것은 다름 아니라 나를 바꾸고, 내 중심을 바꾸고, 내 삶의 목표를 바꾸라는 요구이기 때문입니다. 특히 이 성전을 통해서 그간 기득권을 누려왔던 이들에게는 자신들을 실직자로 만드는 발언이었기 때문에 더욱 민감했습니다.

또한 그들은 스데반이 모세가 전해준 규례를 예수가 고치겠다는 말을 들었다고 고소합니다. "또 모세가 우리에게 전하여 준 규례를 고치겠다." 율법 자체를 없애는 것이 아니라 율법이 명하는 규례를 바꾸려고 한다는 것이 고소 내용입니다. 아마도 주로 음식법이나 안식일과 관련한 규례를 염두에 두었을 것입니다. 할례와 음식법, 안식일 규정은 유대인들이 다른 민족과 구별되는 자기 정체성을 지키기 위해 가장 신경 써서 준수해온 규례들입니다. 그런데 고소인들은 스데반을 통해 들은 예수님의 말뜻을 잘못 알아들었습니다. 예수님은 단지 조금 고치는 정도가 아니라 그 본래 의도를 완성하러 오셨다고 말씀하셨기 때문입니다.

> "내가 율법이나 선지자를 폐하러 온 줄로 생각하지 말라 폐하러 온 것이 아니요 완전하게 하려 함이라 진실로 너희에게 이르노니 천지가 없어지기 전에는 율법의 일점 일획도 결코 없어지지 아니하고 다 이루리라"(마태복음 5:17-18)

율법을 고친다고 하셨다면 마치 문제가 있어서 수정한다는 의미가 됩니다. 하지만 율법 자체는 아무 문제가 없습니다. 그것을 지키지 않는 죄인들이 문제일 뿐입니다. 율법을 수없이 많이 개정해도 사람이 바뀌지 않으면 소용없습니다. 그런데 그 율법은 바뀌어야 합니다. 왜냐하면 그 역할을 다 했기 때문입니다. 율법은 예수님이 오시기 전까지 이스라엘 백성들에게 하나님의 뜻을 알려주고 말씀의 실체이신 예수님이 오실 때를 준비하고 가리키는 역할을 하려고 존재했습니다. 처음부터 율법만 가지고 우리를 창조할 계획이 아니었습니다. 그런데 말씀이 오심으로써 모세를 통해서 주신 모든 율법은 그 기능을 다 했습니다. 이제 구원자요 중보자로서 새로운 모세이시며 또 말씀하시는 하나님의 아들 예수님을 통해서만 그 율법의 의미를 제대로 파악할 수 있고, 성령의 도움을 받아서 그 율법을 지킬 수 있는 새로운 시대가 열렸습니다. 그래서 예수님이 성취하신 의식들을 더는 율법의 문자 그대로 행할 필요가 없게 되었습니다. 십일조, 안식일, 제사, 각종 절기, 성전 기도, 할례 등 그 본래의 의도를 따라 지켜야 하는 율법의 종류는 셀 수 없이 많습니다. 이제 문자적인 율법은 폐지되었습니다. 하지만 폐기廢棄 된 것이 아니고 예수님이 완성하셨고 예수님으로 대체되었습니다. 그런데 고소하는 자들은 지금 율법을 완성하신 분인 예수를 '율법 폐기론자'로 몰고 있습니다. 실체가 와서 그림자가 사라진 것인데도, 실체를 인정하지 않고 그림자를 붙잡으려고 합니다. 그림자를 기준으로 실체를 정죄합니다. 물론 그들의 눈에는 하나님도 아닌 자가 마치 하나님만 하실 수 있는 일을 한다고 말하는 것이 신성모독으로 들렸기에 그를 죽인 것입니다. 그런데 지금 스데반은 그렇게 십자가의 저주를 받고 죽은 예수의 주장이 옳다고 주장하고 있는 것입니다. 그러니 예수의 등장으로 한때 긴장했던 종교당국자들이 이제 그 지독한 잔당인 스데반을 산헤드린에서 재판하여 죽이려고 하는 것입니다.

타락한 중세는 다름아닌 타락한 유대교로의 회귀였습니다. 하나님의 말씀보다 의식을 더 중시했습니다. 기독교를 공간 중심의 종교, 예전 중심의 종교, 성직자 중심의 종교로 바꾸어버렸습니다. 인격적인 종교를 비인격적인 숭배 종교로 바꾸어 버렸습니다. 그것을 깨뜨린 것이 바로 종교개혁입니다. 그래서 종교개혁의 모토는 '회귀'였습니다. 초대교회로 돌아가고 말씀으로 돌아가자는 것이 그들의 구호였습니다. 그런데 우리 시대의 기독교를 보십시오. 밀천이 얼마 안 남았는데, 팬데믹으로 그 근본부터 흔들리고 있는데, 전혀 각성이나 긴장이 없이 여전히 율법주의적인 공간 중심의 종교로만 회귀하려고 하고 있습니다. 건물 중심의 종교, 성직자 중심의 종교를 고집합니다. 분명히 믿는 자는 모두 제사장이라고 했는데, 목사가 제사장이고 장로는 그 밑이고 집사와 권사는 다시 그 밑이라고 생각하는 종교적인 위계질서를 만들고 있습니다. 형식 중심의 종교를 고수하고 있습니다. 삶의 예배보다는 주일에 교회에 나와서 드리는 공예배만을 전부로 여기는 풍조도 여전합니다. 내 인격이 변하는 것보다는 교회 안에서 일을 많이 하는 것이 좋은 신앙이라고 생각합니다. 눈에 보이는 인간 지도자를 섬기는 것이 눈에 안 보이는 예수님을 잘 섬기는 길이라고 생각합니다. 하나님 나라를 교회 안으로 국한시킨 채 세상에서의 삶과 교회 안에서의 삶이 달라도 문제로 여기지 않습니다. 교회는 천국 가는 표를 가진 자들이 잠시 머물러 기다리는 대합실 정도로 여깁니다. 이것이 중세의 타락한 교회의 모습이었는데, 지금의 풍경이 그와 크게 다르지 않습니다. 다시 프로테스탄트 교회가 필요합니다. 다시 개혁이 필요합니다. 어디서부터 시작할까요? 말씀입니다. 복음의 원음이 다시 회복되어야 합니다. 하나님의 말씀을 직접 읽고 쓰고 묵상하고 실천하는 일부터 시작해야 합니다. 나부터 시작하고 우리 교회부터 시작해야 합니다. 그렇게 '묵상인'과 '예배인'이 되는 것이 참된 개혁의 출발입니다.

천사의 얼굴을 한 전사

우리가 이 재판의 분위기를 상상하는 데는 한계가 있습니다. 하지만 아마 그 재판정에 끌려간 것만으로도 오금이 저렸을 것입니다. 신성모독죄로 불려왔으니 결과에 따라 곧장 죽을 수도 있는 재판입니다. 재판하는 자들은 스데반이 쩔쩔매면서 자비를 구하기를 기대했을 것입니다. 예수께 대한 신앙을 철회하기를 바랐을 것입니다. 하지만 스데반은 달랐습니다. 전혀 굴하지 않았습니다.

> "공회 중에 앉은 사람들이 다 스데반을 주목하여 보니 그 얼굴이 천사의 얼굴과 같더라"(사도행전 6:15)

성경이 이렇게 외모를 묘사하는 일은 매우 드뭅니다. 스데반의 얼굴을 천사의 얼굴이라고 묘사한 것은 그의 마음 상태를 표현하는 방법입니다. 그가 얼마나 진리에 대해 확신을 갖고 있었는지 알 수 있습니다. 예수님은 산상설교에서 "의를 위하여 박해를 받은 자는 복이 있나니 천국이 그들의 것임이라 나로 말미암아 너희를 욕하고 박해하고 거짓으로 너희를 거슬러 모든 악한 말을 할 때에는 너희에게 복이 있나니 기뻐하고 즐거워하라 하늘에서 너희의 상이 큼이라 너희 전에 있던 선지자들도 이같이 박해하였느니라"(마 5:10-12)라고 말씀하셨습니다. 스데반은 이 말씀을 알고 있는 사람처럼 의연했습니다. 자신이 그리스도의 제자로서 그리스도께서 걸어가신 길을 가고 있다는 사실에 기뻤을 것입니다. "그 이름을 위하여 능욕 받는 일에 합당한 자로 여기심을 기뻐"(행 5:41)하였던 사도들과 같았습니다. 고난이 자신의 참 정체를 드러내주고 증명해주는 것 같아서 기뻤을 것입니다. 그 기쁨이 천사의 얼굴로 나타난 것입니다. 천사의 얼굴은 하나님이 그 얼굴에 비추어진 영광의 광채였을 것입니다.

이것은 또 시내 산에서 율법을 받아가지고 돌아온 모세의 얼굴에 영광스런 광채가 있었던 사건을 생각나게 합니다.(출 34:29 이하) 이것은 모세의 율법에 대한 스데반의 해석, 즉 예수님이 모세의 율법을 성취하셨다는 그의 주장이 사실임을 하나님께서 인정해주셨다는 뜻이 아닐까 생각합니다. 성령과 지혜의 사람, 은혜와 권능의 사람, 그리고 믿음의 사람 스데반, 고난 속에서 그의 진가는 더욱 분명히 드러났습니다.

이제 다음 장에서는 스데반이 거침없이 이 재판정의 피고석을 설교강단으로 바꾸어버리는 것을 보게 될 것입니다. 바울이 훗날 자신은 죄인처럼 매였지만 하나님의 말씀은 매이지 않았다고 고백했던 역사가 이제 산헤드린 공회 재판정에서 나타날 것입니다. 그의 얼굴은 천사와 같았지만, 그의 설교는 전사와 같았습니다. 천사의 얼굴을 한 전사, 그가 바로 성령에 감동을 받은 증인의 모습입니다.

나가는 말

루터보다 100년 전에 종교개혁을 이끌었던 보헤미안, 얀 후스Jan Huss, 그의 이름의 뜻은 '거위'입니다. 그가 화형당하면서 남긴 말이 있습니다. "너희가 지금 거위를 불태워 죽이지만 100년 뒤 나타난 백조는 어쩌지 못할 것이다." 루터의 출현을 예고한 것일까요? 후스가 설교한 프라하의 틴 교회당 앞에는 그의 동상이 서 있습니다. 그의 동상에는 화형당하면서 그가 외친 7가지 명제가 기록되어 있습니다.

> "진실만을 찾아라, 진실만을 들어라, 진실만을 배워라, 진실만을 사랑하라, 진실만을 말하라, 진실만을 지켜라, 죽음을 두려워 말고 진실만을 사수하라!"

오늘 스데반이 우리에게 보여준 그 담대함을 이어받은 증인들이 있었고, 그 증인들은 오늘 우리에게 그 바통을 이어받으라며 건네주고 있습니다. 복음의 급진성이 많이 약화되고 둔화되고 희석되고 있는 이 시대에 그 선명성을 회복하고 그 복음의 원음을 재생하는 데 온갖 힘을 기울이는 사랑하는 교회가 되기를 바랍니다. 아무도 나서지 않을 때 우리 교회가 하나님 나라의 전위부대가 되어 들내지 않지만 숨지도 않고, 날마다의 일상 속에서 그 복음의 급진성을 실현하면서 살아갈 수 있기를 바랍니다.

기도해주십시오. 조국 교회의 모든 강단에서 잠자는 이 시대를 깨우고 무뎌져 버린 영적인 감수성과 민감함을 회복하게 하고 삶에 지치고 세상의 이야기와 논리에 겁박 당한 이들에게 해방과 자유와 안식의 확성기 노릇을 하여 모든 이들을 하나님의 거룩한 임재 앞으로 소환하는 충성스런 말씀이 변치 않고 흘러나오도록 꼭 기도해주시기 바랍니다. 복음을 위하여 어떤 대가를 치르더라도 주 예수의 이름을 위하여 능욕 받는 일에 합당한 자로 불러주신 것에 감사하면서 스데반처럼 '천사의 얼굴'로 세상을 상대하면서 그 자리를 고수하는 교회가 되도록 기도해주십시오.

함께 기도하겠습니다

사랑의 하나님 아버지, 능력의 하나님 아버지,
복음의 역사를 시작하시고
오늘 저희를 그 영광스런 이야기에 초대하여 주셔서 감사합니다.
그 이야기를 알고 보니,
그간 저희가 얼마나 고집스럽게
당신의 초청과 설득을 외면하여 왔는지를 알겠습니다.
얼마나 말도 안 되는 논리와 궤변으로 죽음의 길을 재촉하였고,
불의와 탐욕을 정당화했고, 많은 사람들을 오도하였는지도 알겠습니다.

그런데도 저희를 포기하지 않으시고
그 길에 다시 들어서도록 불러주시고 붙들어주시고
동행하여 주시니 감사합니다.
이제 세상이 우리더러 불온하다고 말하고,
우리가 사는 모습을 보는 것만으로도 불편하다고 말해도 이해하겠습니다.
속상해도 이전보다는 상처를 덜 받을 것 같습니다.
그들이 왜 자신의 주도권을 하나님께 넘겨드리기를
그토록 힘들어 하는지도 알겠습니다.

세상은 진리를 알지 못한 채
다만 자신들이 믿기로 작정한 것에 맹목적으로 헌신하고
그 달콤한 대가에 스스로 속고 있는 것이 이제야 보입니다.
그러니 주님, 이제는 저희가 참으로 지혜롭게 그러나 담대하게

이 복음의 증인으로 세상 앞에 설 수 있도록 도와주시옵소서.
흔들림 없이, 후퇴 없이, 후회 없이,
진리의 반석 위에 든든히 서서 살되
우리와 소통하기 위하여 성육신 하신 예수님처럼
저희도 세상과 더 잘 소통하고,
그들이 알아들을 수 있도록 전하기 위해
더 겸손한 사람이 되게 하여 주시옵소서.
주님, 우리의 제한되고 굴절된 이해 속에 주님을 가두고 싶지 않습니다.
이를 위해서 늘 열린 마음으로 경청하며
배우기를 잘 하는 저희들이 되게 하여 주시옵소서.

세상의 찬사와 인정을 구하지는 않겠지만,
세상에게도 인정받지 못하거나
비웃음의 대상으로 전락하고 싶지도 않습니다.
소망의 이유에 관하여 묻는 자들에게 대답할 말을 잘 준비하고,
저희의 삶에서 그 증거를 드러내며,
저희의 얼굴에 스데반처럼 평안과 확신을 머금게 하여 주시옵소서.
복음을 조롱하고 위태롭게 하는 시대에,
이 위대한 소식을 위하여 기꺼이 위험을 감수할 줄 아는
믿음의 증인들이 되게 하여 주시옵소서.
주님, 이 소중한 믿음의 선배 스데반을 통하여 도전을 받고
내가 믿는 바에 과연 나의 전부를 걸 수 있는지

자문하게 하시니 감사합니다.
주님 당신은 저에게 그럴 만한 분이고
당신의 나라는 모든 것과 바꿀 수 있는
영광스런 나라임을 분명히 고백합니다.
주님, 턱없이 부족하고 미약하지만
주님과 주님의 나라를 증거하고 증명하는 일에
저의 일상이 요긴하게 쓰임 받게 하여 주시옵소서.
아멘.

논쟁자 스데반,
설교자 스데반

사도행전 7 : 1-53

따분한 설교? 예리한 논증?

조지 버나드 쇼George Bernard Shaw는 그의 책 *Androcles and the Lion* 서문에서 스데반과 그의 설교발언를 이렇게 평가합니다.

"스데반은 무척이나 참기 힘든 젊은 설교자이며 서툴고 자만에 빠진 따분한 사람이다."

"공의회에 그 자신만큼이나 그들도 잘 알고 있을 이스라엘 역사의 개요를 장황하게 연설하고 있다."

반대로 윌리엄 닐William Neil은 스데반의 설교를 "정교하고 능란한 복음 선포"라고 부릅니다. 여러분은 어느 쪽을 지지하십니까? 우선 우리는 지금 스데반이 교회에서 설교한 것이 아니라 법정에서 발언하고 있다는 사실을 기억해야 합니다. 특별히 스데반이 두 가지 사실에 대해 고소를 당했다는 사실을 염두에 두고 그의 연설을 읽어야 합니다. 그는 모세의 율법과 성전을 거슬러 말한다는 고소를 당했습니다. 예수가 성전을 헐고 모세가 준 규례를 고치겠다고 한 말을 마치 옳은 소리인 양 그대로 전했다는 이유로 고소를 당했습니다. 예수의 죽음으로 그의 발언이 정죄를 받았음에도 스데반이 이단 사설을 퍼뜨렸다는 것입니다.

고소를 받은 공의회는 스데반을 잡아놓고 단도직입적으로 추궁합니다. 대제사장 가야바는[31] 신성모독 하는 발언을 했는지 여부를 묻습니다.

"대제사장이 이르되 이것이 사실이냐" (사도행전 7:1)

그렇다면 이제 사도행전 7장 2절부터 53절에 이르는 스데반의 발언은 이 두 고소에 대한 반박의 성격을 띠게 될 수밖에 없습니다. 은혜 받을 준비가 된 청중 앞에서 한 설교가 아닙니다. 시대의 공기를 탁하게 만드는 매우 불온한 사람을 제거할 결정적인 흠결을 찾으려고 혈안이 된 사람들 앞에서 한 발언입니다. 그렇다면 스데반이 성경의 전문가들 앞에서 그들이 뻔히 아는 내용을 그들에게는 매우 낯익고 뻔한 방식으로 되풀이했을 리는 없습니다. 스데반은 단순히 말 바꾸기paraphrasing를 한 것이 아니라 새롭게 들려주기retelling를 했습니다. 말만 바꿔서 똑같은 이야기를 녹음기 틀듯 한 것이 아니라, 한 이야기를 전혀 색다른 각도에서, 전혀 새로운 해석을 넣어서 말했습니다. 그들이 너무 잘 알고 있는 낯익은 이야기를 한 번도 들어본 적이 없고 오늘 처음 새로 듣는 전혀 낯선 이야기처럼 들리게 하는 것, 그것이 스데반이 지금 하려는 일이었습

31 이 설교는 주후 36년에 한 것이기에 가야바가 대제사장으로 있을 때다.

니다. 법정에서는 사소한 것이라도 사실 관계가 잘못되어서는 안 됩니다. 또 논리적으로 비약이나 모순이 있어서도 안 됩니다. 다 맞는 말을 하면서도 처음 듣는 이야기처럼 해야 합니다. 그래서 듣는 이들로 하여금 수용하든지 거부하든지 둘 중 하나만 할 수밖에 없도록 촉구해야 합니다. 그래야 예수님이 하나님의 아들 메시아임을 증명할 수 있기 때문입니다. 그래야 그들의 고소가 잘못되었음을 드러낼 수 있기 때문입니다. 그래야 그들이 예수께 한 짓이 얼마나 천인공로할 죄악인 것을 드러낼 수 있기 때문입니다.

만약 스데반의 발언에 찬성한다면, 그들은 자신들이 메시아를 죽였다는 생각에 "우리가 어찌할꼬" 하며 탄식했던 오순절의 회심자들처럼 반응해야 했습니다. 그런데 만약 스데반의 발언에 동의하지 않는다면, 예수를 죽였듯이 스데반을 죽여야 했습니다. 어떻게 반응하든 스데반의 발언은 그들이 이미 다 알고 있는 사실을 되풀이하는 정도의 발언이 아니라, 그들의 그릇된 이해를 드러내고, 위선을 까발리고, 허위를 폭로하는 충격적인 가르침이 될 것입니다. 버나드 쇼의 말대로 스데반이 만약 공의회 의원들이 다 알고 있는 사실을 지루하게 되풀이했다면, 그들은 모두 졸고 있었을 것이며, 어쩌면 스데반에게 무죄를 선고했을지도 모릅니다.

그런데 그가 성공적으로 자신의 주장을 펼치면 펼칠수록 예수 그리스도의 메시아되심은 선명해지겠지만, 그의 목숨은 위태로워질 것입니다. 스데반이 살자고 한다면 논쟁의 칼을 무디게 해야 합니다. 하지만 예수께서 살아계신 분이 되게 하려면 논쟁의 칼을 날카롭게 해야 했습니다. 메시지의 선명성이 순교의 가능성을 높이는 이 아이러니 속에서 과연 스데반은 어느 쪽을 선택했을까요? 듣는 사람들이 어떻게 반응했는지를 보면 알 수 있습니다.

> "그들이 이 말을 듣고 마음에 찔려 그를 향하여 이를 갈거늘"(사도행전 7:54)

> "그들이 큰 소리를 지르며 귀를 막고 일제히 그에게 달려들어 성 밖으로 내치고 돌로 칠새 증인들이 옷을 벗어 사울이라 하는 청년의 발 앞에 두니라"(사도행전 7:57-58)

그의 발언을 들은 사람들이 스데반에게 돌을 던졌습니다. 하지만 발언이 지루하거나 길었다고 돌을 던진 것이 아니라, 그 발언 내용이 그들의 양심을 찔렀기 때문입니다. 그들은 자기 양심이 호소한 대로 행동하고 싶지 않았던 것입니다.

스데반이 선 자리가 오늘 설교자들이 서 있는 자리입니다. 성도들이 알고 있는 말, 성경만 읽어도 다 나오는 이야기를 지루하게 반복한다면, 더는 설교가 아닙니다. 지금 설교자 앞에는 세상의 온갖 사상적, 세계관적 공세에 맞서 치열하게 영적인 전투, 윤리적인 전투, 생존을 위한 전투를 하다가 찾아온 성도들이 앉아 있습니다. 설교자들은 이 사실을 명심해야 합니다. 물론 성도들의 고민을 다 듣고 설교에 이용하여 상담하거나 해결책을 줄 수는 없습니다. 하지만 그들이 상대하고 있는 이 세상의 이데올로기가 무엇이고 세계관이 무엇이며 가치관이 무엇인지 설교자가 먼저 알아야 하고, 또 청중들이 알게 해주어야 합니다. 하나님을 대체하도록 유혹하고 위협하는 '우상'이 무엇인지 설교자는 먼저 고민하고 공부해야 합니다. 설교를 통해서 성도들이 이 세상을 이미 이겼다는 사실을 알게 해주고, 오늘 그 승리를 누릴 수 있는 근거를 손에 쥐고 돌아가게 해주어야 합니다. 이길 수 있다는 마음에 확신을 갖고 돌아가게 해주어야 합니다. 이길 수 있는 무기인 하나님의 전신갑주를 가르쳐주고, 그것을 잘 다룰 수 있도록 도와주어야 합니다.

토라와 성전, 두 관점으로 보는 이스라엘의 역사

역사는 어떤 역사관으로 보느냐에 따라 달리 해석됩니다. 그것은 어떤 색깔의 안경을 쓰느냐에 따라 세상이 달리 보이는 것과 같습니다. 그것을 '관'觀이라고도 부르고, '패러다임'paradigm이라고도 부릅니다. 오늘 스데반은 이스라엘의 역사를 넷으로 구분합니다.

1) 아브라함과 족장 시대

2) 요셉 시대와 애굽 시대

3) 모세 시대와 광야 시대

4) 다윗과 솔로몬 중심의 왕국 시대

그런데 스데반은 그냥 시간 순서대로 과거에 일어난 사실을 나열하고 있는 것이 아니라, 자신의 관점으로 꼭 필요한 사건들만을 선택합니다. 그리고 자신이 전하고 싶은 논점에 맞게 필요한 단어들을 강조합니다. 이것은 '스데반표 이스라엘 역사'이지 모두가 보편적으로 말할 수 있는 역사가 아닙니다.

이 역사에서 스데반은 두 가지를 강조합니다. 첫째, 율법을 거스른 것은 스데반 자신이나 그가 전하는 예수가 아니라, 지금 자신을 죽이려고 재판하고 있고 그 전에는 예수를 죽였던 종교지도자들과 그들이 존경해 마지 않는 조상들이라는 사실입니다. 스데반에게 이스라엘의 역사는 율법을 거스른 역사였습니다. 둘째, 저 눈에 보이는 건물이 성전의 본질이 아니라는 사실입니다. 하나님은 사람이 지은 건물 안에 물리적으로 계시는 분이 아니라, 당신이 원하시면 어디든 임재하실 수 있는 분, 움직이는 하나님moving God이라고 말합니다. 예수님은 율법과 성전을 파괴하는 존재가 아니라 성전과 율법의 참뜻을 완성하러 오신 분이라고 합니다. 그러니 예수와 스데반 자신이 성전과 율법을 거슬렀다는 종교지도자들의 고소는 틀렸고, 그들이 지금 해야 하는 것은 스데반 자신을 죽이는 것이 아니라, 예수를 죽인 것을 회개하고 자기 자신들을 부인하고 세상적인 정과 욕심을 십자가에 못 박아 죽이는 일이라고 합니다.

아브라함과 족장 시대

먼저 유대인들이 시조로 여기는 아브라함 이야기부터 시작합니다.

"스데반이 이르되 여러분 부형들이여 들으소서 우리 조상 아브라함이 하란에 있기 전 메소보다미아에 있을 때에 영광의 하나님이 그에게 보여 이르시되 네 고향과 친척을 떠나 내가 네게 보일 땅으로 가라 하시니"(사도행전 7:2-3)

스데반은 자기를 재판하는 유대인 권력자들을 "부형들이여"형제들과 아버지들라고 부르며 공의회에 예의를 다하고 있습니다. 또 "우리 조상 아브라함"이라고 하여 역시 재판하는 사람과 피고인 자신을 한 전통 안에서 연결시키고 있습니다. 이것이 설교 전체를 관통하는 스데반의 입장입니다. 그 전통을 어떻게 해석하느냐가 관건일 뿐 단절과 연속의 사안이 아닙니다. 양측 모두 그 전통을 자신들이 잇고 있다고 주장하고 있었습니다.

그런데 하나님이 아브라함에게 나타나신 곳, 임재하신 곳, 함께하신 곳이 '메소보다미아', 즉 갈대아 우르(창 15:7)라고 밝히고 있습니다. 하나님은 예루살렘 성전에만 임재하시는 분이 아니라 우상을 숭배하는 이방 땅에도 임재하셨다는 것입니다. 창세기 12:1-3에서 하란에 나타나신 것도 놀라운데, 그보다 전에, 예루살렘 성전에서 훨씬 더 멀리 떨어진 곳에 나타나셨으며 "하란에 있기 전 메소보다미아에 있을 때에", 당시에 달신을 숭배하던 우상의 땅이요 부정한 땅에 거룩하신 하나님, "영광의 하나님"이 임재하셨다니 놀랍지 않느냐는 투로 말하고 있습니다. 스데반이 하고 싶은 말은 무엇입니까? 영광의 하나님은 영광스런 성전에만 계시지 않고, 어디든 자신이 원하시는 곳이면 나타나실 수 있다는 것입니다. 스데반은 하나님을 "영광의 하나님"이라고 부름으로써 자신이 신성모독을 했다는 고발에 대해서 간접적으로 부인하고 있습니다. 어떻게 하나님을 영광의 하나님으로 예배하면서 동시에 신성모독도 할 수 있느냐는 것입니다.

하나님은 아브라함에게 거기를 떠나 "내가 네게 보일 땅으로 가라"고 명령하셨습니다. 아브라함은 그 말씀에 순종하여 떠납니다. 하란까지 와서는 아버지가 죽을 때까지 거기에 머물다가, 창세기 12:1-3에서 한 번 더 명령을 받고 가나안 땅으로 이주합니다.

> "아브라함이 갈대아 사람의 땅을 떠나 하란에 거하다가 그의 아버지가 죽으매 하나님이 그를 거기서 너희 지금 사는 이 땅으로 옮기셨느니라"(사도

행전 7:4)[32]

그런데 가나안에서 그를 기다린 것은 아브라함 몫으로 보장된 토지가 아니었습니다. 그가 받은 것은 땅 주시겠다는 '약속'뿐이었습니다. 그것도 당장 이뤄질 약속이 아니라 "400년 후에"나 이뤄질 약속이었고, 그것도 타국에서 나그네로 산 후에 성취될 약속이었습니다.

"그러나 여기서 발 붙일 만한 땅도 유업으로 주지 아니하시고 다만 이 땅을 아직 자식도 없는 그와 그의 후손에게 소유로 주신다고 약속하셨으며 하나님이 또 이같이 말씀하시되 그 후손이 다른 땅에서 나그네가 되리니 그 땅 사람들이 종으로 삼아 사백 년 동안을 괴롭게 하리라 하시고 또 이르시되 종 삼는 나라를 내가 심판하리니 그 후에 그들이 나와서 이 곳에서 나를 섬기리라 하시고"(사도행전 7:5-7)

가나안 땅에서 아브라함은 자기 소유의 땅을 소유하지 않았습니다. 아내 사라가 죽었을 때 헤브론 땅에 막벨라 굴과 그 굴이 있는 밭을 샀을 뿐입니다. 스데반은 이 상황을 "발 붙일 만한 땅"도 유업으로 주지 않았다고 표현하고 있습니다. 다만 아브라함이 아니라, 그의 아들과 후손에게는 자기 소유의 땅이 생길 것이라고 약속하셨습니다. 그 자체도 '믿음'을 요구하는 약속이지만, 아브라함의 나이 99세가 될 때까지도 아직 아들이

32 옮겼다(메토키센, μετῴκισεν)는 '정착시켰다'는 뜻으로 신약에 두 번만 나온다(행 7:43).

없었고, 아내 사라의 태도 이미 죽은 상태에서 하신 말씀이니 더욱 큰 믿음이 필요한 약속이었습니다. 여기서 저자는 두 가지를 강조합니다. '땅'과 '자손'이 있어야 하나님의 백성으로 살 수 있는 것은 아니라는 것과, 눈에 보이는 땅과 자손보다 더 중요한 것은 약속에 대한 '믿음'이라는 사실입니다. 팔레스타인 땅의 유대교와 그곳에 있는 성전에 집착하는 유대인들의 고정관념을 그들이 믿음의 조상이라고 추앙하는 아브라함을 통해서 깨뜨리고 있는 겁니다.

이스라엘 백성들이 약속의 땅에 정착하여 살기까지는 사백 년이 걸렸습니다. 랍비들은 이삭이 출생할 때부터 출애굽까지의 기간을 사백 년으로 봅니다. 출애굽기 12:40에서는 430년이라고 말합니다.(갈 3:17) 이스라엘은 이 긴 기간 동안 나그네로 살아야 했습니다. "그 후에 그들이 나와서 이 곳에서 나를 섬기리라 하시고"에서 "이 곳"은 바로 가나안 땅, 혹은 성전이 있는 예루살렘과 시온 산을 가리킵니다. 스데반의 하나님은 자기 백성을 돌보고 해방하고 그들을 위해 약속을 지키시는 분입니다. 스데반은 결코 그 하나님을 향해 신성모독을 하는 사람이 아닙니다. 그런데 아브라함은 어떻게 반응합니까?

> "할례의 언약을 아브라함에게 주셨더니 그가 이삭을 낳아 여드레 만에 할례를 행하고 이삭이 야곱을, 야곱이 우리 열두 조상을 낳으니라"(사도행전 7:8)

아브라함은 믿음으로 자식과 땅에 대한 하나님의 약속을 신뢰합니다. 그 믿음의 반응이 곧 "할례"였습니다. 할례는 하나님 편에서는 아브라함을 언약의 수혜자만이 아니라 언약의 파트너로 부르시는 언약 체결 의식입니다. 생식기의 표피를 자름으로써 생식기 전체를 자르는 것을 상징했습니다. 할례는 이제 하나님의 약속은 인간의 생식 능력이 아니라 하나님의 창조의 능력으로만 이루어진다는 것을 고백하는 의미가 있습니다. 그 믿음으로만 아브라함은 죽음의 태, 불임의 태에서 자녀가 날 것이라고 기대할 수 있었습니다. 그 믿음의 열매로 받은 것이 "이삭"이라는 독생자입니다. 그 믿음은 이삭으로, 이삭에서 야곱으로 이어지고, 다시 야곱의 열두 아들들로 이어졌습니다. 하지만 이 설교를 듣고 있는 유대인들을 향해서는 설교 끝에 "마음과 귀에 할례를 받지 못한 사람들"(행 7:51)이라고 책망합니다. 입술로는 아브라함을 조상이라고 부르지만, 아브라함의 몸의 할례의 전통만 받았을 뿐 그의 믿음의 순종은 따르지 않았다는 뜻입니다.

이 아브라함과 족장들의 이야기는 스데반에게는 앞으로의 역사를 판단하는 기준을 제시해줍니다. 하나님은 어디에서든 자기 백성을 부르실 수 있다는 것입니다. 이방 땅에서 우상숭배 하던 아브라함을 찾아가 부르신 하나님, 모든 역사는 그렇게 하나님의 압도적인 주권과 사랑의 결과이지 결코 인간 편에서의 조건이나 자격으로 시작하는 것이 아님을 스데반은 분명히 말해주고 있습니다. 하지만 우리는 그 하나님의 사랑과 은혜에 믿음으로 반응하도록 부름받은 인격적인 언약의 파트너들입니다. 족장들처럼 바랄 수 없는 중에 바라는 것, 하나님 한 분만 의지한 채 모든 안전의 기반들을 포기하는 것, 비록 400년 후에 이뤄질 약속이라도 꼭 현실이 되리라 믿는 것, 이방 땅의 객이 되고 종이 되는 고난을 통과하더라도 그 약속의 수혜자가 되는 것이 가장 큰 복이라고 믿으면서 기다리는 것, 그것이 하나님께서 바라시는 믿음이라는 것입니다. 그렇게 하나님의 말씀을 신뢰하는 백성이 있는 곳이면 어디든 하나님께서 기쁘게 거하시는 거룩한 성전이 될 수 있다는 사실을 이스라엘은 믿어야 했습니다.

하지만 지금 제2성전기나 스데반 시대에 유대인들은 성전과 율법에 대해서 그렇게 생각하지 않았습니다. 그들 유대인의 자부심은 성전과 율법의 존재 자체였습니다. 그것이 있는 한 자기들은 다른 나라들과 구별된 축복을 받을 것이며, 자신들은 언젠가 그 성전 제사와 율법 준수 때문에 하나님께 의인이라고 인정받을 것이라고 믿었습니다. 성전과 하나님은 동일시되었고, 율법의 소유와 율법의 준수가 동일시되어 버렸습니다. 저 눈에 보이는 성전이 무너지는 것은 하나님이 무너지고 하나님 나라가 무너지는 것이라고 생각했습니다. 하지만 그들은 율법의 정신이나 의도는 생각하지 않은 채 다만 문자 그대로 일점일획이라도 어기는 것이 하나님을 버리는 일이라고만 생각했습니다. 그러나 족장들은 성전이 없을 때도 하나님과 잘 교제하고 소통했습니다. 모세의 율법이 없을 때에도 하나님의 말씀에 순종하여 믿음의 사람이라는 칭송을 받았습니다. 하나님의 축복을 받아 누렸고, 하나님의 약속을 신뢰하며 살았습니다. 스데반의 주장은 그런 점에서 사도 바울의 주장과 너무 닮았습니다. 처음부터 하나님은 율법이 아니라 믿음으로 우리가 의롭게 된다고 바울이 말해왔기 때문입니다.

요셉 시대와 애굽 시대

이제 스데반은 요셉이 애굽의 총리로 있을 때의 역사를 말하기 시작합니다. 그런데 여기서는 아브라함과 족장 시대와 분명히 다른 점이 있습니다. 조상들의 죄악이 구체적으로 언급되기 시작한다는 점입니다. 그럼에도 불구하고 하나님 나라의 역사가 진행되고 하나님의 언약이 폐하여지지 않은 것은 하나님의 압도적인 신실하심 때문임을 특히 강조하고 있습니다.

> "여러 조상이 요셉을 시기하여 애굽에 팔았더니 하나님이 그와 함께 계셔 그 모든 환난에서 건져내사 애굽 왕 바로 앞에서 은총과 지혜를 주시매 바로가 그를 애굽과 자기 온 집의 통치자로 세웠느니라"(사도행전 7:9-10)

요셉을 시기하여 그를 죽음의 땅 애굽으로 몰아낸 이스라엘 조상들의 죄악에도 불구하고 하나님은 요셉과 함께하셔서 오히려 그들의 죄악을 하나님의 약속이 실현되는 일에 사용하셨습니다. 하나님이 열한 명의 이스라엘의 아들들과 함께한 것이 아니라 한 명의 요셉과 함께하셨다는 것은, 절대 다수의 유대인들이 한 명 예수님과 그의 제자들을 시기하고 핍박하는 상황에도 적용될 수 있습니다.

요셉은 형들 때문에 애굽에 팔려왔지만, 하나님은 야곱의 후손들을 살리시려고 요셉을 애굽으로 먼저 보내시는 구원의 역사, 은혜의 역사가 되게 하셨습니다. 야곱의 가족은 애굽으로 내려와 고센 땅에 정착합니다. 요셉의 형들은 그가 죽었다고 생각했지만, 하나님은 그를 애굽과 바로의 온 집의 통치자로 삼으셨습니다. 이것은 이스라엘은 예수를 죽였지만, 하나님께서 그를 살려 임금과 구주로 삼아 메시아를 죽인 자들조차도 구원하려고 하신 것과 같습니다. 고센은 하나님께서 400년 동안 이스라엘 백성들을 생육하고 번성하게 하시려고 마련해주신 애굽에서의 임시거처였습니다.

그렇습니다. 이 형들의 시기는 분명 예수님을 향해 음모를 꾸민 유대 지도자들을 떠올리고(행 2:23, 36; 3:13-15; 4:10-11; 5:30), 요셉은 부활하여 왕이 되신 예수님과 또한 유대 지도자들의 시기에도 불구하고 예수님을 따르는 사람들을 떠올립니다.(행 5:17; 13:45; 17:5) 예수님은 하나님께 지혜와 은총을 입어 하나님 나라의 통치자가 되셨고, 그 제자들이 이제 그 은총과 지혜를 받아 통치를 이어받고 있습니다.

애굽은 거룩한 땅이 아닙니다. 하지만 하나님은 그곳으로 자기 백성들을 인도하셨습니다. 그들을 가나안 땅에서 애굽으로 옮기는 데 쓰신 두 가지 방법은 '기근'과 요셉을 총리로 먼저 보내신 것이었습니다.

> "그때에 애굽과 가나안 온 땅에 흉년이 들어 큰 환난이 있을새 우리 조상들이 양식이 없는지라 야곱이 애굽에 곡식 있다는 말을 듣고 먼저 우리 조상들을 보내고 또 재차 보내매 요셉이 자기 형제들에게 알려지게 되고 또 요셉의 친족이 바로에게 드러나게 되니라 요셉이 사람을 보내어 그의 아버지 야곱과 온 친족 일흔다섯 사람을 청하였더니"(사도행전 7:11-14)

애굽의 요셉과 함께하시는 하나님께서 야곱의 가족들을 당신이 있는 애굽으로 내려오게 하셨습니다. 하나님이 함께하시니 이방 땅 애굽이 거룩한 땅이 되었습니다. 그리고 거기서 하나님이 주신 복을 누렸습니다. 하나님께서는 이방 땅인데도 자기 백성과 함께하시겠다는 약속을 신실하게 이루셨습니다. 애굽 땅 고센이 하나님의 성소였고 성전이었던 것입니다. 하나님의 약속을 기억하고, 하나님의 인도하심에 순종하는 백성들, 애굽에 살지만 애굽을 따라 살지 않는 거룩한 백성들 안에 주님은 성소가 있기 전부터 이미 임재하여 영광을 받으셨습니다. 애굽 제국도 하나님의 피조물이며, 하나님이 다스리시고 임재하시는 성전이 된 것입니다.

야곱은 애굽에 있는 동안 죽었지만 그의 시신은 가나안 땅에 묻혔습니다.

> "야곱이 애굽으로 내려가 자기와 우리 조상들이 거기서 죽고 세겜으로 옮겨져 아브라함이 세겜 하몰의 자손에게서 은으로 값 주고 산 무덤에 장사되니라" (사도행전 7:15-16)

이 번역만으로는 마치 야곱이 세겜에 묻힌 것으로 오해할 수 있는데, 새번역은 이를 바로잡아주고 있습니다.

> "야곱이 이집트로 내려가서, 그도 거기서 살다가 죽고, 우리 조상들도 살다가 죽었습니다. 그리고 그들의 유해는 나중에 세겜으로 옮겨서, 전에 아브라함이 세겜의 하몰 자손에게서 은을 주고 산 무덤에 묻었습니다."(사도행전 7:15-16, 새번역)

우리가 아는 대로 야곱은 아브라함과 이삭과 함께 가족묘지인 헤브론의 막벨라 굴에 묻혔습니다. 반면에 야곱의 아들 요셉은 그의 유언대로 분배받은 그 지파의 땅인 세겜에 매장되었는데, 요셉의 유언은 이 땅 가나안으로 돌아오게 하겠다고 하신 하나님의 약속을 향한 믿음의 표현이었습니다. 여호수아서는 요셉의 뼈가 세겜에 이장되었다는 소식으로 마무리되고 있습니다.

> "또 이스라엘 자손이 애굽에서 가져 온 요셉의 뼈를 세겜에 장사하였으니 이곳은 야곱이 백 크시타를 주고 세겜의 아버지 하몰의 자손들에게서 산 밭이라 그것이 요셉 자손의 기업이 되었더라"(여호수아 24:32)

모세 시대와 광야 시대

그렇게 400년이 흘렀습니다. 생육하고 번성케 하시겠다는 하나님의 약속은 실현되었을까요? 스데반은 모세 시대와 출애굽, 그리고 광야 시대를 언급하기 전에 애굽에서 400년 있는 동안 이스라엘 안에 어떤 변화가 일어났는지를 17절에서 말해줍니다. 그리고 18절에서는 그 결과 애굽이 이스라엘을 어떻게 생각하게 되었는지를 소개하고 있습니다.

> "하나님이 아브라함에게 약속하신 때가 가까우매 이스라엘 백성이 애굽에서 번성하여 많아졌더니 요셉을 알지 못하는 새 임금이 애굽 왕위에 오르매 그가 우리 족속에게 교활한 방법을 써서 조상들을 괴롭게 하여 그 어린 아이들을 내버려 살지 못하게 하려 할새"(사도행전 7:17-19)

하나님이 가나안 땅을 주시겠다고 약속하신 때가 가까울수록 하늘의 별과 같이, 바다의 모래와 같이 많은 자손을 주시겠다는 약속은 분명하게 성취되었습니다. 스데반의 하나님은 약속을 지키시는 신실한 분입니다. 이런 하나님을 고백하는 스데반은 결코 신성모독을 하는 사람일 수 없습니다.

요셉을 알지 못하는 애굽 왕 바로가 등장하여 이 번성하여 많아진 이스라엘 백성들을 위협거리로 여길 정도가 되었습니다. 그들의 두려움과 불안은 이스라엘의 어린 아이들을 죽이는 것으로 나타납니다. 그들이 쓴 교활한 방법은 무엇일까요? 이스라엘 부모들에게 아이를 버리게 함으로써 부모들도 유아살해의 공범자로 만드는 것이었습니다. 이스라엘 백성들을 향한 애굽의 박해는 예수의 제자들을 향한 로마나 유대교의 박해로 재현되고 있습니다.

이제 이스라엘이 애굽을 떠날 때가 되었습니다. 스데반은 "모세"가 등장할 배경을 제시하고 있습니다. 그런데 우리가 아는 모세는 구원자이고 이스라엘 백성들과 하나님 간의 언약 체결을 중재한 사람입니다. 이를 위해 그는 하나님께 율법을 받아 이스라엘에게 전달했습니다.

> "그 때에 모세가 났는데 하나님 보시기에 아름다운지라 그의 아버지의 집에서 석 달 동안 길리더니 버려진 후에 바로의 딸이 그를 데려다가 자기 아들로 기르매 모세가 애굽 사람의 모든 지혜를 배워 그의 말과 하는 일들이 능하더라" (사도행전 7:20-22)

모세에 대한 묘사 "하나님 보시기에 아름다운지라"와 그의 자질 "애굽의 모든 지혜를 배움", "그의 말과 하는 일이 능하더라"은 구원자 예수처럼 그 역시 하나님이 세우신 구원자 자격을 완전하게 갖추었음을 보여줍니다. 그럼에도 이스라엘 백성들이 그를 거부하였다는 것은 핑계할 수 없는 불순종이라고 스데반은 말하고 싶은 겁니다. 하물며 모세보다 더 뛰어난 지혜(눅

2:40, 52)와 능력을 갖추고(눅 24:19) 하나님의 때에 오신(눅 2:1-2) 예수를 거절한 이스라엘의 죄는 더욱 변명의 여지가 없습니다.

한편으로 애굽의 바로는 이스라엘 백성들을 박해하는 자로 등장하지만, 다른 한편으로 바로의 딸은 모세를 데려다가 지혜를 가르치고 길러준 자로 나옵니다. 더 나아가 모세가 애굽을 떠나 미디안으로 도망한 것은 이스라엘 백성들 때문이었지 애굽의 바로 때문이 아니었다고 말합니다.(행 7:28-29; 출 2:14) 스데반의 눈에는 하나님을 믿는다고 하는 이스라엘 백성들이 오히려 하나님을 모르는 이방인들보다 더 불순종하고 악한 사람으로 보였던 것입니다. 이스라엘 백성들은 하나님이 모세를 통해 베푸시는 구원을 보지 못했고(행 7:25), 모세를 밀어뜨렸고(행 7:27-28), 모세가 미디안으로 도망하게 했고(행 7:29), 모세를 하나님이 보내신 지도자와 구원자로 받아들이기를 거부하였고(행 7:35), 금송아지를 만들어 예배한(행 7:40-41) 자들로 묘사되고 있습니다.

스데반은 모세를 묘사할 때도 우리가 이미 잘 알고 있고 늘 기대되는 모세의 모습으로 강조하지 않습니다. 그 대신 그간 사람들이 주목하여 보지 못했지만, 절대 간과할 수 없는 모세의 역할을 보게 해줍니다. 그것은 두 가지입니다. 첫째, 그는 이스라엘의 우상숭배와 철저하게 맞서 싸운 지도자입니다. 그러므로 하고 싶은 말은 분명합니다. 이스라엘은 구원받을 자격이 있어서 선민이 된 것이 아니라는 것입니다. 선민으로 부름 받았어도 하나님을 버리고 우상을 숭배한 자들은 모두 심판을 받았다는 것입니다. 그러니 처음부터 당연한 것은 없고 기계적인 축복은 없다고 말하고 싶은 것입니다. 둘째, 모세는 자신이 그림자인 줄 알았고, 그래서 실체가 되신 분을 예언하였습니다. 자신은 과도기적인 존재일 뿐이고 이 언약을 궁극적으로 이루실 분이 오실 것이라고 예언했습니다. 스데반은 예수님이 그 모세가 예언한 바로 그 메시아라고 말하고 있습니다. 그러니 예수께서 모세의 율법을 완성하셨고 모세가 만든 성소를 완성하셨다고 말씀하신 것이 참람한 말, 신성모독 하는 말이 될 수 없다고 주장하는 것입니다.

하나님은 모세를 구원자로 정하시고 그를 바로의 궁에서, 적진의 심장부에서 자라게 하셨습니다. 스스로 깨달았는지 혹은 하나님께서 부르셨는지는 몰라도, 모세는 400년 전에 하나님께서 약속하신 그 출애굽과 가나안행을 성취하는 사명을 받은 자는 다름아닌 자신이라고 생각했습니다. 바로의 궁정에서 자랐지만, 자신이 이스라엘 자손이고 그들에게 속한 형제라는 사실은 잊지 않았습니다. 40세의 모세는 이스라엘 백성들의 고통을 돌볼 생각을 했습니다. 그들도 자기처럼 하나님이 약속하신 구원의 때, 애굽에서 나오게 하시겠다는 약속을 기억하고 있을 것이라고 생각했습니다. 모세는 하나님께서 그 출애굽과 가나안 땅을 향한 행진의 대역사를 모세 자신을 통해서 이루기를 원하신다는 것을 알려주기 위해서 어떤 일을 벌입니까? 그런데 그 결과는 어떠했습니까?

> "나이가 사십이 되매 그 형제 이스라엘 자손을 돌볼 생각이 나더니 한 사람이 원통한 일 당함을 보고 보호하여 압제 받는 자를 위하여 원수를 갚아 애굽 사람을 쳐 죽이니라 그는 그의 형제들이 하나님께서 자기의 손을 통하여 구원해 주시는 것을 깨달으리라고 생각하였으나 그들이 깨닫지 못하였더라"(사도행전 7:23-25)

모세는 준비되었지만, 이스라엘이 준비되지 않았습니다. 이스라엘은 하나님이 보내신 구원자 모세를 인정하지 않았습니다. 모세는 충동적으로 애굽 사람을 죽인 것이 아닙니다. 바로의 궁에서 자란 모세가 히브리 사람을 괴롭히는 애굽 관원을 죽이면, 그것이 끓어오르는 해방과 구원 열망에 불을 지피는 사건이 될 것이라고 기대했습니다. 하지만 "그들이 깨닫지 못하였"습니다. 그들이 이런 모세의 의도를 깨닫지 못했음을 보여주는 결정적인 사건이 벌어집니다.

"이튿날 이스라엘 사람끼리 싸울 때에 모세가 와서 화해시키려 하여 이르되 너희는 형제인데 어찌 서로 해치느냐 하니 그 동무를 해치는 사람이 모세를 밀어뜨려 이르되 누가 너를 관리와 재판장으로 우리 위에 세웠느냐 네가 어제는 애굽 사람을 죽임과 같이 또 나를 죽이려느냐 하니 모세가 이 말 때문에 도주하여 미디안 땅에서 나그네 되어 거기서 아들 둘을 낳으니라"(사도행전 7:26-29)

이스라엘 사람들끼리 싸우고 있는 곳에서 모세가 중재를 하려고 했지만, 그들은 모세의 권위를 전혀 인정하지 않았습니다. "누가 너를 관리와 재판장으로 우리 위에 세웠느냐?" 도리어 그가 자기 동족을 위하여 애굽 관원을 죽인 일을 폭로하겠다는 식으로 위협했습니다. "네가 어제는 애굽 사람을 죽임과 같이 또 나를 죽이려느냐?" 애굽의 왕자가 관원 하나 죽였다고 처벌이 두려워 도망했을 리가 없습니다. 신적인 존재로 군림하던 바로 왕의 지위를 생각하면 더욱 그렇습니다. 이는 아마도 모세의 거사 계획이 애굽 사람들에게 알려질 것이라고 판단했을 가능성이 더 큽니다. 아무리 애굽의 왕자라고 해도 수많은 이스라엘 사람들을 탈출시키려 한다는 혐의를 받는다면 안전하게 살아남을 수 없었을 것입니다. 그래서 모세는 미디안 광야로 도망합니다. 자신들을 구원하러 온 예수를 거절한 유대인들처럼, 그들의 조상들도 구원자 모세를 배척하였기에 하나님은 자신의 구원 약속을 그 무렵에는 이루실 수 없었습니다.(행 7:23-29)

아마 여기까지 듣고는 산헤드린 공의회 의원들의 얼굴이 어두워지고 굳어졌을 것입니다. 그들에게도 모세는 위대한 영웅입니다. 그 영웅의 영도 아래 일사천리로 출애굽이 이루어졌다는 식으로 역사를 쓰고 싶었을 것입니다. 하지만 그 출애굽의 과정에는 이렇게 이스라엘의 불순종 때문에 지연되고 방해되고 거절당한 뼈아픈 40년의 시간이 있었다는 사실을 스데반은 지적합니다. 모세의 율법을 금지옥엽처럼 소중히 간직하고 금과옥조처럼 지키려고 애쓰던 이스라엘 백성들이 그 위대한 영웅을 몰라본 시절이 있었습니다. 강대국 애굽 앞에서 여호와를 신뢰하지 못했고, 그분의 구원 약속을 망각하고 있었습니다. 그런데 그 불순종의 역사가 그때만의 일이 스데반 앞에 있는 유대인들도 교만하여 구원자를 거절했고, 여전히 그 구원의 복음을 거절하고 있는 중이었습니다.

모세는 40년 동안 미디안 광야에서 양치기로 지내야 했습니다. 그런데 모세가 80살이 되었을 때, 약속을 다 잊으신 줄 알았던 하나님께서, 이젠 더는 이스라엘에게는 구원의 소망이 없다고 여기고 있던 모세에게 찾아가셨습니다.

"사십 년이 차매 천사가 시내 산 광야 가시나무 떨기 불꽃 가운데서 그에게 보이거늘 모세가 그 광경을 보고 놀랍게 여겨 알아보려고 가까이 가니 주의 소리가 있어 나는 네 조상의 하나님 즉 아브라함과 이삭과 야곱의 하나님이라 하신대 모세가 무서워 감히 바라보지 못하더라 주께서 이르시되 네 발의 신을 벗으라 네가 서 있는 곳은 거룩한 땅이니라"(사도행전 7:30-33)

그런데 하나님이 찾아가 임재하신 곳은 이번에도 성전이 있는 예루살렘이 아니었습니다. 미디안 광야였습니다. 성전에서 제사를 지내는 모세가 아니라 양치는 모세에게 찾아가셨습니다. 하나님이 임재하시니 그곳이 거룩한 땅이 되었습니다. 따라서 "네 발의 신을 벗으라"는 명령은 하나님이 임재하신 이 땅과 하나님의 거룩하심을 인정하라는 뜻입니다. 하나님은 거룩하심을 인정하고 주권을 인정하는 백성이 있는 곳이면 어디든 성전으로 삼으실 수 있는 분입니다. 우리가 거룩하신 하나님의 임재 앞에서 신을 벗는 겸비한 마음으로 산다면, 교회만이 아니라, 우리 가정이, 우리 직장이, 우리 학교가 하나님의 성전이 될 수 있습니다. 예루살렘 성전만이 거룩한 곳은 아닙니다. 여호와께서 떠난 성전은 빈 공간space 일 뿐 만남이 있는 장소place 가 아닙니다.

그런데 하나님은 미디안 광야만 찾아가신 것이 아닙니다. 애굽에도 찾아가셨습니다. 구원이 필요 없다고, 종으로 지내더라도 배부르기만 하면 된다고 여겼던, 그 이스라엘 백성들이 있는 곳으로 찾아가셨습니다. 자신들의 판단이 얼마나 잘못되었는지를 깨닫고 울부짖는 백성의 소리를 들으시고 찾아가셨습니다. 하나님이 찾아가시자 그곳이 성전이 되었습니다. 성전은 "만민의 기도하는 집"입니다. 성전이 있는 곳을 향하여 기도하면 주께서 들어주시겠다고 약속하셨습니다. 이제 주님을 향하여 기도하는 곳이면 어디든 오늘도 주님은 당신의 성전으로 삼아서 임재하실 것이고, 우리의 울부짖음뿐 아니라 탄식과 속엣말까지 들어주실 것입니다.

하나님은 자신이 모세에게 찾아온 이유를 이렇게 말씀하십니다.

> "내 백성이 애굽에서 괴로움 받음을 내가 확실히 보고 그 탄식하는 소리를 듣고 그들을 구원하려고 내려왔노니 이제 내가 너를 애굽으로 보내리라 하시니라"(사도행전 7:34)

이 대목에서 스데반은 그냥 넘어가지 않고 이 모세가 누구인지, 그가 한 일이 무엇인지를 이렇게 설명합니다.

> "그들의 말이 누가 너를 관리와 재판장으로 세웠느냐 하며 거절하던 그 모세를 하나님은 가시나무 떨기 가운데서 보이던 천사의 손으로 관리와 속량하는 자로서 보내셨으니 이 사람이 백성을 인도하여 나오게 하고 애굽과 홍해와 광야에서 사십 년간 기사와 표적을 행하였느니라"(사도행전 7:35-36)

특별히 스데반이 모세를 이스라엘이 "거절하던 그 모세"라고 소개하는 것에 주목해야 합니다. 스데반은, 이스라엘은 거절했지만 하나님께서 모세를 설득하여 예수님처럼(눅 2:38) 속량하는 자로 보내셨다고 강조합니다. 출애굽을 하고 광야 400년을 지나는 동안 기사와 표적으로 이 백성을 인도하신 것은 여호와 하나님의 권능과 자비와 신실함 때문이었을 뿐 이스라엘의 순종 때문이 아니었습니다. 그렇게 이스라엘의 거절과 반역에 하나님께서 은혜와 자비로 응수하신 역사는 이스라엘이 태동할 때부터 시종여일 변하지 않는 패턴이었습니다. 유대인들에 의한 예수의 죽음과 하나님에 의한 그분의 부활과 승천과 성령을 보내심 또한 그 패턴의 재현일 뿐이라는 것이 스데반의 논지입니다. 예수는 신성모독적인 말을 하여 죽어 마땅했던 자가 아니라, 자기 백성을 속량하기 위해 모세처럼 보냄 받아 "임금과 구주"(행 5:31)가 되신 분인데, 이스라엘이 모세를 거절하듯 예수를 거절한 것입니다. 모세처럼 예수도 많은 기사와 표적으로(행 2:22) 자신이 새 출애굽new exodus을 통해 자기 백성을 사망에서 생명으로 이끌 "속량하는 자"임을 보여주셨습니다.

또 다른 선지자를 예언한 모세

그런데 모세는 속량하고 기적을 베푸는 자 이상이었습니다. 그는 선지자이기도 했습니다. 모세는 자신이 아브라함의 언약을 이루는 궁극적인 하나님 나라의 성취자라고 생각하지 않았습니다. 출애굽이 언약의 완성이 아닌 것을 알았습니다. 그는 또 한 사람의 진정한 구원자를 소개했습니다.

> "이스라엘 자손에 대하여 하나님이 너희 형제 가운데서 나와 같은 선지자를 세우리라 하던 자가 곧 이 모세라"(사도행전 7:37)

스데반을 재판하는 자들도 모세가 예언한 이 "나와 같은 선지자"가 언젠가 오실 메시아라고 믿고 있었습니다. 그가 오시면 이스라엘을 이방나라 로마의 압제에서 해방시키고 저 성전도 청결하게 할 것이라고 믿고 있었습니다. 그때 율법과 성전에 충실한 자들은 의인으로 인정받을 것이고, 율법과 성전과 상관없이 사는 자들은 악인으로서 심판을 받을 것이라고 믿었습니다. 그런데 스데반은 모세가 예언한 "나와 같은 선지자"가 예수라고 암시하고 있는 것입니다. 그러니 스데반은 예수가 모세의 율법을 성취하였다는 자신의 주장이 결코 모세의 율법을 거스르는 것이 아니라고 말하고 싶은 것입니다.

광야 교회를 인도한 모세

모세의 역할은 여기서 그치지 않았습니다. 미디안 광야에서 나타났던 천사, 그리고 시내 산에서 언약을 체결하면서 나타났던 하나님의 그 천사가 이제 광야에서도 모세와 또 이스라엘 백성과 함께했다고 스데반은 말합니다.

> "시내 산에서 말하던 그 천사와 우리 조상들과 함께 광야 교회에 있었고 또 살아 있는 말씀을 받아 우리에게 주던 자가 이 사람이라"(사도행전 7:38)

이 문장은 "이 사람이라"후토스, οὗτος가 문장 맨 먼저 나와서 모세를 강조하고 있습니다. 율법의 중재자로서의 모세의 역할을 강조하고 있습니다. 이것 역시 구약에 대한 스데반만의 독특한 해석입니다. 그런데 모세를 수식하는 표현들이 여럿 있습니다.

1) 모세는 광야에 있었습니다.엔 테 에레모, ἐν τῇ ἐρήμῳ

2) 그는 교회에 회중 가운데, 엔 테 에클레시아, ἐν τῇ ἐκκλησίᾳ 있었습니다.[33]

---

33 이 단어 에클레시아가 신약의 통상적인 의미인 교회를 뜻하지 않고 광야에서 집회나 총회를 형성한 유대인의 모임을 가리킬 뿐이라고 보기도 하지만, 스데반이-혹은 저자 누가가-이 단어를 쓴 것이 우연은 아닐 것이다. 모세가 하나님의 말씀을 받아 함께한 광야의 이스라엘 공동체와 현재의 교회를 연결하려는 누가의 의도가 다분할 것이다.

3) 그는 천사와 함께 있었습니다.메타 투 앙겔루, μετὰ τοῦ ἀγγέλου

4) 그는 살아있는 말씀을 받아 우리에게 주었습니다.

이것이 스데반의 고백입니다. 그런 스데반은 모세를 거슬러 신성모독 했다는 자신을 향한 고발(행 6:11)을 인정할 수 없었습니다. 그에게 하나님이 모세에게 주신 말씀은 생명의 말씀입니다. 여기 "우리에게"헤민, ἡμῖν로 번역했지만 원문일 가능성이 더 큰 것은 '너희에게'휘민, ὑμῖν입니다. 생명의 말씀을 받고도 거절한 그 광야 이스라엘 백성과 스데반을 공격하고 예수를 죽였던 유대인들을 동일시하고, 스데반 자신과는 거리를 두는 표현이 '너희에게'입니다.

스데반이 모세를 이런 식으로 묘사하면서 의도한 것이 하나 더 있습니다. 광야에 성막이 있었습니다. 그런데 하나님의 사자가 함께하니메타 투 앵겔루, μετὰ τοῦ ἀγγέλου, 그곳이 바로 '교회'에클레시아, ἐκκλησία라고 말하고 있습니다. 그렇다면 스데반은 지금도 저 건물로서의 성전이 아니라 하나님의 성령이 함께하고 부활하신 예수 그리스도의 몸이 된 "교회"가 바로 하나님이 임재하시는 참 성전이 될 수 있다고 말하는 것입니다.

이스라엘의 불순종

그렇게 자격 없는 자들에게 구원을 베푸셨고 광야를 지날 때도 동행해 주셨으면, 이스라엘은 마땅히 어떻게 반응해야 했습니까? 시내 산에서 맺은 언약에 충실해야 마땅합니다. 생명의 말씀인 토라에 순종해야 마땅합니다. 그 공동체 자체가 성전이 되어야 했습니다. 그런데 이스라엘은 어떻게 반응했습니까?

"우리 조상들이 모세에게 복종하지 아니하고자 하여 거절하며 그 마음이 도리어 애굽으로 향하여 아론더러 이르되 우리를 인도할 신들을 우리를 위하여 만들라 애굽 땅에서 우리를 인도하던 이 모세는 어떻게 되었는지 알지 못하노라 하고 그때에 그들이 송아지를 만들어 그 우상 앞에 제사하며 자기 손으로 만든 것을 기뻐하더니"(사도행전 7:39-41)

구원을 거절한 자들을 구원해 주셨습니다. 도저히 믿기지 않는 구원을 애굽과 홍해에서 경험했습니다. 그런데도 이스라엘 백성들은 하나님의 종 모세에게 복종하지 않고 거절합니다. 하나님의 생명의 말씀을 어겼습니다. 하나님의 통치를 거절하고 구원자를 외면한 채 도리어 그들이 기적적으로 빠져나온 그 애굽으로 다시 돌아가겠다고 아우성쳤습니다.(민 14:2-3) 그들의 불순종이 얼마나 진심이었는지를 스데반은 "그 마음이엔 타이스 카르디아스 아우톤, ἐν ταῖς καρδίαις αὐτῶν 애굽으로 향했다"라는 말로 표현합니다. 그렇게 한 자들이 "우리 조상들"오히 파테레스 헤몬, οἱ πατέρες ἡμῶν 이라고 함으로써 그들과 현재 예수를 죽이고 스데반을 고소한 유대인들을 연결시키고 있습니다.

애굽으로 향하던 이스라엘의 마음이 잦아들지 않고 그들은 결국 광야에서 우상으로 향했습니다. 광야에서 애굽을 재현한 것입니다. 몸은 애굽을 떠나 모세와 같이 있었지만 마음은 애굽에 있었습니다. 하나님이 아니라 우상에게 마음을 내주었습니다. 그 결과 모세가 눈앞에서 사라지자 황금송아지 우상을 만들어 섬겼습니다. 그들이 모세를 얼마나 하찮게 여겼는지를 직접 인용된 그들의 말에서 찾아볼 수 있습니다.

"아론더러 이르되 우리를 인도할 신들을 우리를 위하여 만들라 애굽 땅에서 우리를 인도하던 이 모세는 어떻게 되었는지 알지 못하노라 하고"(사도행전 7:40)

"이 모세"는 '이 작자 모세'라고 옮겨야 적절한 비하하는 표현입니다. 이는 그를 통해 행하신 하나님의 속량을 아무것도 아닌 것으로 만드는 불경한 태도였습니다. 그들에게는 지금 시내 산에 올라가 모세가 받고 있는 '율법'이 전혀 기다림의 대상이 아니었습니다. 하나님의 말씀을 기다려 받느니 차라리 자기들을 위해 다른 신을 만드는 편을 선택합니다. "그때에 그들이 송아지를 만들어 그 우상 앞에 제사하며 자기 손으로 만든 것을 기뻐하더니." 여기 '기뻐하다' 유프파이논토, εὐφραίνοντο 동사가 미완료 시제인 것을 볼 때 그들의 자축은 한참 동안 이어진 것으로 보입니다. 하나님은 기뻐하시지 않는데, 그들은 자축하고 있었습니다.

하나님의 심판

자신들을 창조하신 하나님을 버리고 자기들의 손으로 만든 것을 기뻐한 사람들을 향해 하나님께서는 등을 돌리셨습니다. 그런데 그 하나님이 선택하신 심판 방식이 충격적입니다.

"하나님이 외면하사 그들을 그 하늘의 군대 섬기는 일에 버려 두셨으니"(사도행전 7:42a)

하나님의 선택은 "버려 두시는 것" 파레도켄, παρέδωκεν 이었습니다.(롬

1:24, 26, 28) 그래서 그들이 선택한 것의 결과를 그들이 취하고 노예가 되게 하시는 것이었습니다. 그러자 이스라엘 백성들은 황금송아지뿐 아니라 하늘의 군대, 즉 해와 달과 별들도 섬기기 시작했습니다. 광야 40년은 우상 숭배의 40년이라고 해도 과언이 아닐 정도로 불순종의 시간이었습니다. 스데반은 아모스 선지자의 말을 인용하면서(암 5:25-27) 이렇게 탄식합니다.

> "이는 선지자의 책에 기록된 바 이스라엘의 집이여 너희가 광야에서 사십 년간 희생과 제물을 내게 드린 일이 있었느냐 몰록의 장막과 신 레판의 별을 받들었음이여 이것은 너희가 절하고자 하여 만든 형상이로다"(사도행전 7:42b-43a)

이스라엘 백성들이 광야에서 아무리 많은 희생 제물을 드렸더라도 우상숭배와 함께 바친 그 예배를 하나님은 받지 않으셨다고 합니다. "내게 드린 일이 있었느냐?"라는 질문은 부정을 나타내는 부정사 '메'μή로 시작하는데, 이는 부정적인 대답을 기대하는 수사적 질문입니다. 이스라엘 중 일부가 실수한 것이 아니라, 하나님은 단 한 번도 제물을 받아본 적이 없다면서 과장하여 말씀하십니다. 그들의 마음에는 하나님이 아니라 황금송아지 같은 우상들만 가득했기 때문입니다. 이스라엘의 반역은 예외적인 일이 아니었습니다. 그것은 메시아 예수를 죽인 스데반의 시대까지 변함없이 이어져 왔다는 것이 그의 논지입니다. 따라서 이제 그들은 선민이요 의인으로서 메시아만 오시면 구원을 받을 만반의 준비가 된 자들이 아니라, 가장 먼저 심판을 받을 대상임을 알아야 했습니다. 그들은 가나안-페니키아의 하늘과 태양신인 몰록에게 예배했고, 애굽의 태양신 레판Rephan도 섬겼습니다. '증거의 장막'(행 7:44)에 계시는 하나님 대신에게 '몰록의 장막'에 있는 이방 신에게 제사했습니다. 황금송아지를 정성껏 만들었듯이, 원할 때마다 예배할 형상을 만들었습니다. 하나님이 주신 창조성을 하나님 대신에 우상을 창조하는 일에 사용했습니다.

급기야 하나님은 애굽을 향한 마음으로 일관한 이스라엘에게 어떤 결정을 내리십니까?

"내가 너희를 바벨론 밖으로 옮기리라"(사도행전 7:43b)

지금 스데반은 자신을 고소하는 자들이 절대 떠올리고 싶지 않는 사건을 거론하고 있습니다. 바벨론의 포로가 된 것은 이스라엘이 군사적으로 약해서 진 사건이 아니라, 그들의 우상숭배를 하나님이 더는 참으실 수 없었기 때문에 내리신 심판이었다고 밝힙니다. 그때 안전의 보루로 삼았던 성전마저 유린당하고 훼파되었습니다. 지금 스데반을 재판하는 자들은 그 포로기를 여전히 보내고 있는 중입니다. 스데반 시대의 유대인들은, 몸은 바벨론에서 돌아왔지만 영적으로는 아직도 포로상태에 있다고 생각했습니다. 그래서 하나님이 바벨론 대신에 로마의 지배 아래 두셨다고 생각했습니다. 메시아가 오신다는 것은 바로 그 영적인 용서의 시간이 되었다는 뜻으로 여겼습니다.

스데반은 지금 왜 하나님이 영적인 포로기에 이 시대를 두셨는지 돌아보라고 도전하고 있는 것입니다. 선민으로서 율법의 정신에 충실하고 하나님이 기뻐하시는 대로 성전 제사를 드렸다면 이런 심판을 내리지 않으셨을 겁니다. 충분히 돌이켰다면 바벨론과 같은 로마에게 지금껏 지배당하는 일은 그쳤을 것입니다. 따라서 스데반은 지금은 회개의 때라고 말하고 싶은 것입니다. 수많은 선지자들을 보냈고, 구약의 마지막 선지자인 세례 요한을 보내서 회개를 촉구하셨습니다. 그리고 "때가 차매" 모세를 보내셨듯이, 이제 "때가 차매" 제2의 모세를 통해서 제2의 출애굽을 하시려고 하나님께서는 아들 예수를 구원자로 보내셨습니다. 모세가 "자기와 같은 선지자"라고 말했던 그 메시아가 오신 것입니다. 새 언약을 맺어서 새 이스라엘을 창조하려고 오셨습니다.

그런데 또 이스라엘은 어떻게 했습니까? 어떻게 하고 있습니까? 모세를 집요하게 거절하고 반대하였듯이 예수님을 거절하고 죽였습니다. 그런데 하나님께서 예수를 살려서 이 사도들을 통해서 구원의 복음을 전하게 하셨습니다. 그런데 유대인들은 다시 이 제자들마저도 죽이려고 스데반을 재판하고 있는 것입니다. 스데반이 선지자의 계열에서 하나님의 말씀을 전하고 있다면, 유대 당국자들은 선지자들을 죽인 조상들의 계열에 속하여 하나님의 말씀을 거역하고 있었던 것입니다.

사랑하는 여러분, 우리는 어느 대열에 속해 있습니까? 주님은 이스라엘이 광야에서 그렇게 많은 제물을 드려 예배를 드렸는데도, 그들이 한 번도 제대로 희생과 제물을 드린 적이 없다고 평가하십니다. 우리에게도 두려운 말씀입니다. 주님은 우리 자신을 산 제물로 받기 원하십니다. 우리의 마음을 받기를 원하십니다. 애굽을 향한 마음으로는, 나를 위해 하나님 형상을 만드는 동안에는, 내가 드린 어떤 예배도 받으실 수 없습니다. 주께 드린 것이 아니기 때문입니다. 창조와 구원에 대해 감사하는 마음으로 드린 것이 아니기 때문입니다. 숱하게 경고하셨는데도 듣지 않으면, '바벨론으로 옮기겠다' 고 하실 것입니다. '촛대를 옮기겠다' 고 하실 것입니다. 우리 시대의 교회가 점점 바벨론을 향하여 이동하고 있는 것은 아닌지 두렵습니다.

다윗과 솔로몬 중심의 왕국 시대

여기서 우리는 스데반의 연설이 광야 시대 이야기에서 갑자기 바벨론 포로의 심판 시대 이야기로 넘어간 것을 알 수 있습니다. 그 말은 무엇을 가리킵니까? 광야에서 우상숭배 하던 이스라엘 백성들의 모습이 가나안 땅에 들어가서도 바뀌지 않았다는 것입니다. 광야에서는 성막이 있었지만, 가나안 땅에 정착해서는 성전을 주셨습니다. 하지만 성막과 성전의 존재가 그들의 거룩함과 안전을 보장해주지 않았습니다. 성전이 있고 토라가 있다고 해서 그것들이 그들을 거룩하게 만들거나 안전하게 지켜주지 못했습니다. 왜 그렇습니까? 하나님은 성막 안에만 거하시지 않고 성전 안에만 거하시지 않기 때문입니다. 성막이나 성전은 하나님께서 이스라엘과 함께하신다는 것을 보여주는 가시적인 증거입니다. 그것들은 하나님께서 이스라엘에게 얼마나 세상과 구별된 '거룩함' 을 요구하시는지를 보여주며, 하나님께서 이스라엘 백성들을 얼마나 사랑하시고 또 용서하시며 자비를 베풀기 원하시는지 보여줍니다. 성막이나 성전은 하나님께서 이스라엘과 얼마나 친밀하게 교제하기 원하시는지를 보여줍니다. 그것이 건물보다 더 본질적이고 중요한 것들입니다. 건물이 없어도 주님은 함께하셨습니다. 이방 땅에서도 하나님은 이스라엘의 하나님이셨습니다. 건물이 없어도 주님은 영광을 받으셨습니다. 성막이나 성전은 하나님의 겸손한 자기표현입니다. 내재의 하나님이 되시기 위한 낮추심이요 인간을 배려한 조치입니다. 훗날 친히 성전이 되기 위해 인간의 몸으로 성육신 하신 예수님처럼, 구약의 방식으로 하나님께서 자기를 낮추어 인간에게 다가오신 표현이 성전입니다. 그 건물이 이스라엘에 있다고 해서 그 나라가 안전해지고 그 백성이 절로 거룩할 것이라고 생각하는 것은 심각한 착각입니다. 지금도 화려하고 아름다운 건축물을 높고 웅장하게 지어 올릴수록 더 위대하고 영광스러운 주님의 격에 어울린다고 생각하는 이들이 있습니다. 하지만 하나님이 창조하시고 허락하신 형상이나 상징 속에서 하나님을 보지 못하는 사람들은 끊임없이 보이지 않는 하나님을 형상으로 가시화하여 자신의 통제 아래 두려고 할 것입니다. 그 형상이 화려하든 소박하든, 그 건물이 웅장하든 단출하든, 이는 모두 하나님과 상관없고 오직 자기 욕망을 형상화하는 작업일 뿐입니다.

광야의 증거장막

사도행전 7장 44절부터 스데반이 말하고 싶은 것이 바로 그 '성전' 이야기입니다. 신성모독 했다는 두 가지 고소 대상 가운데 하나는 율법이었고 다른 하나는 성전이었습니다. 그간 하나님과 그분의 말씀을 어긴 것은 이스라엘 백성들이었는데, 지금 이 시대까지 그 심판의 영향력 아래 있는 자기 자신들을 돌아보라고 촉구했습니다. 이어서 성전을 모독했다는 주장을 반박합니다. 광야 시대에는 성막이 있었습니다. 그 성막은 하나님의 이동식 궁전이었습니다. 여호수아가 가나안 땅을 정복할 때도 그 성막은 같이 들어갔습니다. 다윗 때까지 하나님은 성막을 당신의 임재의 상징으로 주셨습니다. 성막은 그냥 겉보기에는 매우 초라한 텐트입니다. 온 세상의 주권자이신 하나님의 집이라고 하기에는 어울리지 않는 물건입니다. 그런데 하나님께서 모세에게 손수 정확한 길이와 넓이, 거기에 쓰일 재료까지 챙겨서 짓게 하신 당신의 거처입니다. 주변 우상 신전들은 높고 웅장하고 화려했습니다. 너무 비교되었지만, 하나님은 무려 300년 동안 그런 집에 거하시면서도 전혀 신경 쓰지 않으셨습니다.

> "광야에서 우리 조상들에게 증거의 장막이 있었으니 이것은 모세에게 말씀하신 이가 명하사 그가 본 그 양식대로 만들게 하신 것이라 우리 조상들이 그것을 받아 하나님이 그들 앞에서 쫓아내신 이방인의 땅을 점령할 때에 여호수아와 함께 가지고 들어가서 다윗 때까지 이르니라" (사도행전 7:44-45)

솔로몬의 성전

다윗이 성전을 짓겠다고 자청했지만 거절하셨습니다. 그 대신 그의 아들 솔로몬을 통해서 지으셨습니다. 하나님은 다윗이 하나님의 거하실 성전 자체를 목적으로 여기며 건축하려고 하는 것이 아니라, 그 성전을 통해서 이루고자 한 그의 정치적인 의도가 다분했기 때문에 거절하셨습니다. 하지만 성전 자체가 이스라엘 나라의 안정과 통일을 공고히 해줄 수 없습니다. 성전은 오로지 하나님 한분께만 집중되어야 할 공간이었습니다. 그 하나님을 위해서는 성전 자체도 상대화되어야 했습니다. 성스럽게 간주되어야 하지만, 동시에 언제든 주께서 말씀하시면 사라져도 괜찮은 건물에 불과하다고 여겨야 합니다. 그 건물이 하나님과 동일시되어서는 안 되었습니다. 솔로몬에게 건축하도록 허락하신 성전 역시 주변 나라들의 신전에 비해 규모나 건축 자재를 생각하면 특별할 것이 없습니다.

"다윗이 하나님 앞에서 은혜를 받아 야곱의 집을 위하여 하나님의 처소를 준비하게 하여 달라고 하더니 솔로몬이 그를 위하여 집을 지었느니라"(사도행전 7:46-47)

놀랍게도 스데반은 솔로몬이 지은 것을 '성전'이라고 부르지 않고 굳이 '집'오이코스, οἶκος 이라고 표현합니다. 솔로몬도 헌당예배를 드리면서 이 성전으로 하나님의 임재가 국한될 수 없음을 알고 고백한 바 있습니다.

"하나님이 참으로 땅에 거하시리이까 하늘과 하늘들의 하늘이라도 주를 용납하지 못하겠거든 하물며 내가 건축한 이 성전이오리이까"(열왕기상 8:27)

더욱이 성전을 지었다고 해서 이스라엘이 그 이전과 크게 달라진 것도 없었습니다. 여전히 하나님께서 중요하게 여기시는 것은 하나님의 백성들입니다. 그들이 토라에 순종하여 하나님의 거룩하심을 닮은 자녀들이 되고 세상 앞에 빛이 되고 제사장 나라가 된다면, 주님은 그들에게 임재하기를 기뻐하십니다. 성전이 있어서가 아니라 그런 믿음의 백성이 있어서 그 나라는 안전할 것입니다. 지금도 그렇습니다. 저희에게는 참으로 아담하고 예쁜 예배당이 있지만, 주님은 우리의 건물이 아니라 신앙이 소박하고 실속 있고 예쁘기를 더 바라십니다. 주님은 이 사람들 사이에서 더 귀하게 대접 받기를 바라십니다.

성전이 담을 수 없는 지극히 높으신 이

하지만 솔로몬 이후 이스라엘 백성들은 그렇게 생각하지 않았습니다.

그들은 하나님의 말씀인 토라에 순종하는 것보다 선민으로서 토라를 가지고 있는 것에 더 의미를 두었고, 성전에 어울리는 거룩한 백성이 되기보다는 성전을 가지고 있는 것에 더 무게를 두었습니다. 그것은 자신이 가진해석한 말씀 안에 하나님을 가두고, 자신들이 가진 성전 안에 하나님을 제한시키는 결과를 낳았습니다. 더는 진리 안에서 자유로우신 하나님이나 성전을 넘어서 자유로우신 하나님을 기대할 수 없게 만들었습니다. 선지자들은 이런 이스라엘 백성들의 가식과 위선을 통절하게 책망했습니다. 그러면서 성전건물을 의지하는 그들의 신앙이 얼마나 위태로운지를 말하기 위해 이렇게 가르쳐줍니다.

> "그러나 지극히 높으신 이는 손으로 지은 곳에 계시지 아니하시나니 선지자가 말한 바 주께서 이르시되 하늘은 나의 보좌요 땅은 나의 발등상이니 너희가 나를 위하여 무슨 집을 짓겠으며 나의 안식할 처소가 어디냐 이 모든 것이 다 내 손으로 지은 것이 아니냐 함과 같으니라"(사도행전 7:48-50)

인간은 자기 손으로 지은 건물에 하나님을 담을 수 없고 모실 수 없습니다. 하나님만이 손수 자신의 거처를 지으실 수 있습니다. 이스라엘 백성이 성전을 중시하면서도 오해한 것이 이 지점입니다. 하나님이 성전 안에만 계신다고 생각하며 성전으로 하나님을 맘대로 조종하려고 한 것이 문제였습니다. 이것은 법궤를 자기 필요를 따라 이용하려던 태도와 다르지 않습니다. 하나님은 인간이 손으로 지은 그 어떤 것으로도 감당할 수 없는 "지극히 높으신 이" 호 휩시스토스, ὁ ὕψιστος 이십니다. 이것은 솔로몬의 기도뿐만 아니라(왕상 8:27, 30) 이사야 선지자를 통해서도 강조되는 바입니다.

"여호와께서 이와 같이 말씀하시되 하늘은 나의 보좌요 땅은 나의 발판이니 너희가 나를 위하여 무슨 집을 지으랴 내가 안식할 처소가 어디랴 나 여호와가 말하노라 내 손이 이 모든 것을 지었으므로 그들이 생겼느니라 무릇 마음이 가난하고 심령에 통회하며 내 말을 듣고 떠는 자 그 사람은 내가 돌보려니와"(이사야 66:1-2)

하나님에게 안식을 주는 특별한 장소가 있는 것이 아닙니다. 하나님은 우리가 안식의 사람, 우리가 쉼의 사람이 될 때 안식하시는 분입니다. 우리가 말씀의 사람, 예배의 사람이 될 때 하나님은 안식하십니다. 이사야 선지자가 말한 "마음이 가난하고 심령에 통회하고 하나님의 말씀을 듣고 떠는 자들"을 성전으로 삼아 주님은 거하기를 기뻐하십니다. 그들 가운데 거하실 때 안식하십니다. 하나님께서는 근사한 예배당보다 어디서든 서로 사랑하고 위해주고 서로를 챙겨주는 한마음과 한 뜻의 공동체를 보시면서 좋아하십니다.

이렇게 스데반의 긴 반론이 끝납니다. 그는 구약만을 인용합니다. 별다른 해석을 넣지 않습니다. 다만 주목하지 않았던 점에 주목하였습니다. 성경은 강조하면서도 그들이 애써 외면해왔던 사건들을 지적했습니다. 결론은 분명합니다.

첫째, 이스라엘은 지금껏 불순종의 역사를 이어왔으며, 스데반을 고발하는 유대인들이 바로 그 후계자로서 메시아를 죽였다는 겁니다. 스데반이 비판한 것은 율법이 아니라 율법을 어기는 자들이었습니다.

둘째, 하나님은 성전에만 머물지 않으시고 거룩한 하나님의 백성 안에 머무십니다. 율법과 성전의 존재가 그들을 거룩하게 만들어주지 않고 의인이 되게 하지도 않습니다. 스데반은 예수가 성전을 모독한 것이 아니라 유대인들이 성전이신 예수를 죽임으로써 하나님을 모독했다고 주장했습니다. 이는 매우 위태롭고 불온한 주장이었습니다.

말씀의 적용

마침내 스데반은 이 결론을 청중들에게 적용합니다.

> "목이 곧고 마음과 귀에 할례를 받지 못한 사람들아 너희도 너희 조상과 같이 항상 성령을 거스르는도다"(사도행전 7:51)

그들은 아브라함의 믿음의 후예들이 아니라 선지자들을 죽인 불순종의 조상들의 후예라고 매우 도발적인 적용을 하고 있습니다. 목이 곧은 광야 이스라엘 백성들처럼 지금의 유대인들 역시 목이 곧은 자들이라고 합니다. 몸의 할례를 받았으니 언약의 후손이라고 생각했겠지만, 신명기에서 모세가 요구한 마음과 귀의 할례는 받지 못했습니다. 그 모세의 율법을 완성하신 예수께서 하나님의 계시를 주셨는데도 알아듣지 못하고 도리어 그를 죽였습니다. 그들은 또한 자기 조상 이스라엘 백성들처럼(사 63:10), "그들이 반역하여 주의 성령을 근심하게 하였으므로" 항상아에이, ἀεί 성령을 거스르는 자들입니다. 결국 가나안 땅에 들어가지 못한 광야 백성들처럼 목이 곧은 자들이고 성령을 거스르는 자들이었습니다.

메시아 예수를 죽이고 그를 전하는 스데반 자신을 고소한 자들이 이스라엘 가운데 어떤 역사를 선택했는지는 이제 분명해졌습니다. 스데반은 말합니다.

"너희 조상들이 선지자들 중의 누구를 박해하지 아니하였느냐 의인이 오시리라 예고한 자들을 그들이 죽였고 이제 너희는 그 의인을 잡아 준 자요 살인한 자가 되나니 너희는 천사가 전한 율법을 받고도 지키지 아니하였도다 하니라" (사도행전 7:52-53)

이스라엘 역사에서 선지자들이 박해를 받지 않았던 시절은 없었습니다. 이스라엘은 줄곧 반역의 역사로 일관했습니다. 선지자들은 의인, 즉 메시아가 오리라고 예언했습니다. 그들이 살던 시대를 뒤집고 뒤엎는 새로운 시대를 여실 것이라고 예고했습니다. 하지만 기성의 권력을 사수하려던 자들에 의해 선지자들의 입은 막혔고 그들의 목숨은 끊어졌습니다. 선지자들을 죽인 유대인 조상들의 죄도 크지만, 실제 선지자들의 예언대로 의인 예수님이 오셨는데도 그마저 죽인 죄는 비교할 수 없을 만큼 크다고 할 수 있습니다. 그런 짓을 지금 스데반을 고발하고 재판하는 자들이 벌였습니다. 산헤드린 공의회 의원이면, 유대인들 중에서는 가장 율법에 정통한 자들이고 가장 경건한 자들이고 가장 율법을 잘 지키는 자들이라고 인정받는 지도자들이었습니다. 그들은 토라를 가진 것과 아는 것을 자랑스러워했지만, 정작 그 율법을 지키지 않는 자들이었습니다. 그 율법의 참뜻은 모르고 있었습니다.

스데반은 자신이 올바로 믿고 있다고 말하는 데서 그치지 않고, 그들이 틀렸으며, 그래서 하나님의 아들을 죽이는 일에 가담하였고, 지금도 그 악행을 범하고 있는 중이라고 단호하게 말합니다. 자신의 안전을 조금이라도 생각했다면 도저히 할 수 없는 발언입니다. 이 순간 스데반은 단지 위기에서 모면하려고 자기를 변호하는 사람이 아니라, 목숨이 위태로워지더라도 죄인들에게 참 복음, 생명의 소식, 구원의 소식을 전해주는 복음 전도자였습니다. 자신이 약자가 아니라 강자이고, 자신이 죄인이 아니라 그들이 죄인이며, 진짜 심판자는 산헤드린 공의회가 아니라 하나님이라고 생각하고 있었습니다.

나가는말

스데반, 그는 오늘 우리에게 탁월한 논쟁자의 모습을 보여주었습니다. 예수님을 알기 전까지 그도 자신을 재판하고 있는 유대인들처럼 구약성경을 보았을 것입니다. 선민 중심으로, 이스라엘 중심으로 보았을 것입니다. 그는 헬라파 유대인입니다. 팔레스타인 밖에서 살다가 모든 것을 정리하고 예루살렘으로 이주할 정도로 극렬한 성전우파 유대인이었습니다. 그런 그가 평생 지켜온 신념을 버릴 수 있었던 것은 예수님과의 만남 때문이었습니다.

역사를 성취한 예수, 완성할 예수

그의 설교를 들어보면, 그가 단순히 그 이전의 이스라엘 역사와 상관없이 예수라는 인물 자체에 매료되었거나 그의 부활 때문에 신속하게 변화된 것만이 아님을 볼 수 있습니다. 이제 그는 '예수'라는 렌즈를 통해 아브라함을 불러 언약을 주실 때부터 전개된 이스라엘의 모든 역사가 이 예수께서 가져온 하나님 나라와 그의 십자가와 부활을 통해서 이루신 구원의 역사에 모두 수렴된다는 것을 깨달은 것입니다.

그는 우리가 예수를 믿는다, 복음을 믿는다는 말이 무슨 뜻인지를 보여줍니다. 그 예수에 대한 이해 때문에 그 이전의 모든 역사가 새로운 의미로 다가왔고, 어떻게 살아야 하는지를 말해주었고, 앞으로 역사가 어떻게 전개될 것인지도 내다볼 수 있게 되었습니다. 이제 그가 영접한 예수는 당대의 타락한 유대교와의 결별을 가져오게 하였지만, 유대인들과 공유하는 그 긴 이스라엘 역사와의 결별은 아니었습니다. 그 역사 내내 주체로서 자신의 뜻을 이루어 오신 하나님의 시간이 비로소 사람이면서 하나님의 아들이신 이 예수를 통해 온전한 의미가 드러났음을 알게 된 것입니다. 그래서 그것은 단순한 에피소드episode 나 우연한 일happening 이 아니라 '복음' 즉 '뉴스'news 가 되는 것입니다.

고난을 무릅쓴 복음의 증인으로 부름받은 제자들

스데반의 이 담대한 태도와 복음에 대한 풍성한 이해를 보면서 대번에 베드로 사도가 저희에게 권면하신 것이 생각납니다.

> "그러나 너희는 택하신 족속이요 왕 같은 제사장들이요 거룩한 나라요 그의 소유가 된 백성이니 이는 너희를 어두운 데서 불러 내어 그의 기이한 빛에 들어가게 하신 이의 아름다운 덕을 선포하게 하려 하심이라 … 그러나 의를 위하여 고난을 받으면 복 있는 자니 그들이 두려워하는 것을 두려워하지 말며 근심하지 말고 너희 마음에 그리스도를 주로 삼아 거룩하게 하고 너희 속에 있는 소망에 관한 이유를 묻는 자에게는 대답할 것을 항상 준비하되 온유와 두려움으로 하고 선한 양심을 가지라 이는 그리스도 안에 있는 너희의 선행을 욕하는 자들로 그 비방하는 일에 부끄러움을 당하게 하려 함이라"(벧전 2:9; 3:14-16)

우리가 사는 시대가 스데반이 맞닥뜨렸던 상황보다 덜 녹록하다고 말할 수 있는 사람은 없을 것입니다. 직접적인 박해보다 더 이기기 힘들고 분별하기 어려워서 자신도 모르게 타협하고 순응하게 하는 강력한 세상 문화의 도전을 숨 쉬는 모든 순간마다, 발걸음 옮기는 모든 장소마다, 우리가 하는 모든 선택마다 경험하고 있습니다. 우리가 스데반이 갖고 있는 복음에 대한 이해, 그 이해에서 나오는 확신, 그 확신에서 나오는 담대함, 그 담대함에서 나오는 지혜를 머리가 아니라 가슴으로, 가슴만이 아니라 손과 발로 체화하지 않으면, 우리가 하는 모든 일이 세상의 역사와 이야기에 참여하는 것이 되고 말 것입니다. 우리가 얼마나 더 우리가 믿는 바에 대해 알아야 하고 살아야 하는지를 이 스데반의 설교가 보여줍니다. 또한 부끄럽게도 우리가 기초하고 있는 믿음의 토대가 얼마나 허약한지를 보여주며, 이 상황에 대해 교회와 지도자들은 전혀 무지할 뿐 아니라 수수방관하고 있는 현실도 드러내주고 있습니다.

사랑하는 여러분, 주님은 저와 여러분들에게 이 시대에도 스데반을 보고 싶다고 하십니다. 그리하여 저희에게 묻고 있습니다. 믿음의 계보에 속해 있는가, 선지자를 죽인 악인의 계보를 따르고 있는가? 하나님의 임재가 머무는 거룩한 하나님의 집이 되고 있는가? 하나님의 말씀을 받은 대로 지키는 자가 되고 있는가? 하나님의 말씀이 우리 안에 차고 넘쳐서 믿음의 선배 스데반처럼 어떤 상황, 어떤 위협 앞에서도 하나님의 구원을 변증하고, 내가 믿는 대로 살아내기 위해 몸부림치는 믿음의 사람, 말씀의 사람, 신실한 증인이 되어가기를 바랍니다.

함께 기도하겠습니다

역사의 하나님,
모든 시간과 공간과 그 안에서 일어나는 일들을 주관하시고
친히 당신의 뜻과 약속을 이루어 오신 살아계신 하나님 아버지,
신실하고 담대한 믿음의 사람 스데반의 입을 통해
모든 시간에 계셨고, 모든 장소에 계시면서,
모든 사람들 가운데 당신의 하나님 되심을 드러내시고,
주님께 신실히 반응하는 자들을 통해서
주님의 나라를 일구어 오신 벅찬 역사를 오늘도 듣게 하시니 감사합니다.

이스라엘 백성들은 가장 먼저, 가장 많이, 가장 오래,
하나님의 그 사랑을 받은 선민이면서도
하나님의 역사보다 자신들만의 역사를 만들어왔고,
하나님의 영광이 아니라 자신들의 영광을 추구하였고,
하나님의 힘이 아니라 강대국들의 힘을 의지해온 것을 보았습니다.
또한 하나님을 자신들이 이해한 율법 자구 안에 가두려고 했고
자신들이 만든 성전 건물 안에만 두려고 했던 역사도 보았습니다.
하나님의 아들을 죽이면서까지
절대로 자신만은 십자가에 못 박기를 거부했던 것도 보았습니다.

그런 반역과 불의의 역사 가운데서도
변함없는 사랑과 인내로 당신의 백성들을 참아주시고
거듭 선지자를 보내셔서

당신과의 온전한 관계로 불러주셨던 것을 생각합니다.
또한 거절과 고난을 예상했으면서도
하나님의 부르심에 응답한 선지자들의 삶을 보여주셔서 감사합니다.
오늘도 주님의 그 사랑과 은혜,
주님의 현존과 주권의 증인이던 그 선지자들의 길을
이제 저희가 걸어갈 수 있도록, 주님 도와주시옵소서.

주님, 이제 저희 입에 소망의 이유를 묻는 이들에게
대납할 말을 남아 주시고,
우리 가슴에는 힘과 물질을 의시하는 이 세상은
절대 보지 못하고 듣지 못하는 생명의 복음을 담아서,
완악하고 고집스런 이 세상을 향하여,
그러나 여전히 참 의미와 행복과 가치를 갈망하는 세상을 향하여
그들이 떠나야 할 것과 그들이 추구해야 할 것을
선명하게 보여주며 살게 하여 주시옵소서.

주님, 믿음의 귀한 선배 스데반을 보면서
하나님의 역사를 알고 기억하는 자의 힘과 확신을 보았습니다.
창조 이래 줄곧 주께서 일관되게 꾸려 오신 구속의 역사,
하나님 나라 역사를 이제 저희도 잘 이해하고
이 장엄한 서사의 시각을 품어 시시각각 변하는
다원화된 세계 속에서 저희가 중심을 잘 잡고 흔들리지 않게 하시고,

살아계신 우리 주 예수 그리스도의 통치와 초대에
즐거이 복종하게 하시며,
주님을 당당하게 변호하고 옹호하는
충성스런 증인들이 되게 하여 주시옵소서.
아멘.

미생에서 완생으로

사도행전 7:54-8:3

미생

만화《미생》에 매료되었고, 나만 좋을 수 없다 싶어 사역자들이 같이 읽고 "미생의 목회적 적용"이란 거창한 이름으로 토의를 한 기억이 납니다. 이틀에 걸쳐서 독파했습니다. 한 번 잡으니 끝까지 읽지 않을 수 없더군요. 그래서《미생》 묵상 제대로 했습니다. 미생未生은 바둑용어입니다. 바둑에서는 두 집을 지어야 완전히 산 돌, 즉 완생完生이 됩니다. 한 집만 지으면 '아직 살지 못한 돌', 미생으로 그칩니다. 만화《미생》은 살았지만 완전히 살았다고 보기 어려운 계약직 상사 직원을 중심으로 한 이야기입니다. 고단한 시대를 사는 우리의 남동생들, 우리 아들들, 우리의 어머니 아버지들, 우리의 남편과 아내들의 이야기입니다. 이 작품은 사실 주인공 장그래뿐 아니라 거기 나온 모든 등장인물들이, 계약직이든 정직원이든 임원이든, 결국엔 다 '미생'에 불과하다고 말하고 있습니다.

그런데 저는 이것을 우리 그리스도인들의 이야기, 혹은 개인적으로는 사역자들의 이야기로 보았습니다. 우리는 이 세상에 한 번 태어나서 누구든 한 번은 다 죽는 인생입니다. 살아 있지만 죽음을 이미 우리 안에 안고 있는 존재이기에, 그래서 언제든 죽을 수 있기에, 완전히 살아 있다고 할 수 없는 존재입니다. 우리는 살아갈 날을 다 살면 죽음이 찾아오는 사람이지만, 동시에 날마다 하루씩 죽고 그래서 그 죽음이 다 차면 새로운 생이 시작되는 존재라고 말해도 좋을 것입니다. 또한 육신의 목숨은 살아 있지만 영적으로 죽은 자들도 있습니다. 지금은 영적으로 살아 있지만, 영원히 살 수 있는 인생인지 즉 완생인지는 경주가 끝나봐야 알 수 있고, 주님 앞에 가봐야 알 수 있습니다. 그것이 전적으로 우리에게만 달려 있지 않은 것이 얼마나 다행인지 모릅니다. 그것이 바둑 미생이나 만화《미생》과 우리가 다른 점일 겁니다. 아니 만화《미생》에서도 미생 인생들끼리 서로 돕고 챙기면서 서로의 삶을 이어주고 있었습니다.

살아 있는 것 같았는데 어느새 주님과는 상관없는 인생으로 끝나는 사람들이 있습니다. 성경은 신앙 여정을 완주하는 자에게만 생명의 면류관이 주어진다고 말합니다.(약 1:12) 그날에 완생으로 인정받는 자들에게 약속된 나라가 있습니다. 고대광실에서 맘껏 누리며 하고 싶은 거 다 하면서 살아도 만약 '한 집'이라는 평가를 받는다면, 의미가 없습니다. 다른 '한 집'이 더 있어야 합니다. 어떤 집입니까? 우리 자신이 '성전'이 되는 것입니다. 미생인 우리가 하나님이 임재하시고 성령께서 거하시는 성전이 될 때 비로소 '완생'이 되는 것입니다.

유대인들은 눈에 보이는 건물로서의 성전만 있으면 거기 하나님이 임재하실 것이고, 그러면 아무도 이스라엘을 넘볼 세력이 없을 것이라고 생각했습니다. 하지만 건물 성전은 '한 집'에 불과합니다. 이스라엘은 늘

'미생'이었습니다. 아무리 교회를 부지런히 드나들어도, 목회자로서 많은 교회를 개척하고 많은 성도가 있는 교회로 성장시켜도, 우리 자신이 성령께서 임재하시는 성전이 되지 못한다면, 완생으로 인정받을 수 없습니다. 육신의 죽음은 영원한 죽음이 되고 말 것입니다.

스데반을 심문하는 산헤드린 공의회는 자신들이 미생인 것을 모르고 있었습니다. 토라Torah를 가졌고 성전에서 정한 대로 제사하고 있었기 때문에, 자신들은 하나님을 소유한 사람이라고 믿었고, 메시아가 오면 맨 먼저 의인으로 인정받을 것이라고 굳게 믿었습니다. 그들의 눈에는 스데반이 '미생'이었습니다. 그럴 자격도 없으면서 이미 두 집을 다 지어서 '완생'인 자신들에게 대드는 자로 보였습니다. 그들은 이미 예수를 그렇게 오해하여 죽인 바 있습니다. 그래도 되는 줄로 알았고, 진심으로 자신들이 잘했다고 생각했습니다. 자신들은 아무도 건들 수 없는 대마大馬이고, 대마는 결코 죽지 않는다고 믿었습니다. 자신들만이 가장 자격 있는 하나님의 언약의 상속자들이라고 확신했습니다.

바둑 이야기가 나왔으니 '환격'還擊이라는 것도 소개합니다. '먹여치기'라고도 부릅니다. 상대편이 자신의 돌 하나를 잡게 놓아둔 뒤에 바로 그 자리에 다시 놓아서 상대의 돌을 잡는 것을 말합니다. 나를 먹으려는 순간 그들이 먹히게 하는 기술입니다. 유대교는 예수님을 먹었지만, 그 결과 자신들이 먹혔다는 것을 몰랐습니다. 그리고 이제 스데반을 먹는 순간, 또다시 그들이 먹히고 말 것입니다. 유대교는 무너지고 말 것입니다. 나중에 저 성전도 무너질 것입니다. 스데반의 죽음으로 유대교는 그들이 한 번도 상상하지 못했던 엄청난 일을 보게 될 것인데, 그간 예루살렘에 머물던 복음이 스데반의 죽음을 계기로 예루살렘의 경계를 넘어 유대와 사마리아로 뻗어가고, 다시 거기를 넘어 땅 끝으로 나아가게 될 것이기 때문입니다. 한 죽음이 수많은 생명을 살리는 역사가 될 것입니다. 위대한 '바꿔치기', 장엄한 환격의 역사가 벌어질 것입니다.

법정 진술

우리는 스데반의 법정 진술을 살폈습니다. 아직 온전히 살아 있지 못한 자인 스데반은, 세상의 상식대로라면, 그 법정에서 살아남기 위해서 자신을 변호하고 자신의 무죄함을 증명해야 했습니다. 그런데 그 자리에서 그는 그리스도를 증언하고 변증하는 데 발언 기회를 거의 다 씁니다. 재판 전략의 실패처럼 보입니다. 아니 그는 자신이 옳다고 여기는 것을 말하는 것 말고는 아무것에도, 심지어 자기 목숨을 살리는 일에도 관심이 없어 보였습니다. 이 발언이 성전 권력자들의 화를 돋우고 자기 목숨을 더욱 위태롭게 할 것을 알고도 그렇게 했습니다. 그는 그리스도가 토라와 성전을 완성하신다고 주장하였습니다. 그리스도가 잘못한 것이 아니라, 그리스도를 죽인 자들이 잘못한 것이라고 말해버렸습니다.

스데반은 선민 이스라엘의 순종의 역사, 자부심의 역사, 영광스런 역사를 소개한 것이 아니라, 수치의 역사, 불순종의 역사, 반역의 역사, 그리고 결국 패망하고 포로로 잡혀간 역사를 소개했습니다. 예수는 그 패망의 역사를 가져온 불순종한 이스라엘의 후예인가, 아니면 그 패망을 경고하다가 불의한 자들에게 죽임을 당한 수많은 선지자들의 후예인가? 고발한 자들에게도 묻습니다. 너희들은 누구의 후예인가? 예수님은 악한 포도원 소작인의 비유(눅 20:10-18)를 통해서 이미 스데반이 설교한 내용을 말씀하신 적이 있습니다. 주인이 포도원을 맡기고 타국에 갔는데 농부들은 세금을 내려고 하지 않았습니다. 도리어 주인이 보낸 종들을 여러 차례 때리고 결국 돌로 쳐서 죽입니다. 급기야 주인은 자신의 분신과도 같은 존재인 아들을 보냈습니다. 하지만 농부들은 세금을 내는 편보다 아들을 죽이는 편을 선택합니다. 예수님은 소작인들이 종들을 돌로 쳐 죽인 것처럼 이스라엘도 하나님이 보내신 선지자들을 돌로 쳐 죽였다고 하셨습니다. 스데반의 결론도 예수님의 결론과 다르지 않았습니다. 그는 산헤드린 공의회 의원들이나 예수님을 거역하고 죽인 모든 자들이 선지자들을 죽인 자들, 즉 불순종한 이스라엘의 후예들이라고 했습니다. 광야의 그 완악한 이스라엘의 자손들이라고 했습니다.

> "목이 곧고 마음과 귀에 할례를 받지 못한 사람들아 너희도 너희 조상과 같이 항상 성령을 거스르는도다 너희 조상들이 선지자들 중의 누구를 박해하지 아니하였느냐 의인이 오시리라 예고한 자들을 그들이 죽였고 이제 너희는 그 의인을 잡아 준 자요 살인한 자가 되나니 너희는 천사가 전한 율법을 받고도 지키지 아니하였도다 하니라" (사도행전 7:51-53)

그리스도인들은 누구입니까? 성령을 따라 사는 자들입니다. 교회는 성령이 충만한 공동체입니다. 성령을 통해서 부활하신 예수님이 왕으로 다스리시도록 맡겨드리는 곳이 교회입니다. 그런데 산헤드린 공의회는 "항상 성령을 거스르는 자들"이었습니다. 그들의 조상들도 그랬습니다. 몸에는 할례를 행했지만, 목이 뻣뻣하고 마음과 귀에는 할례를 받지 않았습니다. 모든 불순종은 다 성령을 거스르는 일입니다. 그래서 하나님의 음성을 듣지 않으려고 했습니다.

"너희는 천사가 전한 율법을 받고도 지키지 아니하였도다" (사도행전 7:53)

유대인들은 율법을 소유한 것은 자랑했지만, 정작 그 율법이 요구하는 진정한 의미대로는 지키지 않았습니다. 그 율법을 준 모세가 예언한 바로 그 메시아, 율법을 성취한 바로 그 하나님의 아들을 알아보지 못했습니다. 율법을 완성하시는 그분의 음성을 듣고도 토라에서 듣던 그 목소리라는 것을 알아채지 못했습니다. 왜 그랬을까요? 그간 토라율법를 소유만 했을 뿐 지키지 않았기 때문입니다. 그들은 어둠 가운데 있는 자들이었습니다. 어둠은 빛을 싫어합니다. 불의한 자는 의로운 자를 싫어합니다. 자신의 어둠이 드러나기 때문입니다. 그래서 유대인들은 빛이신 예수님, "그 의인을 잡아 준 자요 살인한 자"가 되었던 것입니다.

스데반의 죽음

이 말을 듣고 산헤드린 공의회는 어떻게 반응했습니까? 예수님의 말씀도 안 듣던 이들이 스데반의 말을 들을 리 없습니다. 격렬하게 반응합니다.

"그들이 이 말을 듣고 마음에 찔려 그를 향하여 이를 갈거늘" (사도행전 7:54)

스데반이 자신들에 대해 말하고 있음을 알아차렸습니다. 스데반을 향하여 마음에 격분하였습니다. 디에프리온토[34] 타이스 카르디아이스 아우톤,

34 신약에 단 2번 나오는데, 다른 한 번은 사도행전 5:33("그들이 듣고 크게 노하여 사도들을 없이하고자 할새")이다.

διεπρίοντο ταῖς καρδίαις αὐτῶν, 개역개정은 '찔리다'로 번역 그것이 "이를 가는" 것으로 표출되었습니다.[35]

산헤드린 공의회의 반응

스데반의 선동을 따른다면 '대마'가 잡힐 것 같았습니다. 여태 이루어 놓은 것들이 다 물거품이 될 것 같았습니다. 삶의 방향을 돌이켜야 하고, 누려왔던 기득권을 다 내려놓아야 한다는 것을 금세 알아버렸습니다. 그건 죽기보다 싫었습니다. 들키고 싶지 않은 그 아킬레스건을 건드린 스데반이 죽이고 싶을 정도로 미웠습니다. 그래서 야수같이 으르렁거렸습니다. 선택의 여지가 없습니다. 스데반을 죽이지 않으면 유대교가 위태로워질 것이기 때문입니다. 그래서 그의 말을 다 듣기 전에 이미 스데반을 죽이기로 결정합니다. 하지만 즉시 스데반의 설교를 중단시키지는 않았습니다.

스데반의 반응

항상 성령을 거슬렀던 사람들이 그렇게 자기 육신의 욕망이 원하는 대로 야수성을 드러내고 있을 때, 그 격렬한 반발이 일어나는 가운데 스데반은 하나님 우편에 영광 중에 계시는 예수님을 보았다는 말로 그의 설교를 마무리하고 있습니다.

"스데반이 성령 충만하여 하늘을 우러러 주목하여 하나님의 영광과 및 예

35 '찔리다'(διεπρίοντο)와 '갈다'(ἔβρυχον) 모두 시작을 나타내는 미완료시제이다.

수께서 하나님 우편에 서신 것을 보고 말하되 보라 하늘이 열리고 인자가 하나님 우편에 서신 것을 보노라 한대" (사도행전 7:55-56)

여기에는 스데반이 본 것(행 7:55)과 말한 것(행 7:56)이 나와 있습니다. 성령이 충만한 상태에서 스데반은 열린[36] 하늘을 지나서 그 위에 있는 하나님의 영광과 인자 예수님이 하나님 우편에 서신 것을 보도록 허락 받았습니다.(시 110:1; 눅 20:43; 행 2:32-36) 그는 나사렛 예수께서 메시아로 오신 인자이시며, 돌아가신 후 죽은 자 가운데서 부활하셔서 하나님 우편 영광에 앉아 계신다는 사실을 환상을 통해서 확증받은 것입니다. 그가 본 하나님의 영광은 앞서 아브라함에게와 이스라엘 역사를 통해 자신을 계시하신 그 '영광의 하나님'이 비추시는 영광입니다.(행 7:2) 유대 권력자들에게는 천인공로할 신성모독입니다. 예수는 십자가의 저주를 받아 수치스럽게 죽었는데, 그가 하나님의 영광의 우편에 서 있는 것을 보았다는 말에 놀랐을 것입니다. 믿기지 않았을 것입니다. 이는 모세에게도 허락하지 않았던 바이기 때문입니다.

다시 자세히 보겠습니다. 그들은 항상 성령을 거슬렀지만, 스데반은 성령에 충만하였습니다. 그는 성령에 충만하여 하나님께만 순종하였던 예수님의 뒤를 따르고 있습니다. 부활하신 예수님을 전했을 뿐 아니라, 예수께서 스데반 자기 안에서 왕 노릇 하시고 있었습니다. 그것이 "성령에 충만하였다"라는 말의 뜻입니다. 그는 사방이 자신을 반대하고 있는

36 하늘이 열린다는 것은 하나님의 계시 사건이며(행 10:11) 하늘로 들어가는 것을 묘사한다(계 4:1).

것을 보고 하늘을 우러러보았습니다. 그러자 그의 눈에만 보이는 것이 있었습니다. 하나님의 영광이었습니다. 인자가[37] 하나님 우편에 서신 것이 보였습니다. 이 둘은 별개가 아닙니다. 하나님의 영광은 곧 하나님의 보좌 우편에 서 계신 예수님을 의미하기 때문입니다. 그분은 주권자로서, 그리고 심판자로서 서 계셨습니다. 스데반은 십자가형을 받고 죄인으로 처형된 것이 아니라 하나님을 대신하여 심판하실 자로 계시는 분으로서 인자 예수님을 보았습니다. 변화산에서 잠시 보았던 예수님의 얼굴에 가득했던 영광을 이제 승천하신 그리스도에게서 다시 본 것입니다. 예수님의 부활을 믿지 않는 자들, 예수님이 보내신 보혜사 성령님을 거스르는 자들에게는 보이지 않는 영광입니다.

예수님이 하나님 오른편에 앉아 계시지 않고 '서 계신' 것에 대해서는 여러 해석들이 있습니다. 예수님이 하늘에서 스데반의 변호자로 서 계셨다는 뜻일 수 있습니다. 스데반이 사람들 앞에서 그리스도를 인정하자 그리스도께서도 하나님 앞에서 그를 자신의 종으로 인정해주셨던 것입니다. 끝까지 그 신실함을 간직할 수 있도록 도와달라고 하나님 아버지께 기도하고 계셨을 것입니다. 생전에 제자들이 믿음에서 떨어지지 않도록 기도하셨던 예수께서 이제도 그 믿음으로 살아가려는 신실한 증인 스데반을 위해 기도하고 계셨던 것입니다. 하나님은 이제 순교의 위협 가운데 있는 스데반에게 이 광경을 보여주심으로써 용기와 담대함을 북돋아주고 계십니다.

37 사복음서 바깥에서 '인자'는 3번 나온다. 예수는 하나님 우편에서 심판의 권세를 갖는 자를 지칭하기 위해 이 칭호를 사용하신 바 있다(마 26:64; 막 14:62; 눅 22:69).

사랑하는 여러분, 야수처럼 우리를 삼키려는 세상에서 우리를 위하여 기도하시는 저 예수님을 볼 수 있기를 바랍니다. 육신의 눈이 아니라 마음의 눈으로 말입니다. 그래서 담대하게 우리의 삶의 자리에서 그리스도를 인정하는 성도들이 되시기를 바랍니다. 이 믿음이 있을 때 우리는 그리스도에게서 세상이 볼 수 없는 영광을 볼 것입니다. 주 예수보다 더 귀한 것도 없고 더 영광스러운 것도 없음을 믿게 될 것입니다.

스데반의 죽음

유대인들이 죽인 그리스도가 하늘의 하나님 보좌 우편에 서 계신다는 말을 스데반에게서 듣자, 산헤드린의 유대인들의 인내심은 곧 바닥을 드러냈습니다. 그가 실성한 줄 알았을 것입니다. 그들의 즉각적인 반응 또한 충격적입니다.

> "그들이 큰 소리를 지르며 귀를 막고 일제히 그에게 달려들어 성 밖으로 내치고 돌로 칠새"(사도행전 7:57-58)

자신들은 절대 변하지 않겠다고 작정할 때만 쓰는 방법이 둘 있습니다. 더는 듣지 않는 것이고, 더는 말하지 못하게 하는 것입니다. 그들은 큰 소리를 지르면서 자신들의 귀를 막은 채 일제히 스데반에게 달려듭니다. 이 "막다"라는 단어는 직역하면 '꽉 잡다'쉬네스콘, συνέσχον 입니다. 두 손으로 자신들의 귀를 완전히 틀어막은 것입니다. 귀를 봉쇄한 것입니다. 들어서는 안 되는 신성모독의 발언을 들었다고 여겼기 때문입니다. 감히 누가 하나님의 우편의 영광을 공유할 수 있단 말인가? 그들이 귀를 막았지만 실제로는 그들의 귀가 할례 받지 못했다는 스데반의 앞선 발언을 그들이 입증하고 있었을 뿐입니다. 얼마나 어처구니없는 장면입니까? 유대교의 대표적인 지도자들이라면, 메시아 예수까지 십자가에 매달게 한 사안이라면, 신성모독이라는 죽음을 면치 못할 죄라고 생각한다면, 이렇게 길게 발언한 스데반을 정죄하기 전에 또박또박 논박해야 마땅하지 않습니까? 그런데 귀를 막다니요. 그들은 묻지도 따지지도 않고 자신들이 알고 있는 것만이 무조건 진리라고 주장하고 있는 겁니다. 이런 유아적 발상이 어디 있습니까? 그들은 변론에 응하는 대신에 폭력을 택했습니다.

재판은 더는 진행되지 않았습니다. 대신 일제히 큰 소리를 지르면서 스데반에게 달려듭니다. 여기 "달려들다"호르메산, ὥρμησαν 라는 단어는 예수님의 허락을 받고 귀신이 들어간 돼지 떼가 바닷속으로 뛰어들어갈 때(눅 8:33) 쓰던 단어입니다. 또 바울의 설교를 듣고 극도로 분노한 아데미 여신의 숭배자들, 즉 에베소 사람들이 바울을 잡으려고 돌진할 때 쓰던 용어입니다.(행 19:29) 둘 다 귀신과 우상에게 사로잡힌 자들의 행동입니다. 그렇다면 지금 이 유대인들은 성령을 거스르고 사탄에게 매여 스데반을 죽이려고 광폭의 마음으로 돌진하고 있다는 것을 알 수 있습니다. 더는 재판장의 선고마저 필요 없다고 생각한 것입니다. 그러고는 성 밖으로 질질 끌고 가서 내칩니다. 예수님의 비유에서 아버지성부 하나님를 대신하여 삯을 받으러 왔던 포도원 주인의 아들예수님도 포도원 품꾼들이스라엘에 의해 성 밖으로 끌려 나가 죽임을 당했습니다.(눅 20:15) 성문 밖으로 끌려 나가 십자가에 처형되었던 예수님의 죽음처럼, 스데반도 그 예수님을 죽인 자들에 의해 "성 밖으로"엑소 테스 폴레오스, ἔξω τῆς πόλεως (레 24:14; 민 15:35) 내침을 당하고 있습니다.[38] 그들에게 재판은 요식 행위였습니다. 합법을 가장한 불법이었습니다.

그들은 돌을 들어 스데반을 향해 던집니다. 엘리쏘보룬, ἐλιθοβόλουν 미완료 시제가 두 번 반복되는데 이는 상당히 많이 돌을 던졌다는 것을 보여줍니다.[39] 포도원 소작인들이 주인이 보낸 종들을 돌로 죽였듯이, 즉 하나님의 선지자들이 돌에 맞아 죽었듯이, 이제 스데반도 돌에 맞고 있습니다.[40] 신성모독의 발언을 들은 산헤드린 공회원들이 맨 먼저 돌을 던졌을 것입니다. 그렇게 하나님께서 스데반을 의인이라고 입증하시고 있는 동안, 유대인들도 스스로 자신들이 그 불의한 자들의 자손임을 입증하고 있었던 것입니다.

그런데 스데반을 돌로 쳤다는 기록이 나오는 와중에 필요 이상으로 구체적으로 묘사된 표현이 덧붙여져 있습니다.

"증인들이 옷을 벗어 사울이라 하는 청년의 발 앞에 두니라"(사도행전 7:58b)

---

38 성전 산 서쪽 벽 근처에 있는 산헤드린 건물에서 티로포에온 계곡의 대로를 따라 실로암 못을 지나 도시 남쪽 벽의 문으로, 그리고 힌놈이나 기드론 계곡으로 호송되었을 것이다. 혹은 헤롯궁을 지나 예루살렘 윗부분을 통과하여 도시 서쪽 문을 지나 예수님이 처형된 그곳으로 호송되었을 수 있다.

39 율법에 따르면 돌로 쳐 죽이는 처형을 받는 죄는 이방 신 예배(레 20:2-5; 신 17:2-7), 이방 신의 이름으로 하는 예언(신 13:2-6), 접신(레 20:27), 신성모독(레 24:14-16), 안식일 위반(민 15:32-36), 간음(신 22:22), 부모 불순종(신 21:18-21) 등이 있다.

40 사형은 로마 속주 총독의 고유 권한이었지만 이 법이 항상 지켜진 것은 아니었다. 특히 지방 유지들이 조상 대대로 내려온 법을 심각하게 침해하는 가르침으로 그 지방의 질서가 위협받았다고 주장할 때, 이런 일이 더욱 빈번했다. 에르하르트 J. 슈나벨(정현), 《강해로 푸는 사도행전》(디모데, 2018), 413쪽.

여기 "증인들"은 스데반의 신성모독의 발언을 들은 산헤드린 공회원들을 가리킵니다. 옷을 벗은 것은 그들이 얼마나 분기탱천하여 돌을 던졌는지를 보여줍니다. 그런데 갑자기 돌을 던지는 사람이 아니라 그들이 벗은 옷을 보관하는 한 사람을 주목합니다. 그를 "사울이라 하는 청년"으로 소개합니다. 우리가 '바울'로 알고 있는 바로 그 사람입니다. '청년' 네아니아스, νεανίας 은 18-30세가량의 사람을 가리킵니다. 적어도 우리는 이 스데반 재판에 사울이 모종의 역할을 했을 것이라고 확신할 수 있습니다. 직접 돌을 던진 것은 아니었더라도, 그 역시 증인으로서 스데반의 처형에 동조하였고, 소극적으로나마 그의 처형 집행을 도와주고 있었습니다. 그가 나중에 예수 믿는 자들을 박해하고 처형하는 일에 앞장선 것을 볼 때 그의 역할을 충분히 짐작할 수 있습니다.(행 9:1-2) 아니 그렇다고 말하고 싶은 것이 저자의 기록 의도입니다. 사울바울도 스데반처럼 헬라파 유대인입니다. 그렇다면 둘은 한때 같은 회당에서 우정을 나누던 사이였을 것입니다. 고향을 떠나 예루살렘에 온 타지인으로서 서로 외로움을 달래며 의기투합했던 사이였을지 모릅니다. 그런데 사울은 어느 순간 스데반이 '예수'라는 이단에 빠진것을 알게 되었습니다. 심지어 그들이 함께 다니던 회당에 와서 그 예수가 토라의 완성이고 성전의 완성이라고 전하기 시작하는 것을 보고는, 엄청난 배신감을 느꼈을 것입니다. 아꼈기에, 믿고 의지했기에 충격은 더 컸을 것입니다. 급기야 공의회 의원으로서 한때의 동료를 제거하는 일에 나서는 처지가 되었습니다. 이대로 두었다가는 유대교가 위태로워지고, 이 사악한 이단들의 영향력이 예루살렘 밖으로까지 미칠 것이 우려되었기 때문에, 초기에 진압하는 것이 마땅하다고 여겼을 것입니다.

여기 "발 앞에 두다" 아페쎈토, ἀπέθεντο 라는 표현은 앞에서 성령에 충만한 성도들이 자기 재산을 처분하여 가난한 자들에게 쓰도록 사도들의 발 앞에 갖다 놓았다고 했을 때 나왔습니다.(행 4:35, 37; 5:2) 예루살렘의 성도들은 사도들의 발 앞에 앉아서 배웠습니다.(행 2:42) 사도들을 지도자로 인정한 것입니다. 그렇다면 스데반을 고발한 증인들도 사울을 자신들의 지도자로 인정하고 그 발 앞에 자기 옷을 내놓은 것입니다. 이것은 스데반을 고소하고 그에게 돌을 던진 일이 정당했다고 맹세하는 행위입니다. 성령에 충만한 자들은 자기를 죽이고 버려 남을 살리고 있는데, 성령을 거스른 자들은 자기가 살려고 남을 죽이고 있었습니다. 사울은 분명히 그 옛날 자신의 영웅 비느하스처럼, 이렇게 하는 것이 하나님을 위한 일이라고 확신했을 겁니다. 스데반을 제거하는 것이 이스라엘 땅에서 불의와 부정을 제거하여 토라를 지키는 일이고, 성전을 지키는 일이고, 유대교를 지키는 일이라고 믿었습니다.(행 22:20)

증인들의 돌팔매질이 끝나자 주위 사람들이 돌로 스데반을 치기 시작했습니다. 그런데 스데반은 돌을 맞는 와중에 남은 힘을 다해서 마지막 기도를 드립니다. 그의 부르짖음은 고통 속의 몸부림이 아니라 의도적인 외침이었습니다. 기도의 대상은 "주 예수"였습니다. 그는 하나님의 보좌 우편에 영광 중에 계신 바로 그 주권자입니다. 그 기도의 내용 또한 충격적입니다. 스데반의 기도는 십자가의 그리스도를 따른다는 것이 무엇을 의미하는지를 잘 보여줍니다.

> "그들이 돌로 스데반을 치니 스데반이 부르짖어 이르되 주 예수여 내 영혼을 받으시옵소서 하고 무릎을 꿇고 크게 불러 이르되 주여 이 죄를 그들에

게 돌리지 마옵소서 이 말을 하고 자니라" (사도행전 7:59-60)

스데반의 마지막 모습은 그가 그토록 따르고 싶어 하고 전하고 싶어 했던 예수님의 마지막과 모습과 닮았습니다. 스데반은 자신을 위해 하나님 보좌 우편에 서 계신 그 예수께 자신의 영혼을 의탁하고 있습니다. "주 예수여 내 영혼을 받으시옵소서"[41] 그러고는 서서 기도하던 스데반이 "무릎을 꿇습니다." 쏟아지는 돌에 맞아 더는 버틸 수 없었을 것입니다. 그러고는 놀랍게도 "주여 이 죄를 그들에게 돌리지[42] 마옵소서"라고 기도합니다. 예수께서 돌아가시면서 "아버지여 저희를 사하여 주옵소서. 자기들이 하는 것을 알지 못함이니이다"(눅 23:34)라고 기도하신 것같이, 그리고 자기를 괴롭게 하는 자를 위해 기도하라던 예수님의 말씀처럼(눅 6:27-28)[43], 스데반도 자기를 죽이는 자들의 용서를 구하는 기도를 그의 인생 마지막 말로 드리고 있습니다. 예수님의 기도가 응답되어 그 현장에서 예수님을 십자가에 못 박는 책임을 맡았던 백부장이 회심하는 역사가 일어났습니다.

"백부장이 그 된 일을 보고 하나님께 영광을 돌려 이르되 이 사람은 정녕 의인이었도다 하고" (누가복음 23:47)

---

41 스데반은 고통 중에서 하나님께서 자기 영을 보호해주실 것을 구하는 시편 31:5(칠십인역 30:6)을 인용하고 있다.

42 '돌리다'는 법적인 제재를 하거나 죄를 기록하거나 장부에 올리는 일을 가리킨다.

43 "그러나 너희 듣는 자에게 내가 이르노니 너희 원수를 사랑하며 너희를 미워하는 자를 선대하며 너희를 저주하는 자를 위하여 축복하며 너희를 모욕하는 자를 위하여 기도하라"(눅 6:27-28)

예수님 십자가 옆에서 매달렸던 죄수가 회심했습니다.(눅 23:40-43) 그처럼 스데반을 죽이는 데 앞장선 사울이 훗날 변화되어 땅 끝까지 스데반이 전한 복음, 스데반이 목숨을 바쳐 전한 그 복음을 순교에 이르도록 전하는 자가 되었습니다. 스데반은 예수님처럼 신성모독이라는 죄목으로 죽었고, 예수님처럼 처형하는 자들을 용서해달라고 기도하며 죽었고, 또 자기 영혼을 받아달라고 기도하며 죽었습니다.(눅 23:46) 그는 작은 예수였습니다.

그로 인해 사울이 살아났습니다. 이제 사울, 그러니까 바울은 또 다른 스데반이 될 것입니다. 바울도 스데반처럼 환상 중에 부활하신 예수님을 만나고, 스데반처럼 헬라파 유대인들에게 고난을 당하고, 스데반처럼 모세와 성전을 거스르는 말을 했다고 고소를 당할 것입니다.(행 21:21, 27-28) 스데반은 또 다른 스데반을 낳고, 바울은 또 숱한 새로운 바울들을 낳을 것입니다. 이것이 부활의 복음을 믿는 자들의 삶이고 열매입니다. 이로써 '미생'이던 스데반의 인생은 '완생'이 되었습니다. 그의 죽음은 꽃을 피워 보지도 못하고 비운으로 삶을 마감한 인생이 아닙니다. 결코 실패나 패배가 아닙니다. 뜻을 이루지 못한 때 이른 죽음이 아닙니다. 바둑의 '사석'死石, 즉 죽은 돌이 아닙니다. 그것은 예수님의 죽음이 때 이른 죽음, 뜻을 이루지 못하고 실패로 막을 내린 설익은 죽음이 아닌 것과 같습니다.

하나님이 스데반의 인생을 완성해주셨습니다. 그래서 누가는 스데반의 순교를 죽음이라고 표현하지 않습니다. 그의 죽음은 그리스도 안에서 잠이 되었습니다. 에코이메쎄, ἐκοιμήθη, "이 말을 하고 자니라"(행 13:36; 고전 7:39; 11:30; 15:6, 51) 맹수같이 스데반을 찢어발기려고 달려드는 이들에 의해 무참하게 돌에 맞아 목숨이 끊어졌지만, 하나님은 그것을 평온한 잠이 되게 하셨습니다. 스데반의 평온한 믿음과 사울의 살기 가득한 분노가 얼마나 대조되는지 보입니까? 순교를 평온함과 쉼이 있는 잠으로 만드시는 생명의 하나님이 계시니, 순교의 믿음은 오직 스데반의 결단과 용기만으로 된 것이 아니었습니다. 우리가 할 수 있는 것은 우리 자신의 영혼을 예수님께 부탁하는 것뿐입니다. 그러면 그분이 우리를 완성시켜 주실 것입니다. 그분이 우리를 완생이 되게 하실 것입니다. 그분이 우리를 하나님의 성전으로 삼으시고 하나님 나라로 인도해주실 것입니다.

사랑하는 여러분, 우리 자신에 대해서도 생각해 봅시다. 부족하지만 내가 작은 예수, 예수님의 제자가 되기까지 누구의 섬김과 희생과 담대한 복음 선포와 가르침이 있었습니까? 스데반을 통해 사울이 나왔듯이, 나를 통해 '또 다른 나', '새로운 나'가 태어나고 있습니까? 무엇보다 우리 자녀들이, 우리 가족들이, 우리의 친구들이 새로운 생명을 얻게 하도록 나는 얼마나 내가 믿는 복음을 따라 세상에 대하여 잘 죽고 그리스도 안에서 살아나고 있습니까? 우리 교회가 영적 분만실이 되고 우리는 산파가 되어 새로운 생명들을 출산하고 있는지 돌아보기 바랍니다. 교회가 무너진다, 교회가 위기다, 라는 소리를 예사로 듣는 이 시대에, 주님은 우리 자신과 교회가 자신의 영혼을 주님께 맡기는 스데반이 되기를 기대하십니다. 그렇게 전적인 확신 가운데 죽음을 이기신 예수 그리스도를 바라보는 믿음을 회복하는 것이 교회 회복의 출발이 될 것입니다.

박해 그리고 복음의 확산

이번에도 다시 한번 성전 당국자들과 유대 지도자들이 이긴 것 같아 보였습니다. 막강한 폭력 앞에서 복음의 증인들은 속수무책으로 당하는 것 말고는 할 수 있는 것이 없어 보였습니다. 그런데 이게 끝이 아니었습니다. 예수님이 부활하고 승천하심으로 역전되었던 역사가 이제 그의 제자들에게도 일어났습니다. 예수님은 미생이 아니었습니다. 예수님의 삶은 교회로, 제자들로 이어졌습니다. 하나님 나라 대마는 결코 죽지 않고 계속 그 세력을 확장해나갔습니다. 겨자씨처럼, 누룩처럼 눈에 보이지 않을 뿐이었습니다.

사울은 스데반의 죽음에 찬동하는 데 그친 사람이 아닙니다. 그는 용의주도한 사람입니다. 철두철미한 사람입니다. 옳다고 생각하는 것에 자기 전부를 걸 줄 아는 사람이었습니다. 진심이었습니다. 그를 보면 열정보다 방향이 중요하다는 것을 알 수 있습니다. 훗날 바울도 동족 유대인들을 향해서 "그들이 하나님께 열심이 있으나 올바른 지식을 따른 것이 아니니라"(롬 10:2)고 했을 때, 스데반을 죽이고 남은 예수쟁이 일당을 소탕하기 위해 무진 애를 쓰던 시절의 자신을 떠올렸을 것입니다. 이런 일관된 열정이 있었기에 산헤드린 공의회 의원까지 될 수 있었을 겁니다. 그는 예루살렘 유대교 지도자들 가운데 소장파의 선두였습니다. 학식과 열정을 겸비한 걸출한 청년이었습니다. 그는 유대교의 미래였습니다.

그는 한때의 동료 스데반의 죽음에 눈 하나 깜짝하지 않았습니다. 우리 시대에도 이슬람교 신앙을 버리면 '명예살인'이라는 이름으로 가족까지 제거하는 이들에게서, 순교라는 이름으로 테러를 일삼는 이들에게서, 사울의 빗나간 열정을 볼 수 있습니다.

“사울은 그가 죽임 당함을 마땅히 여기더라” (사도행전 8:1a)

현재분사인 ‘마땅히 여기다’ 쉰뉴도콘, συνευδοκῶν 는 동의를 말하며, 미완료 시제엔, ἦν는 사울 역시 이 처형이 진행되는 동안 줄곧 동의하였음을 보여줍니다.(행 22:20) 길리기아 사람들이 스데반을 공격했는데, 사울이 바로 그 길리기아 출신입니다.(행 6:9) 여기 “죽임 당함”이라는 명사아나이레시스, ἀναίρεσις 는 신약에 23번 나오는데, 《누가 - 행전》에만 21번 나옵니다. 저자 누가는 주로 부당한 죽음을 말할 때 이 단어를 쓰고 있습니다. 특히 예수님의 죽음을 말할 때 이 단어가 자주 쓰이고 있습니다. 그런데 나중에 사울이 죽음의 위협을 당할 때도 이 단어가 쓰입니다. 스데반의 부당한 죽음은 예수님을 닮았고, 바울도 그 스데반이 당한 그 죽음의 위협 속에서 사역하였습니다. 또 여기 사용된 동사가 미완료와 현재 분사 엔 쉰뉴도콘, ἦν συνευδοκῶν 입니다. 교회의 박해는 한 번에 끝난 일이 아니었습니다. 이제 시작이라고 생각했습니다. 씨를 남겨두면 안 된다고 생각했습니다. 신명기 13장에 나오는 이단 잡설을 박멸하라는 지침에 그는 충실히 따랐습니다. 예루살렘에 피바람이 불기 시작했습니다.

“그 날에 예루살렘에 있는 교회에 큰 박해가 있어 사도 외에는 다 유대와 사마리아 모든 땅으로 흩어지니라”(사도행전 8:1b)

큰 박해 디오그모스 메가스, διωγμὸς μέγας 였습니다. 흩어지지 않으면 살아남을 수 없을 만큼 큰 박해였습니다. 스데반이 순교하는 날부터 시작되어 한참 지속되었습니다. 박해에 영향을 받지 않은 사람이 없었습니다.[44] 그래서 "다"판테스, πάντες 유대와 사마리아와 더 멀리 소아시아 지역까지 흩어졌습니다.디아스파레산, διεσπάρησαν, (행 11:19)[45] 고통스러웠지만, 고통만 남은 것은 아니었습니다. 스데반의 순교로 촉발된 박해는 이제 사도행전 1:8에서 예수께서 주신 약속이며 동시에 명령인, 성령이 임하시면 권능을 받아 유대와 사마리아와 땅 끝까지 복음을 전하게 될 것이라는 말씀이 이제 하나님의 오묘한 섭리와 간섭 속에 실현되고 있었기 때문입니다. '바람이 불길을 더 크게 만드는' 법입니다. 창세기에서 형들이 요셉을 박해한 것이 이스라엘을 구원하는 하나님의 계획의 일부로 사용된 것과 같습니다. 요셉을 기억하지 못한 애굽왕 바로의 악행이 이스라엘이 출애굽 하여 약속의 땅 가나안으로 떠나는 계기가 되었던 것도 마찬가지입니다. 중국 공산당의 핍박으로 허드슨 테일러Hudson Taylor 선교사가 세운 내지선교회OMF는 중국을 떠납니다. 637명의 선교사들 가운데 286명은 동남아시아와 일본으로 갑니다. 중국은 그 후로도 기독교를 더 심하게 박해했습니다. 그런데 놀랍게도 교회는 거의 멸절되었을 것이라는 예상과 달리 불과 4년 안에 선교사들이 있을 때보다 3-4배로 성장했습니다.

이제 빌립에 의해 사마리아 전도가 시작될 것입니다. 사마리아 사람들은 팔레스타인 땅 안에 들어와 있는 이방인들로 간주되었습니다. 상종

44 사도들이 예루살렘에 남았다는 것을 근거로 박해가 주로 헬라파 유대인들에게 집중되었을 것이라는 견해도 있다. 대럴 벅(전용우), 《사도행전》(부흥과개혁사, 2018), 406쪽.

45 이 단어에서 '디아스포라'라는 단어가 나왔다.

도 해서는 안 되는 존재들로 취급받았고, 그 부정한 땅은 밟는 것조차 허용되지 않았습니다. 그런데 복음이 그 막혔던 담을 헐고 그 둘을 하나로 연결하였습니다. 사도행전 8장 26절부터는 에디오피아 내시를 전도하는 이야기가 나옵니다. 에디오피아는 뜨거운 남쪽에 있는, 당시에는 사람이 살 수 있는 세상의 끝 경계로 알려진 곳입니다. 당시 사람들에게 '땅 끝'으로 인식되던 곳 중 한 곳이었던 것입니다. 큰 박해로 인해 복음은 금단의 땅을 넘어 땅 끝을 향해 나아가고 있었습니다. 성령님은 아무 말씀 없으셨지만, 흩어지고 나서는 그것이 성령님의 이끄심이었다는 걸 알았습니다.

스데반은 신약의 첫 번째 순교자입니다. 하지만 그는 복음 확장을 위해서 두 가지 큰 기여를 하였습니다. 첫째, 그는 복음 확장의 신학적인 토대를 확실히 마련해주었습니다. 더는 유대인의 토라나 성전이나 할례가 하나님의 백성됨을 결정하지 않는다고 가르쳐주었습니다. 사울은 이 가르침에 가장 격노하였고 격렬하게 저항하였습니다. 하지만 다메섹으로 가는 길에서 부활하신 예수님을 만난 후, 그는 스데반이 전한 것, 생전에 예수님이 하신 말씀이 옳았다는 걸 곧 깨달았습니다. 그가 이방인의 사도로서 탄탄한 신학적 논리를 갖춘 것은 부활하신 예수님과의 만남뿐 아니라, 그 전에 스데반이 죽음을 무릅쓰고 전한 복음과 그의 탁월한 신학적인 논증에도 빚을 졌을 것입니다. 둘째, 그는 순교를 통해서 지리적으로 복음이 확장되는 계기를 마련해주었습니다. 아무도 복음이 언제 어떻게 누구에 의해서 예루살렘의 경계를 넘어야 할지를 분명히 말할 수 없었을 것입니다. 그런데 이제는 때가 되었습니다. 그것이 박해에 의해 내쫓기듯 이동하게 될 줄을 누가 예상했겠습니까? 성령의 권능으로 죽음에 맞서 복음을 증거한 스데반을 통해서 하나님은 다음 단계를 여셨던 것입니다.

그런데 다 흩어질 때도 사도들은 예루살렘에 남았습니다. 잠깐 떠났다가도 곧 돌아왔습니다. 야고보의 죽음(행 12장) 이후 더 넓은 지역 선교에 나서기 전까지 그들은 예루살렘에 남아 이 공격을 계속 당하기로 했습니다. 같이 흩어지는 것이 더 안전했을 것입니다. 그런데 사도들은 교회를 지켰습니다. 그렇게 결정하게 된 이유를 성경이 구체적으로 밝히고 있지는 않습니다. 또 그들이 어떻게 목숨을 부지할 수 있었는지에 대해서도 성경은 침묵합니다. 하지만 이미 사도들은 죽음을 각오한 사람들이었습니다. 죽음을 두려워하지 않았습니다. 오히려 그들은 남은 성도들의 안위를 염려하여 예루살렘을 떠나지 않았을 것입니다. 그들은 아직은 예루살렘 교회가 중요한 역할을 감당해야 한다고 믿었습니다. 나중에 보면 예루살렘 교회는 복음이 이방세계로 나아갈 때 그 구심점 역할을 하고 있습니다. 선교의 교두보와 진원지 역할을 감당하기 위해서는 사도들이 필요했습니다. 사도들 보기에 예루살렘 교회는 아직은 그 모든 사명을 감당하기에는 충분히 서 있지 못하다고 판단했을 것입니다. 그들은 철저히 성령님의 인도하심을 따라 나아가고 멈추는 일을 결정했습니다. 경우에 따라 몸을 숨기기도 하였고, 죽음을 무릅쓰기도 하였습니다. 죽고 사는 것 자체가 중요한 것이 아니라, 어떻게 죽고 어떻게 사느냐가 더 중요했습니다. 자신들보다 하나님의 교회가 더 중요했습니다. 이랬던 사도들도 15장 이후에는 흩어져 복음을 전하고 있습니다.

도대체 어느 정도 상황이 심각했기에 그리스도인들이 예루살렘을 떠나야 했을까요? 3절이 그것을 보여줍니다.

"사울이 교회를 잔멸할새 각 집에 들어가 남녀를 끌어다가 옥에 넘기니라"(사도행전 8:3)

스데반의 죽음을 마땅한 일로 여겼던 사울이 주도하는 박해가 소개됩니다. 그는 신자들이 모임을 갖던 집에 들어가 찾아내서 "끌어다가" 쉬론, σύρων, 직역하면 '질질 끌고 갔다' 옥에 넘겼습니다. 미완료 시제 "넘기니라" 파레디두, παρεδίδου 는 이 일이 상당 기간 지속되었음을 보여줍니다. 여기 쓰인 동사 "잔멸하다" 엘뤼마이네토, ἐλυμαίνετο 는 '야수적이고 병적인 잔혹성'을 보여주는 단어입니다. 사나운 들짐승이 물어뜯어 죽이는 행동을 묘사합니다. 토라에 순종하는 것이 하나님의 백성이 되는 길이라고 여겼던 그가 토라에 의해 저주를 받아 죽은(신 21:22-23; 갈 3:13) 예수가 메시아라고 주장하는 사람들을 용납할 수 없었습니다.

이랬던 사울이 미생인 줄 알았던 예수가 완생으로 부활하여 그 앞에 나타난 후 온 인생이 다 뒤집어졌습니다. 하나님의 아들을 죽이고도 아직 살아남은 자요, 하나님의 아들을 만나고도 아직 살아남은 자가 되었습니다. 그 은혜가, 그 사랑이, 그를 남은 인생 자기 목숨을 바쳐서 부활하신 주를 전하고 죽을 영혼을 살리는 인생이 되게 하였습니다. 그런데 여기 8:1-3을 보면 박해(1절)와 박해(3절) 사이에 스데반을 장사지냈다는 말이 끼어들어가 있습니다.

"경건한 사람들이 스데반을 장사하고 위하여 크게 울더라"(사도행전 8:2)

장례를 치러준 자들을 "경건한 사람들"이라고 부릅니다. 그리스도인들을 잔멸하려던 맹수와 같은 자들, 즉 사울과 이들을 대조하고 싶은 것입니다. 스데반을 장사지내 준 것은 그와 한편이라는 것을 드러내는 일이기 때문에 매우 위험했습니다. 하지만 경건한 사람들, 참으로 회심한 자들은 위험을 무릅썼습니다. 또 스데반을 위하여 애곡했습니다. 공개적으로 처형된 사람을 위해서는 곡하지 않아야 한다는 유대교 관례를 깨뜨리고 공개적으로 애곡했습니다.[46] 이는 유대권력자들이 스데반을 죽인 일에 대한 공적인 저항의 의미가 있었습니다. 스데반의 죽음이 결코 실패나 패배가 아니라고 믿었고, 그는 지금 살아계신 주님 품에서 잔다는 걸 알고 있었지만, 그래도 그들은 슬펐습니다. 자신들의 목숨이 풍전등화라는 것을 알면서도 성령의 사람, 지혜의 사람, 믿음의 사람, 용기의 사람 스데반을 잃은 것은 공동체에게 큰 슬픔이었습니다. 반역죄로 십자가에 죽은 예수님의 시신을 요구했던 아리마대 출신의 요셉, 시신을 장사하는 곳에 함께해준 여인들, 그들이 바로 "경건한 사람들", "스데반을 위해 크게 울어준" 사람들과 같습니다.

나가는 말

복음으로 기쁨이 충만했던 곳 예루살렘, 유무상통의 넉넉함이 넘실거렸던 성령 충만의 도시 예루살렘은 어느새 쥐죽은 듯 고요한 도시가 되었습니다. 큰 울음이 공명하는 도시가 되었고, 이제 감옥 안에 그리스도인들이 가득한 도시가 되었습니다. 당장의 후속 결과만 보면 스데반의

46 보통 30-70일 정도 애도가 진행된다(창 50:3-70일, 신 34:8-30일).

당돌함이 패착이요 자충수였던 것처럼 보였습니다. 용기가 아니라 객기로 보였습니다. 예루살렘 교회라는 대마가 잡힌 것처럼 보였습니다. 그러나 아니었습니다. 이제 4절부터는 그 흑 대마가 백의 견고한 벽을 허물고 사마리아와 땅 끝으로 나아가 수없이 많은 집을 짓는 이야기가 나올 것입니다. 수없는 미생들을 완생으로 바꾸는 역사가 일어나는 것을 볼 것입니다.

역사는, 하나님은 누구를 기억합니까?

러시아의 한 소년이 물었습니다.

"후르시초프가 누구죠?"

그 질문에 누군가 대답했습니다.

"솔제니친과 사하로프 시대에 살았던 별 볼 일 없는 정치가였단다."

남아공의 한 소녀가 물었습니다.

"존 보스터와 보타가 누구죠?"

"만델라와 투투 주교 시대에 살았던 별 볼 일 없는 공직자였지."

"교황 이노켄티우스 2세가 누구죠?"

"아시시의 프란체스코 시대에 살았던 별 볼 일 없는 교회 관리였지."

"만투배튼 경이 누구죠?"

"간디 시대에 살았던 별 볼 일 없는 영국 제국주의자였지."

"빌리 그레이엄이 누구죠?"

"도로시 데이 시대에 살았던 별 볼 일 없는 대중설교자였지."

"교황 요한 파울루스 2세가 누구죠?"

"마더 테레사 시대에 살았던 별 볼 일 없는 성직자였지."

"에드거 후버가 누구죠?"

"마틴 루터 킹 주니어 목사 시대에 살았던 미치광이 정부 관리였지."

오늘 스데반을 죽인 종교지도자들의 이름은 하나도 나오지 않습니다. 오직 사울 한 사람의 이름만 나옵니다. 그가 훗날 스데반을 대신할 헬라파 유대인이 되었기 때문입니다. 역사는 스데반을 기억할 뿐 그를 죽인 자들을 기억하지 않습니다. 그들은 완생이 되지 못한 돌들입니다. 시편 37편은 악인의 운명과 의인의 운명을 분명히 밝힙니다.

> "악을 행하는 자들 때문에 불평하지 말며 불의를 행하는 자들을 시기하지 말지어다 그들은 풀과 같이 속히 베임을 당할 것이며 푸른 채소 같이 쇠잔할 것임이로다 여호와를 의뢰하고 선을 행하라 땅에 머무는 동안 그의 성실을 먹을 거리로 삼을지어다 또 여호와를 기뻐하라 그가 네 마음의 소원을 네게 이루어 주시리로다 네 길을 여호와께 맡기라 그를 의지하면 그가 이루시고 네 의를 빛 같이 나타내시며 네 공의를 정오의 빛 같이 하시리로다"(시편 37:1-6)

땅에서 하늘 집을 짓는 완생 인생

'한 집'으로는 안 됩니다. 육신의 목숨만으로는 안 됩니다. 하늘의 집을 이 땅에서 지어야 합니다. 내가 하나님의 성전이 되어야 하고, 우리가 같이 하나님의 성전인 교회가 되어가야 합니다. 어려울 겁니다. 어쩌면 이 세상에서는 끝내 세입자로 살아야 할지 모르고 계약직으로 끝날지도 모릅니다. 하지만 그리스도의 제자로는 살아갑시다. 세상은 모르는 예수를 우리는 알고 있고, 세상은 보지 못하지만, 우리는 그 예수님이 하나님

보좌 우편에 서시어 우리를 변호하시고 우리를 위해 기도하시는 것을 볼 수 있지 않습니까? 세상은 몰라도, 우리는 하나님의 사랑을 받았고 용서를 받았고 약속을 받은 사람들이란 거 알지 않습니까? 그러니 힘들더라도 스데반처럼 영문 밖으로 끌려가신 그리스도를 따르는 인생이 되기를 바랍니다.

> "예수도 자기 피로써 백성을 거룩하게 하려고 성문 밖에서 고난을 받으셨느니라 그런즉 우리도 그의 치욕을 짊어지고 영문 밖으로 그에게 나아가자 우리가 여기에는 영구한 도성이 없으므로 장차 올 것을 찾나니 그러므로 우리는 예수로 말미암아 항상 찬송의 제사를 하나님께 드리자 이는 그 이름을 증언하는 입술의 열매니라"(히브리서 13:12-15)

장차 올 영구한 도성에서 완생이 될 날을 기대하면서 오늘 기꺼이 순례하는 미생으로서 임시 거처인 이 세상에서 고난 중에도 찬송을 부르면서 예수님을 증언하는 입술들이 되기를 바랍니다.

함께 기도하겠습니다

영광의 하나님 아버지,
저희로 성령 충만하여 당신의 영광을 보게 하여 주시옵소서.
우리 주 예수 그리스도께서 영광의 왕으로
하나님 우편에 서서 우리를 위하여
변호하시고 격려하시고 응원하시는 것을 보게 하시고
똑똑히 믿게 하여 주시옵소서.
영광의 주님과 얼굴과 얼굴을 마주하며 뵈올 그 날까지
이 땅에서 저 하늘의 집을 짓고 잘 살게 하시고
예수께서 우리의 왕이시요 구주이심을 자랑하며 살게 하여 주시옵소서.

이 복음을 향한 세상의 분노와 반발을,
또한 우리를 향한 핍박과 박해를 당연한 것으로 여기고
낙심하지 않게 하여 주시옵소서.
끝까지 우리의 영혼을 책임지실 주님께만 모든 것을 맡기고
세상의 오해와 거절과 반대 가운데도
그것마저도 당신의 뜻을 이루시는 도구로 사용하실 수 있는
우리 주님의 능력과 지혜를
더욱 깊이 신뢰하는 자녀들 되게 하여 주시옵소서.

주님, 지금도 복음을 전하고 복음대로 살기 위해
애쓰는 종들이 세상 곳곳에는 너무도 많습니다.
주님께서 부르신 자리에서 맡은 바 사명을 신명을 다하여

감당하는 증인들이 있습니다.
주께서 오늘 그들을 기억하시고 동행하셔서
한 사람 한 사람 그들의 형편을 따라 보살펴 주시옵소서.
복음을 거절하는 자들을 위해 포기하지 않는 열정으로
그들이 드리는 기도를 받으시옵소서.
자신을 향해 위해를 가하는 자들을
도리어 축복하는 그들의 기도에도 응답하여 주시옵소서.

수님, 저희는 복음이 끝내 승리할 줄 믿습니다.
복음의 약속이 이루어질 줄 믿습니다.
당신의 증인들이 마침내 당신의 영광에 참여하게 될 줄을 믿습니다.
하오니 주님, 눈앞에서 벌어지는 결과에 연연해하지 않고
오직 하나님의 역사 주권을 인정하면서
오늘도 스데반의 길을 가고,
그를 장사하며 애도하는 경건한 자들의 길에 동참하고,
박해를 피해 흩어진 곳에서도
변함없이 복음을 전한 증인들의 길을 좇게 하시옵소서.
목숨을 아끼지 않고 예루살렘 교회를 사수하면서
어머니 교회의 역할을 잘 감당했던
그 사도들의 길을 우리도 걸어가게 하여 주시옵소서.

주님, 이 시대는
참으로 어둡고 외롭고 쓸쓸한 선교의 겨울을 지나고 있습니다.
사랑하는 주님, 이제 저희도 스데반처럼
주의 성령께서 앞장서서 이끄시고 열어주시는 대로
대차게 순종하게 하여 주시옵소서.
오늘도 변함없이 당신의 백성들을 찾으시고 부르시는 줄 믿사오니
저희가 먼저 낙심하거나 포기하지 않게 하여 주시옵소서.
항상 우리 편에 서 주시는 주님만 기대하겠습니다.
아멘.

성령을 구하는 사람, 성령을 사려는 사람

사도행전 8:4-25

성령을 따라 살려는 사람, 성령을 사려는 사람

처음 교회를 찾을 때나 신앙을 가져보기로 할 때는 대부분 나한테 뭔가 도움 될 게 있을까 싶은 맘으로 다가옵니다. 어려울 때 꽉 붙잡고 싶은 것이 필요하고, 누군가 힘겨운 나를 붙들어주었으면 하는 바람으로 찾아옵니다. 하지만 거저 얻겠다는 사람들은 없습니다. 얻고 싶은 것이 중요할수록, 절실할수록 더 큰 대가를 지불하려고 합니다. 그러니까 세상의 거의 모든 종교에서 신앙은 내가 뭔가를 얻고 싶은 게 있어서 내게 있는 시간과 물질과 관심을 바치는 행위입니다. 지성至誠 하면 감천感天 한다는 것이 기본원리입니다. 교회를 처음 나올 때도 그 마음으로 나아옵니다. 이때 내가 믿을 만한 '신'神으로서 경배를 받을 자격을 갖추려면, 그 신에게는 내게 필요한 것, 내가 갖고 싶은 것을 공급해줄 능력이 있어야 합니다. 나도 그 신의 마음에 들 만큼 무언가를 해드려야 한다고 생각합니다. 그런데 어찌 된 건지 그 신은 늘 될 만한 사람만을 밀어주는 것 같습니다. 많이 가진 사람, 높이 오른 사람, 이미 갖고 태어난 사람이 유독 신의 호의를 잘 입습니다. 그들은 바칠 것이 더 많기 때문에 신의 심기를 더 만족시킵니다. 그러고 보면 종교의 영역에서마저도 안 될 사람들은 뭘 해도 안 되는 것 같습니다. 가진 게 없는 사람은 어지간한 열정과 헌신이 아니면 신을 감동시키기 어렵습니다. 어쩌면 종교라는 것도 우리의 불행을 내 탓으로 받아들이게 하는 장치에 불과한 것이 아닌가 싶기도 합니다. 신의 호의가 신의 성품이나 의지에 달린 것이 아니라 우리 인간에게 달려 있다고 말하는 '공로주의' 혹은 '공적주의'가 세상 거의 모든 종교의 특징입니다. 그래서 종교에서 위안을 찾아보려다가 종교에게 더 가혹한 폭행을 당해서 삶이 망가지는 일도 봅니다. 종교의 노예가 되거나 광신도가 되어 일상이 파괴되고 인간성이 파괴되기도 합니다. 그런 줄도 모르고 종교중독에 빠진 경우가 허다합니다. 이슬람의 광기를 보십시오. 유대인들의 무자비함을 보십시오. 기독교인들의 오만함을 보십시오. 불교의 탐욕을 보십시오. 가톨릭의 위선을 보십시오. 그 종교들이 겉으로 추앙하는 가치와 그 종교를 믿는 사람들의 일상 사이에 존재하는 너무나도 큰 괴리가 보입니까?

고상한 듯 보이는 종교가 사실 세속과 전혀 다르지 않습니다. 그래서 세속을 피하려고 종교에 몸을 담그지만, 세속보다 더 속된 곳이 종교인 것을 알게 됩니다. 사실 이 세상의 작동원리 자체가 종교적입니다. 종교의 이름을 붙이지 않았지만, 인간이 시대마다 선택하고 추종하는 이데올로기도 그들이 자신의 삶의 가치와 향방과 운명까지 내거는 종교에 다름 아닙니다. 자본주의나 공산주의, 주체사상, 군국주의, 나치즘, 제국주의 등이 사실 모두 종교적입니다. 그 어떤 체제도 가진 것 없는 사람, 능력이 없는 사람, 노력해도 안 되는 사람, 아예 뭔가를 할 의지가 없거나 건강이 뒷받침되지 않는 사람, 타고난 조건이 여의치 못한 사람이 사람답게 대접을 받으며 더불어 살기 좋은 세상을 우리에게 가져다주지 못했습니다. 이 세상 거의 모든 이야기에서는 처음부터 될 만한 사람과 해도 안 될 사람이 나눠지는 것 같습니다.

진짜 종교, 심층종교深層宗教, 참 종교가 있다면 어떤 모습일까요? 우리의 욕망을 극대화하는 것이 아니라 생명을 극대화하고 샬롬을 극대화합니다. 더 많이 소유하고 더 높이 올라가는 것을 목표로 하지 않고, 더 많이 사랑하고 더 낮은 곳으로 내려가는 것을 목표로 합니다. 모든 것으로부터 진정한 자유를 얻게 합니다. 그리하여 자신의 자유를 타인을 위해서 기꺼이 양도합니다. 참 종교에서는 처음에는 자신의 필요를 위해 찾아왔던 사람들마저도 결국에는 삶의 조건보다 존재 자체에 주목하고, 신을 비롯하여 모든 생명 있는 것들과의 관계에 집중하는 사람으로 변모합니다. 내가 준 만큼 돌려받는 줄 알고 안간힘을 썼는데, 내가 누구이며 얼마나 해냈는지에 상관없이, 먼저 "너는 내 사랑하는 아들이요 내 기뻐하는 자라"고 말해주는 종교이고, 그 말이 사실이라고 믿고 그 사랑을 진심으로 받아들이고, 그런 다음에는 그 사랑으로, 그 능력으로, 이전보다 더욱, 내 힘으로 사랑하던 때보다 더욱 비워진 마음으로 사랑할 수 있는 사람이 되게 하는 것이 참 종교입니다. 그래서 무너졌던 삶이 회복되고, 일상의 신비가 느껴지고, 꺼져가던 인간성의 불씨가 살아나고, 또 인간의 존재 자체가 갖는 가치를 회복하는 기적을 만들어내는 것이 참 종교입니다. 그것이 율법의 종교나 공로의 종교와 참 종교가 구분되는 지점입니다.

우리가 추구하는 신앙은 종교의 눈으로 볼 때도 여타 종교들과 뚜렷이 구별되는 심층종교입니다. 하지만 하나님을 향한 사랑과 열정을 앞세워 그의 아들 예수를 죽이고 그를 전하는 증인들을 잡아 가두었던 유대교처럼, 같은 성전, 같은 성경, 같은 믿음의 대상을 가지고도 탐욕과 갈등과 분열을 만들어내는 표층종교表層宗教에 불과한 자들도 있습니다.

오늘 본문에서는 세 부류의 사람이 등장합니다.

1) 예루살렘 교회의 일꾼 빌립

2) 사마리아인 시몬

3) 예루살렘 사도들이 보낸 두 사도, 베드로와 요한

하지만 빌립과 두 사도는 같은 성격의 사람입니다. 그 지향성이 같은 사람들입니다. 이들과 대조적인 사람이 사마리아인 시몬입니다. 한쪽은 소외와 외면의 땅 사마리아에도 성령을 부어주시기를 기도하는 사람들이고, 다른 한쪽은 자기 자신만을 위해 돈으로 사려는 사람입니다. 한쪽은 복음을 자랑하는 사람이고, 다른 한쪽은 자기 자신을 자랑하는 사람입니다. 한쪽은 성령을 따라 살려는 사람이고, 다른 한쪽은 성령을 소유하려는 사람입니다. 한쪽은 예수님을 왕으로 모신 사람들이고, 다른 한쪽은 예수님을 종으로 부리려는 사람입니다. 빌립과 사도들은 심층적인 신앙인은 어떤 사람이고 어떤 인생을 사는지를 보여줍니다. 반면에 사마리아인 시몬은 자기 욕망을 숭배하는 종교인, 하나님마저 우상으로 삼는 표층적인 종교인의 모습을 적나라하게 보여줍니다.

큰 박해, 큰 울음, 큰 기쁨

스데반의 일로 예루살렘에 유례없는 '큰 박해'의 광풍이 불어 닥쳤습니다. 스데반을 잃은 예루살렘의 경건한 성도들은 공개적인 '큰 울음'으로 그를 장사합니다. 하지만 큰 박해가 큰 두려움과 큰 근심으로 이어지지는 않았습니다. 과거에 사도들은 십자가 앞에서 두려워했습니다. 그래서 도망쳤고 배도했고 부인했습니다. 하지만 이제 그리스도인들은 부활하신 그리스도를 만났습니다. 이 세상이 죽인 자가 살아난 것을 보았고 경험했습니다. 그래서 이제 그들도 이 세상보다 더 강한 자가 있다는 것을 알게 되었습니다. 죽음을 죽음이 되지 않고 잠이 되게 하실 수 있는 분이 있다는 것을 알게 되었습니다. 이제 세상보다 그를 믿었습니다. 그를 의지했습니다. 그래서 죽음의 위협이 닥쳤는데도 주눅 들지 않았습니다. 여전히 성도의 죽음은 슬퍼할 일이었고, 투옥 생활은 힘들었을 겁니다. 박해를 피해 정든 집을 떠나야 했고, 새로운 가족이던 교회 공동체는 뿔뿔이 흩어져야 했습니다. 하지만 그 흩어짐은 단지 패잔병들의 줄행랑이 아니었습니다.

"그 흩어진 사람들이 두루 다니며 복음의 말씀을 전할새"(사도행전 8:4)

그들의 흩어짐은 '사역지 이동'이었습니다. 요셉은 가나안의 집에서 애굽의 보디발의 집으로, 다시 감옥과 왕궁으로 자기 의지와 상관없이 거처를 옮겨야 했습니다. 하지만 어디로 가든 요셉은 거기서 자신과 동행하시는 하나님을 의지했고, 그곳을 하나님의 사역지가 되게 했습니다. 그것은 좌천도 아니고 승진도 아닌, 단지 '보직이동'이었습니다. 예루살렘의 성도들은 뿔뿔이 흩어졌습니다. 하지만 그것은 한 번도 복음이 전해지지 않는 곳에 복음이 전해질 수 있는 새로운 기회가 되었습니다. 스데반 같은 헬라파 유대인들과 아람어를 쓰는 히브리파 유대인들이 모두 흩어졌습니다. 당연히 그들은 말이 통하는 그리스도인 동료들이 있는 곳으로 흩어져 보호를 받았을 것입니다. 사도행전 11장을 보면 안디옥 교회를 세우는 데 기여한, 헬라어를 구사할 줄 아는 헬라파 유대인들의 활약상이 나옵니다.

"그 때에 스데반의 일로 일어난 환난으로 말미암아 흩어진 자들이 베니게와 구브로와 안디옥까지 이르러 유대인에게만 말씀을 전하는데 그 중에 구브로와 구레네 몇 사람이 안디옥에 이르러 헬라인에게도 말하여 주 예수를 전파하니"(사도행전 11:19-20)

그러고 보면 오늘 본문 사도행전 8:4부터 11:19까지는 두루 다니며 복음을 전한 내용을 소개하고 있다고 볼 수 있습니다. 사마리아의 빌립(행 8:5-13), 베드로와 요한(행 8:14-25), 가사(행 8:26-39)와 아소도와 가이사랴(행 8:40)를 다니며 전도한 빌립, 다메섹에서 회심한 후 신자들을 만나는 사울(행 9:1-22), 예루살렘(행 9:23-29), 다소(행 9:30), 룻다와 욥바 (행 9:32-43), 가이사랴(행 10:1-48)로 갔다가 예루살렘으로 다시 돌아온 베드로(행 11:1-18)의 행적이 이어집니다. 오늘 본문은 이런 흩어진 사람 가운데 사마리아 지역으로 간 한 유대인의 행보에 주목합니다. 그가 바로 "빌립" 입니다. '데' δὲ 라는 접속사로 시작함으로써 그의 행보가 남다르다는 것을 암시합니다.

"(δὲ) 빌립이 사마리아 성에 내려가 그리스도를 백성에게 전파하니[47] "(사

47 '전하다'(에케뤼센, ἐκήρυσσεν)은 개시를 나타내는 미완료 시제다. 선포하기 시작했다는 뜻이다.

도행전 8:5)

왜 그가 독특합니까? 모두가 동족 유대인들에게만 복음을 전하고 있을 때, 그만은 유대인들이 원수로 여기고 심지어 짐승처럼 여기던 사마리아 땅으로 향했기 때문입니다. '빌립'은 스데반처럼 헬라파 유대인입니다. 그도 스데반처럼 구제를 담당하기 위해 예루살렘 교회가 뽑은 일곱 일꾼 가운데 한 명입니다. 하지만 그 역시 스데반처럼 그 일곱에 속하기 전부터 복음을 전하고 가르치던 사람이었을 것입니다. 나중에 주의 사자가 직접 나타나 "예루살렘에서 가사로 내려가는 길까지 가라"고 명령하시는 것을 들을 정도로, 그는 영적 소통 능력을 구비한 인물이었습니다. 그에게는 딸이 넷이 있는데, 모두 선지자로 활동하고 있는 것을 볼 때, 그의 가정 전체가 성령의 역사에 예민한 감각을 갖고 있었던 것으로 보입니다.(행 21:8-9) 그는 하나님께서 박해를 계기로 예루살렘 성도들을 흩으신 것을 예삿일로 여기지 않았음에 분명합니다. 그는 분명 사도행전 1:8에서 예수께서 남기신 말씀을 기억해냈을 것입니다.

"오직 성령이 너희에게 임하시면 너희가 권능을 받고 예루살렘과 온 유대와 사마리아와 땅 끝까지 이르러 내 증인이 되리라 하시니라"(사도행전 1:8)

이 말씀을 분명히 들었지만, 그간 아무도 이 말씀대로 실천할 엄두를 내지 못했습니다. 물론 오순절에 임한 성령의 역사를 경험한 자들이 각자 고향으로 돌아가서 복음을 전하고 있었을 것입니다. 하지만 사도들이 예루살렘을 떠나지 않고 머물러 있는 상황에서 일반 성도들이 '사마리아'에 들어가서 복음을 전해야겠다고 생각하고 먼저 나서려는 사람은 없었을 것입니다. 사도들이 사마리아에 들어갈 시기와 방식을 정한 후에 후속 사역을 이어간다면 모를까 먼저 엄두를 낼 일은 아니었습니다. 유대 땅이라면 몰라도 사마리아는 상상 밖의 공간이었습니다. 그런데 이제 예루살렘을 떠나 사방으로 흩어질 수밖에 없는 돌발 상황이 벌어졌습니다. 빌립은 그 탁월한 영적 감각과 소통 능력으로 이때가 바로 사마리아로 들어갈 때라고 생각한 것입니다. 물론 그가 내려갔을 때 이미 그를 기다리는 신자들이 있었을 것이고(요 4:19-26, 39-42), 예수님을 거부했던(눅 9:52-56) 정서도 남아 있었을 것입니다.

저자 누가는 빌립이 사마리아 사람들에게 전한 것은 "그리스도"였다고 기록합니다. 오경만을 정경으로 인정하는 사마리아 사람들에게 빌립은 사마리아 사람들이 기대하던 "모세와 같은 선지자"(신18:15, 18), 타헵Taheb이 바로 이 예수라고 가르쳤을 것입니다. 물론 타헵은 율법을 회복하고 예배를 갱신하고 다른 민족에게 지식을 주는 존재로서, 메시아그리스도는 아니고 종말의 도래를 알리는 사람이었습니다.

사마리아와 유대의 관계

왜 그간 사도들마저도 예루살렘에만 머무르고 사마리아에는 들어간 사람이 한 명도 없었는지 궁금할 것입니다. 유대인들에게 사마리아는 인력으로는, 인간의 상식으로는, 인간의 감정으로는 도저히 사랑할 수 없는 상대, 사랑할 자격이 없다고 생각하는 상대였습니다. 자신들이 자격 없는 자에게 베푸는 사랑을 받았는데도 말입니다. 그래서 성령께서 그 큰 장벽을 '큰 박해'라는 방법으로 깨뜨리신 것입니다.

유대인과 사마리아인이 왜 이렇게까지 증오와 원한 가득한 관계가 되었습니까? 그 반목의 역사는 우리와 일본의 역사만큼이나 오래되었습니다. 예수님 시대까지 무려 천 년이 넘었습니다. 주전 10세기 북쪽의 열 지파와 남쪽의 두 지파가 각각 북이스라엘과 남유다로 갈라지면서부터 그 반목은 시작되었습니다. 주전 722년 북이스라엘이 앗수르에게 멸망하고 그 땅에서 추방되었습니다. 그 대신 이방인들이 이주해 살았습니다. 그러면서 그 지역 사람들은 이방인들과 피가 섞이게 되었습니다. 그때부터 유대는 사마리아를 부정한 땅으로 여기기 시작합니다. 주전 6세기에 유대와 사마리아 사람들이 모두 포로에서 돌아옵니다. 그들은 성전 재건에 나서는데, 사마리아 사람들이 이를 반대하고 그리심 산에 자신들만의 성전을 세웠습니다. 하지만 주전 2세기에 유대 통치자 요한 히르카누스 John Hyrcanus가 이 성전을 파괴하고 사마리아를 점령했습니다. 주전 63년 로마가 팔레스타인 땅을 정복하고서야 사마리아 사람들은 유대 사람들로부터 독립할 수 있었습니다. 이들은 오경을 제외하고는 어떤 성경도 정경으로 인정하지 않습니다. 유대인들에게 사마리아인들은 사실상 이교도이자 이방인이나 다름없었습니다. 그들은 서로 상종하지 않았습니다. 유대인들은 그 땅을 밟지 않으려고 중간에 있는 사마리아를 피해서 요단강을 건너 북쪽의 갈릴리와 남쪽의 유대 사이를 오갔습니다. 사마리아 사람과 함께 먹는 것은 돼지고기를 먹는 것과 같다는 말이 있을 정도였습니다. 특히 훗날 '사랑의 사도'라고 불린 요한도 한때는 사마리아가 예수님을 영접하지 않자 사마리아의 마을에 불을 내려달라고 예수께 요청하기도 했습니다.(눅 9:51-55) 어느 정도 반감이 심했는지 짐작이 되지 않습니까?

에스겔 36-37장, 통일 왕국의 약속

그렇게 원수지간이던 사마리아와 유대가 하나가 되는 것이 진정한 새 이스라엘, 하나님 나라가 이뤄지는 청신호가 될 것이라고 성경은 말합니다. 새 언약 시대에 이루어질 중요한 약속 가운데 하나가 바로 남과 북의 통일이었습니다. 에스겔 36-37장에서 우리는 그 약속을 볼 수 있습니다. 이 말씀은 바벨론 포로 가운데 있던 자들에게 주신 말씀입니다. 첫째, 그들이 고토로 돌아올 것이라고 합니다. 둘째, 하나님께서 그간 지은 모든 죄를 사하시고 정결하게 하실 것이라고 약속하십니다.

> "맑은 물을 너희에게 뿌려서 너희로 정결하게 하되 곧 너희 모든 더러운 것에서와 모든 우상 숭배에서 너희를 정결하게 할 것이며"(에스겔 36:25)

셋째, 성령을 주어 마음을 부드럽게 하고, 그래서 말씀을 지킬 수 있는 사람이 되게 하시겠다고 약속하십니다.

> "또 새 영을 너희 속에 두고 새 마음을 너희에게 주되 너희 육신에서 굳은 마음을 제거하고 부드러운 마음을 줄 것이며 또 내 영을 너희 속에 두어 너희로 내 율례를 행하게 하리니 너희가 내 규례를 지켜 행할지라"(에스겔 36:26-27)

이렇게 될 때 비로소 새 언약 백성과 하나님의 새로운 관계가 형성된다고 하십니다. 새 언약 백성은 이제 죄에서 떠난 사람, 우상 숭배에서 떠난 사람입니다. 그리고 성령을 따라서 사는 사람, 말씀에 순종하며 사는 사람이라고 합니다. 그 말씀이 '사랑', 즉 하나님 사랑과 이웃 사랑을 가르치지 않습니까? 그렇다면 새 언약 백성은 '사랑'의 사람입니다. 성령으로 마음에 할례를 받은 사람은 사랑의 사람입니다. 그러니 새 언약 백성으로 구원을 받았다고 하면서, 사마리아 사람을 철천지원수로 여긴다면, 그들은 구원을 받을 자격이 없다고 생각하여 배척하는 것은 새 언약 백성에게 기대되는 사랑의 태도는 아닙니다. 이방인들을 구원의 범위 바깥으로 배제시키는 것은 잘못입니다.

에스겔 37장에서는 그렇게 새 언약 백성이 되는 것을 골짜기에 있는 마른 뼈들에게 생기가 들어가서 그들이 온전한 사람으로 새롭게 창조되는 환상으로 보여줍니다. 새 언약을 통해 하나님 나라가 세워지는 일은 바로 하나님의 '새 창조'가 이루어지는 일이라는 것을 알 수 있습니다. 선지자는 그들이 모여 한 거대한 "군대"를 형성하는 것을 봅니다.

> "주 여호와께서 이 뼈들에게 이같이 말씀하시기를 내가 생기를 너희에게 들어가게 하리니 너희가 살아나리라 너희 위에 힘줄을 두고 살을 입히고 가죽으로 덮고 너희 속에 생기를 넣으리니 너희가 살아나리라 또 내가 여호와인 줄 너희가 알리라 하셨다 하라 … 이에 내가 그 명령대로 대언하였더니 생기가 그들에게 들어가매 그들이 곧 살아나서 일어나 서는데 극히 큰 군대더라"(에스겔 37:5-10)

이 장면은 누가 봐도 창세기에 나오는 첫 창조를 떠올립니다. 첫 창조된 백성과 모세를 통해 첫 언약을 맺고 첫 이스라엘이 태어났습니다. 그런데 그들이 그 언약을 파괴하여 망해버렸습니다. 그러나 하나님의 하나님 나라 계획은 끝나지 않았습니다. 다시 그들을 용서하시고 성령을 주셔서 새 언약을 맺으셨습니다. 그것이 바로 새 창조입니다. 구원은 옛 모습 그대로인 우리에게 '천국 티켓' 하나 건네주는 사건이 아닙니다. 그것은 우리를 완전히 새롭게 창조해가는 과정입니다. 그래서 하나의 거대한 군대가 되어 이 세상과 맞서는 '교회'가 되게 하는 일입니다.

그런데 환상은 거기서 그치지 않습니다. 하나님은 에스겔에게 막대기 두 개를 가져오게 합니다. 그리고 하나에는 '유다'와 그 짝 '이스라엘' 자손이라고 쓰고, 다른 하나에는 '요셉'과 그 짝 '이스라엘 온 족속'이라고 쓰라고 합니다. 그리고 그 막대기들을 서로 합하여 하나가 되게 하라고 합니다. 그러고 나서 왜 이 퍼포먼스를 하게 하는지 이유를 밝히십니다.

> "그들에게 이르기를 주 여호와께서 이같이 말씀하시기를 내가 이스라엘 자손을 잡혀 간 여러 나라에서 인도하며 그 사방에서 모아서 그 고국 땅으로 돌아가게 하고 그 땅 이스라엘 모든 산에서 그들이 한 나라를 이루어서 한 임금이 모두 다스리게 하리니 그들이 다시는 두 민족이 되지 아니하며 두 나라로 나누이지 아니할지라."(에스겔 37:21-22)

그런데 그렇게 하나 된 나라의 왕으로 하나님은 누구를 세우십니까?

> "내 종 다윗이 그들의 왕이 되리니 그들 모두에게 한 목자가 있을 것이라 그들이 내 규례를 준수하고 내 율례를 지켜 행하며 내가 내 종 야곱에게 준 땅 곧 그의 조상들이 거주하던 땅에 그들이 거주하되 그들과 그들의 자자 손손이 영원히 거기에 거주할 것이요 내 종 다윗이 영원히 그들의 왕이

되리라" (에스겔 37:24-25)

다윗이 그들의 왕이 된다는 말은 다윗의 후손에서 오실 메시아가 그 통일 왕국의 왕이 된다는 뜻입니다. 이 모든 환상이 지금 빌립의 사마리아 전도를 통해서 성취되기 시작한 것입니다. 인간적으로는 하나가 될 수 없는 원수들이 진정으로 형제가 될 수 있는 것은 '성령'을 통해서만 가능합니다. '예수 그리스도'의 구속과 용서하시는 사랑을 통해서만 가능합니다. 또한 그 사랑을 경험한 자들의 복음 증거를 통해서만 가능합니다. 예수 그리스도가 그들 가운데 왕이 되셨을 때, 비로소 원수들 간의 화해와 화목과 평화가 이루어집니다.

빌립의 사마리아 전도

빌립은 사마리아 성으로 가서 '그리스도'를 전파했습니다. 4절에서는 "복음"을 전했다고 하고, 5절에서는 그 복음의 내용을 "그리스도"라고 구체적으로 말합니다. 메시아가 오셨다는 소식, 구원자, 새로운 하나님 나라의 왕이 오셨다는 소식, 그것이 바로 '복음', 기쁜 소식입니다. 이에 사마리아는 어떻게 반응합니까?

"무리가 빌립의 말도 듣고 행하는 표적도 보고 한마음으로 그가 하는 말을 따르더라"(사도행전 8:6)

빌립의 복음 전도에는 귀로 듣는 말씀과 눈으로 보는 표적이 다 동원되었습니다. 이것은 예수님이 사용하셨던 것과 같은 방법입니다. 그런데 사마리아는 표적보다는 '말씀'에 더 관심을 기울였습니다. 그것은 여기 "한마음으로 그가 하는 말을 따르더라"에서 "하는 말"레고메노이스, λεγομένοις은 현재시제이고, "따르더라"프로세이콘, προσεῖχον는 미완료 시제인 것을 통해 알 수 있습니다. 그냥 일시적인 현상이 아니라, 빌립의 사역 내내 사마리아는 빌립이 전한 말씀에 상당 기간 동안 주의 깊게 집중하고 주목했습니다. 그가 행하는 표적 역시 그 말씀의 주인공인 예수의 왕권을 더 잘 받아들일 수 있게 해주었을 것입니다.

구체적으로 어떤 표적이 일어났는지를 7절에서 말해줍니다. 7절은 이유를 나타내는 접속사가르, γὰρ로 시작하는데, 6절에 나타난 무리의 변화가 어떻게 해서 가능했는지를 설명해주고 있는 것입니다.

> "많은 사람에게 붙었던 더러운 귀신들이 크게 소리를 지르며 나가고 또 많은 중풍병자와 못 걷는 사람이 나으니"(사도행전 8:7)

한 절 안에 두 번이나 "많은"이라는 표현이 나옵니다. 눈요기로만 기적이 일어난 것이 아니라, 실제 하나님 나라가 사마리아에도 임했다는 것을 사람들이 확인할 수 있을 만큼 그 규모가 컸고 지속적이었습니다. 이런 기적들 역시 모두 예수님의 사역 기간 동안 유대와 갈릴리에서 보았던 것들입니다. 이제는 부활하신 예수께서 빌립을 통하여 역사하고 계신 것입니다. 다윗의 후손 예수님이 "그리스도"가 되어 성령의 능력으로 사탄의 나라를 몰아내고 하나님 나라를 가져오셨다는 것을 증명해주고 있는 것입니다. 여기 더러운 귀신들이 "크게 소리 지르며 나갔다"는 것은 악한 영에서 기적적으로 자유로워지는 사건이 일어났음을 보여줍니다. 이것은 귀로 들었고, 중풍병자가 낫는 것은 눈으로 보았습니다. 그 결과가 8절에 나옵니다.

"그 성에 큰 기쁨이[48] 있더라" (사도행전 8:8)

'큰' 박해 때문에 '큰' 울음을 울었던 예루살렘의 성도들이 흩어져 이제 부정한 귀신에 사로잡혀 있던 우상숭배의 도시 사마리아에 예수께서 '큰' 기쁨폴레 카라, πολλὴ χαρὰ, 해방의 기쁨, 치유의 기쁨, 구원의 기쁨을 주셨습니다. 이 희락은 '성령'의 열매 가운데 하나입니다.(갈 5:22) 성령님을 통해 예수님의 다스림이 임한 곳에는 큰 기쁨이 있습니다. 이 기쁨이 우리 공동체와 성도들의 가정에 항상 머물기를 바랍니다. 성령을 통해 예수님이 주인이 되시는 인생, 거기에 기쁨이 있는 것을 기억하면서 주님의 통치가 오늘보다 내일 내 인격과 삶에 더욱 임하도록 간절히 구하는 성도들이 되길 바랍니다. 그러기 위해 사마리아 성도들처럼 말씀에 주목하고 귀를 기울이고 "따르는" 성도들이 되길 바랍니다.

사마리아의 회심, 시몬의 회심

저자는 빌립에 이어 다른 한 사람을 소개합니다. 사도행전 8장 9-13절에는 사마리아의 회심 사건을 대표할 만한 한 인물이 등장합니다. '시몬'입니다. 그는 전형적인 '사마리아'의 시대정신을 대변하는 사람입니다. 사마리아에서 가장 잘 나가는 사람이었습니다. 사마리아도 유대나 갈릴

48 사도행전에 "기쁨"이라는 단어가 여기 처음 나온다.

리처럼 하나님을 믿는다고 믿었습니다. 그리심 산에 성전을 세워 두고 제사를 했고, 오경을 지킨다고 지켰습니다. 그런데 그건 하나의 '종교'였을 뿐입니다. 그들은 하나님을 사랑한 것이 아니라, 하나님을 통해서 무언가를 이 땅에서 더 많이 성취하고 더 많이 소유하려는 사람이었을 뿐입니다. 그런 사람들의 특징이 '혼합주의'입니다. 하나님도 믿고 우상도 믿는 것입니다. 그러니 거짓과 위선과 탐욕이 혼합 종교의 특징이 됩니다. 사람들은 거기에 위안이 있고 소망이 있는 줄 알고 찾아왔다가 오히려 이 진실하지 못한 종교권력자들, 종교전문가들에게 속아서 상처만 받고 이용만 당하고 말 것입니다. 이 사람 시몬에 대해서 성경은 이렇게 소개합니다.

> "그 성에 시몬이라 하는 사람이 전부터 있어 마술을 행하여 사마리아 백성을 놀라게 하며 자칭 큰 자라 하니 낮은 사람부터 높은 사람까지 다 따르며 이르되 이 사람은 크다 일컫는 하나님의 능력이라 하더라 오랫동안 그 마술에 놀랐으므로 그들이 따르더니"(사도행전 8:9-11)

그는 자타가 인정하는 "큰 자"였습니다. 그는 마술을 잘할 뿐 아니라 자신을 신적인 지위에 있는 사람인 것처럼 주장했습니다.[49] '내가 제일 잘났어'라고 스스로 생각하고 남들도 인정했습니다. 종교가 모든 것을 지배하는 시대에 그는 최고의 종교전문가요 권위자였습니다. 모든 정치

---

49 옛 세겜인 네압볼리 출신으로 사마리아 사람인 순교자 유스티누스(주후 100-165년)는 시몬이 자신을 "모든 능력과 권위와 힘 위에 존재하는 하나님"이라고 주장했으며(*Dail*.120.6), "그는 신으로 여겨졌고" 사마리아 사람들이 "이 사람을 자신들의 첫 번째 신으로 고백했다"라고 말한다(*1Apol*. 26).

인들, 경제인들, 권력자들이 그의 한마디에 좌우되었습니다. 요즘에도 무속인의 말을 듣고서 권력자들과 재벌들이 국가정책을 결정하고 대형 사업을 기획한다는 믿기지 않는 소식이 들려오고, 그것이 일부 사실로 드러나고 있기도 합니다. 소위 힘이 있다는 자들의 내면이 얼마나 빈곤하고 황량한지를 보여줍니다.

그의 마술에 '놀라서' 엑시스테미, ἐξίστημι, (행 8:9, 11) 그를 '따르는' 프로세코, προσέχω, (행 8:10, 11) 사람들이 많았습니다. 시몬은 사마리아 유대교 성직자는 아니었지만, 그 이상으로 영향력을 떨치는 사람이었습니다. 예루살렘에서 '성령'을 통해서 많은 사람들의 삶이 변하고 인생관이 변하는 '뒤집어짐의 역사'가 일어나고 있을 때, 사마리아는 '시몬'이 지배하고 있었습니다. 그 기간이 "오랫동안"이라고 저자는 말합니다. 사마리아 안에서 시몬의 영향력을 짐작할 수 있게 하는 표현입니다. 바로 앞에서 빌립이 진짜 기적을 통해서 사람들에게 큰 기쁨, 진정한 치유와 회복의 기쁨을 주었던 것과 달리, 마술은 거짓과 속임수입니다. 거짓 위안, 거짓 만족, 거짓 소망을 주는 것이 마술입니다. 치유가 아니라 중독을 가져다주는 쇼show입니다. 두 기적이 만났습니다. 어떤 일이 벌어졌을까요?

사도행전 8장 6절에서 빌립의 말을 듣고 표적을 본 후에 무리가 빌립이 하는 말을 "따랐다" 프로세코, προσέχω 고 했는데, 여기 10, 11절에도 낮은 사람부터 높은 사람까지, 즉 교육받지 못한 사람부터 영향력 있는 사람까지 다 사마리아 사람들은 이 시몬을 "따르고" 프로세코, προσέχω 있었다고 말합니다. 여기 "크다 일컫는 하나님의 능력"이라는 말은 그가 신적인 존재로 추앙을 받았다는 뜻입니다. 이것은 시몬이 자신을 지칭한 신적 이름일 수도 있습니다. 사마리아가 겉으로는 하나님을 숭배하고 제사도

지내고 모세의 율법도 가르쳤지만, 실제로는 시몬이 신으로 군림하고 있었다는 뜻입니다. 하나님 숭배와 시몬 숭배 사이에서 그들이 아무런 갈등도 느끼지 못했다는 것이 더 큰 문제입니다. 여기 "오랫동안" 디아 토 히카노 크로노, διὰ τὸ ἱκανῷ χρόνῳ 이라는 말은 그들이 잠깐 미혹된 것이 아니라 얼마나 깊이 연루되어 있었는지를 보여줍니다. 다만 그 자체가 이미 타락한 종교, 표층종교의 전형적인 모습 아닙니까? 예나 지금이나 타락한 교회는 여지없이 시몬의 종교를 닮아갑니다. 인간 목회자를 중심으로 모든 권력이 집중되고, 성도들은 진리가 주는 자유를 누리지 못한 채 종교중독자로 전락합니다. 한편으로는 겁박으로, 다른 한편으로는 재물이나 성적 만족 sexual fantasy 을 통해 추종자들의 몸과 영혼을 사로잡습니다. 그런 거짓 복음, 욕망의 복음, 탐욕의 복음을 따르던 데서 참된 복음, 치유의 복음, 화해와 사랑의 복음을 따르는 데로 옮기는 것을 '회심'이라고 합니다. 우리는 성령과 시몬을 동시에 의지할 수 없습니다.

그런데 그랬던 시몬에게 엄청난 일이 벌어집니다. 사마리아의 신적 존재인 시몬이 빌립을 통해 벌어지는 성령의 역사를 보고는 회심하는 사건이 일어난 것입니다.

> "빌립이 하나님 나라와 및 예수 그리스도의 이름에 관하여 전도함을 그들이 믿고 남녀가 다 세례를 받으니 시몬도 믿고 세례를 받은 후에 전심으로 빌립을 따라다니며 그 나타나는 표적과 큰 능력을 보고 놀라니라"(사도행전 8:12-13)

시몬은 어느 날 갑자기 자기를 찾는 사람들이 점점 줄어들고 있다는 걸 알게 되었습니다. 그의 종교사업이 기울기 시작한 것입니다. 안 믿는 제 친구들은 지금도 교회를 저의 사업체라고 생각합니다. 제가 개척한 후에 한 친구는 교회가 하도 욕을 먹는 것을 보면서 제가 맘에 걸렸던지 종종 전화해서는 "어째 먹고는 사냐? 요새 손님들은 좀 오시고?"라고 물으면서 진심으로 걱정해줍니다. 시몬은 장사가 안 되자 그 이유를 알아보았습니다. 자기 손님들이 빌립이 장사하는 데로 빠져나갔다는 것을 알게 되었습니다. 앞에서는 빌립이 복음을 전했다, 혹은 그리스도를 전했다고 했는데, 여기서는 좀 더 자세하게 그가 무엇을 전했는지를 말해줍니다.

> "빌립이 하나님 나라와 및 예수 그리스도의 이름에 관하여 전도함을 그들이 믿고"(사도행전 8:12)

여기 복음의 내용이 소개됩니다. 예수가 그리스도가 되셔서 하나님 나라를 가져왔다는 소식, 그래서 이제 어둠의 나라, 사탄의 나라가 물러가고 있다는 소식, 그 복된 소식을 전했습니다. "예수 그리스도의 이름에 관하여 전도했다"는 말이 곧 예수가 왕이요 구세주라는 사실을 전했고, 그 이름의 권능에 대해서 전했다는 뜻입니다. 눈으로 볼 수 있는 기적을 일으키면서 귀로 들을 수 있는 복음을 전했습니다.(행 8:6-7) 세례를 받는다는 것은 그 종교에 입문한다는 뜻입니다. 사마리아 사람들은 거짓 신 시몬을 떠나 참 신이신 그리스도에게로 돌아왔습니다."남녀가 다 세례를 받으니" 형식적인 종교인 사마리아의 혼합종교를 버리고 부활하신 예수 그리스도의 살아 있는 통치에 복종하기로 작정한 것입니다. 그것이 '믿었다' 에피스튜산, ἐπίστευσαν 는 말의 뜻입니다. 빌립이 전하는 말씀과 그가 행하는 표적이 하나님 나라의 도래를 입증하고 있는 것을 두 눈으로 똑똑히 보았기 때문입니다. 이 하나님 나라의 거센 공세 앞에 거짓 말, 거짓 능력, 거짓 마술로 사람들의 눈과 마음을 속여 왔던 시몬의 종교는 그 무능력한 실체를 드러내고 말았습니다. 가짜를 상대하는 유일한 길은 진짜를 보여주는 것입니다. 아닌 것을 아니라고 말하는 것으로 충분하지 않습니다. 빌립은 시몬이 주는 매력과 마력을 능가하는 매력과 마력을 보여주었습니다. 그는 거짓 주문spell 을 이기는 길은 복음Gospel 밖에 없다는 것을 증명했습니다.

사랑하는 여러분, 우리가 만약 진짜로 복음을 믿고 복음에 헌신한다면, 우리의 공동체를 통해서도 하나님 나라의 위대한 능력과 복음이 주는 참다운 기쁨을 조국 땅에 알려줄 수 있을 것입니다. 저는 강단에서, 여러분은 삶의 처소에서 이 복음에 헌신하며 살 때, 사마리아에서 일어났던 이 뒤집어짐의 역사가 일어나리라 믿습니다. 동시에 내 바깥 세계를 변화시키는 일보다 내가 그 복음의 사람이 되고 우리 교회가 그 복음의 교회가 되는 일이 더 어렵다는 것도 사실입니다. 왜 숱한 개혁운동들이 그 불씨만 지피다가 사그라졌습니까? 자기 자신을 먼저 제대로 태워서 작은 모닥불을 피우지 못했기 때문입니다. 신앙이 사적인 영역으로 유폐되는 것을 경계해야 하고, 동시에 사적인 경건을 소홀히 한 채 세상의 변혁만을 외쳐서는 안 됩니다. 이 세상에서 하나님의 나라는 성령의 사람들에 의해 전개되기 때문입니다.

13절을 보면, 사람들이 세례를 받고 자기 인생을 그리스도의 복음에 헌신하는 것을 보고 사마리아의 종교 전문가 시몬도 항복하고 맙니다. 자신의 허위를 누구보다도 잘 알고 있는 사람이 시몬 자신이었습니다. 참 진리를 만나자마자 그는 그 '믿음'과 '세례'와 '따름'프로스카르테론, προσκαρτερῶν 의 대열에 참여합니다. 이것은 그가 하나님의 자리에서 죄인의 자리로 내려왔다는 뜻입니다. 이전에는 자신을 향해 주목하게 만들고 놀라게 하던 엑시스타논, ἐξιστάνων, (행 8:9) 자가 이제는 성령의 큰 역사, 참다운 능력을 "보고" 쎄오론, θεωρῶν, 주목하여 보고 놀라는 엑시스타토, ἐξίστατο, (행 8:13) 자가 되었습니다. 이전에는 마술 같은 거짓 기적으로 사람들을 미혹하던 자가 성령이 행하시는 진짜 표적과 능력을 보고 매료된 것입니다. 그래서 이전에는 시몬 자신을 따르던 자들을 빌립을 따르는 사람이 되게 하였습니다. 대단한 결심이고 큰 변화가 아닐 수 없습니다. 이것은 사실상 사마리아가 복음에 항복한 사건입니다.[50]

만약 예수님을 모르던 재벌 회장이 전 재산을 사회에 환원하고 예수를 믿기로 결심한다면, 이 시대정신인 돈이 하나님께 굴복한 사건이라고 평가 받을 것입니다. 그런 정도의 충격을 주는 사건이 사마리아에서의 시몬의 회심 사건이었습니다. 작고하신 이어령 교수의 회심이 세간의 화제가 되었습니다. 우리 시대 지성의 상징이었기 때문입니다. 그런 지성인이 '복음'에 항복하고 세례를 받은 것이 갖는 그 큰 상징성 때문에 다들 흥분하였던 것입니다. 시몬의 회심으로 사마리아 전도는 순풍을 만난 배처럼 거칠 것 없이 전진하기 시작했을 것입니다.

50 물론 다음에 이어지는 시몬의 행동 때문에 이것이 진짜 회심이었는지에 대해서는 논란이 있다. 그의 세례까지도 회심을 가장하기 위한 속임수의 일환이라는 것이다. 하지만 '믿다'가 부정과거시제로 쓰인 것을 볼 때 이 순간만큼은 그의 회개가 진실했다고 볼 수 있다. 진실하게 회개한 자가 타락할 수 있느냐의 문제는 다른 이슈이다.

성령 강림

"사마리아도 하나님의 말씀을 받았다"는 소식이 박해 중에도 예루살렘에 머물러 있던 사도들에게[51] 들렸습니다.

> "예루살렘에 있는 사도들이 사마리아도 하나님의 말씀을 받았다 함을 듣고 베드로와 요한을 보내매"(사도행전 8:14)

사도들은 사도행전 1:8에 나온 예수님의 약속을 기억하고 있었을 것입니다. 빌립의 소식을 듣자 이제 사마리아에도 성령의 능력으로 복음의 문이 열리는 때가 왔음을 직감했을 것입니다. 특히 사마리아 사람들의 회심이 참되다는 말을 "하나님의 말씀을 받았다" 라는 말로 소개하는 것을 보십시오. 회심에서 가장 우선적이고 중요한 것은 '하나님의 말씀을 받는 것'입니다. 이것은 하나님의 말씀의 진실성을 믿고 권위를 인정하고 그 말씀을 통한 예수님의 통치와 창조를 수용하겠다는 의미입니다. 그 전에도 그들은 다른 말씀을 따라서 살아왔는데, 이제 자신들의 삶을 정의하고 평가하고 방향 짓고 창조하도록 허락할 말씀 혹은 이야기meta-narrative를 바꾼 것을 회심이라고 부릅니다. 따라서 말씀이 아닌 기사나 표적 같은 것을 통해 이루어진 감정 변화일 뿐인데 그것을 회심이라고 섣불리 단정하면 안 됩니다.

예루살렘 교회는 이 소식을 듣고 두 제자 베드로와 요한을 사마리아

---

51 "예루살렘 있는"이라는 표현은 모든 사도들이 다 예루살렘에 있지는 않았음을 암시할 수도 있다. 그들이 다른 지역의 복음 전파에 대해서도 책임이 있었음을 보여준다.

로 보냅니다. 두 눈으로 직접 사마리아에서 벌어진 변화의 역사가 성령께서 하신 일인지를 확인하게 합니다. 모든 교회가 사도들의 터 위에 세워져야 했기에, 사도들은 이것이 성령의 역사인지 아닌지 점검할 필요가 있었습니다. 그런데 사도들이 직접 가서 사마리아 현상을 확인하고는 이것이 진짜 성령께서 하신 역사라는 것을 믿게 되었습니다. 이제 그것을 공식적으로 인정해야 했습니다. 예루살렘에만 머물렀던 복음이 이방인으로 간주되던 사마리아에까지 퍼졌고, 그것을 성령께서 주도하셨다는 것을 공식적으로 인정해줄 필요가 있었습니다. 그렇게 하면 그간 다른 갈릴리와 유대의 형제들이 사마리아 사람들을 원수로 여기고 부정하게 여겨왔는데, 이제 사마리아의 형제자매들을 한 형제로 맞아줄 수 있을 것이기 때문입니다. 그래서 사도들이 해준 일이 나옵니다.

> "그들이 내려가서 그들을 위하여 성령 받기를 기도하니 이는 아직 한 사람에게도 성령 내리신 일이 없고 오직 주 예수의 이름으로 세례만 받을 뿐이더라 이에 두 사도가 그들에게 안수하매 성령을 받는지라" (사도행전 8:15-17)

이 사건을 이해하는 것이 그렇게 간단한 것은 아닙니다. 여기 보면, 세례를 받는 것과 성령을 받는 것 사이에 시간적인 간격이 있는데, "아직" 우데포, οὐδέπω이라는 표현은 그들이 이 지연을 정상이 아닌 것으로 판단하고 있음을 보여줍니다. 베드로는 회심의 과정을 이렇게 말한 적이 있습니다.

> "베드로가 이르되 너희가 회개하여 각각 예수 그리스도의 이름으로 세

례를 받고 죄 사함을 받으라 그리하면 성령의 선물을 받으리니"(사도행전 2:38)

'회개 - 세례 - 죄 사함 - 성령'이 순서입니다. 물론 회개와 세례와 죄 사함의 과정에 '성령'께서 역사하시는 것은 물론입니다. 하지만 맨 마지막에 나온 "성령의 선물"이 무엇인지가 문제입니다. 오순절 계열의 교회에서는 그것을 방언이나 치유 같은 것이라고 합니다. 가톨릭은 신부들이 주는 '견진성사'라고 합니다. 또한 이것이 현재에도 여전히 유효한지에 대해서도 견해가 다양합니다. 분명한 것만 말씀드릴 수 있습니다. 예루살렘의 회심한 사람들은 예외 없이 성령을 선물로 받았다는 사실입니다. 하지만 그래서 모든 사람이 다 방언을 했다는 말은 없습니다. 성령의 은사는 다양하게 표현되었을 것입니다. 큰 기쁨이 있거나 복음을 전하는 등의 변화도 나타났을 것입니다. 그런데 사마리아에는 회심한 것까지만 성령께서 역사하셨고, 그들이 회심했다는 것을 가시적으로 보여줄 만한 은사를 동반하는 "예언의 영"의 역사가 아직은 나타나지 않은 것 같습니다.[52]

그 이유에 대해서 우리는 모릅니다. 그런데 하나님께서 성령을 주시

---

52 Max Turner, *Power from on High*(Wipf and Stock,2015), 373-74, 448-449. 터너는 "대부분은 아니더라도 많은 사람의 경우 성령을 받는 실제 순간이 기억에 남는 회심이 되지 못할 수도 있다. 즉 그리스도인으로서 새로운 삶을 시작한다는 거대한 격변 속에 일어나는 전체 경험 중 하나의 사건으로, 별로 눈에 띄지 않고 지나가버릴 수 있는 것이다. 18절은 시몬이 성령을 받을 때 동반된 현상들을 보았다고 전한다. 여기에 비추어 볼 때 예언의 성령이 저자로 하여금 선물을 소유했다는 특징으로 묘사하기 바라는(그리고 사도들이 기도하고 사마리아인들에게 안수했을 때 나타난 것으로 보이는, 8:18) 은사들을 동반하면서 제자들에게 아직 나타나지 않으셨다"고 한다. 에크하르트 슈나벨(정현),《강해로 푸는 사도행전》(디모데, 2018), 433쪽.

는 일을 굳이 예루살렘의 두 사도들을 통해서 시작하셨다는 것은 매우 중요합니다. 만약 빌립의 전도 때 성령이 임하셨다면, 정말 성령의 역사인지 악령의 역사인지 의심하는 자들이 있었을 것입니다. 그곳이 사마리아이고, 빌립은 사도가 아니기 때문입니다. 그래서 주님은 사도들이 공식적으로 인정한 후에, 사도들의 안수 기도를 통해서 성령이 가시적으로 임하게 하신 것이 아닌가 싶습니다. 여기 "성령을 받는지라"는 사람들이 눈과 귀로 확인할 수 있는 현상들이 동반되었다는 뜻일 것입니다. 그랬기에 시몬이 성령을 주는 능력을 돈으로 사려고 한 것입니다. 혹시 그들이 배우지 않는 외국어를 구사할 수 있는 방언의 능력이 생겼을 수도 있습니다. 이는 저자인 누가가 새로운 무리가 복음을 받아들인 것을 말할 때 성령을 받는 것과 방언을 연결하곤 하기 때문입니다.(행 2:4-12 유대인, 행 10:46; 11:15, 17 이방인, 행 19:6 세례 요한의 제자)

사마리아 사람들의 회심은 유대인을 제외하고 처음으로 복음이 전파된 경우라 중요합니다. 이후에 사마리아를 넘어서 땅 끝으로 복음이 전해질 때도 개인의 회심에서-가령 루디아나 빌립보 간수(행 16:11-15, 25-34)-는 나타나지 않는, 성령이 특별히 강림하시는 사건이 벌어집니다. 이제 '절반'만 이방인이던 사마리아를 넘어서 '완전한' 이방인에게로 복음이 나아간다는 것은 유대인의 입장에서 볼 때는 더 큰 충격을 주는 사건이었습니다. 그래서 완전한 이방인 전도로 확대되는 첫 단계에서는 사도들의 대표격인 베드로를 통해서 고넬료 가정에 성령이 임하게 하시고 있습니다. 그 후에 사도행전 15장에 가면, '부정한' 이방인들을 한 형제로 인정해야 할 것인지를 두고 격론을 벌일 때, 베드로가 일어나서 할례 없는 이방인들에게 성령이 임했던 자기 경험을 소개하며 토론을 결론짓는 것을 볼 수 있을 것입니다.

나는 이 두 사도 베드로와 요한이 이제 성령이 내리기를 기도하는 것을 통해서 공식적으로 이 사마리아 성도들도 예루살렘의 유대인 그리스도인들과 동등한 하나님의 백성으로 인정하고 있다고 생각합니다. 그러니 이제 예루살렘의 성도들은 그들을 같은 형제로 맞아서 성령 안에서 연합하여 한 교회가 되어 가라고 말해주고 있는 것입니다. 그렇습니다. 에스겔 선지자가 예언했듯이(겔 37장), 성령이 아니면 일어날 수 없는 통일의 역사, 왕이신 예수 그리스도 안에서 두 막대기가 하나가 되는 역사가 일어난 것입니다.

우리 가정과 교회와 세상에서도 이 성령의 역사만이 진정한 화해와 평화를 가져올 수 있습니다. 하나님의 말씀의 권위를 받아들이고, 그 말씀을 묵상하고, 그 말씀의 창조가 일어날 때, 남과 북, 동과 서, 세대 간, 계층 간에 성령을 통한 하나됨의 역사가 일어날 것입니다. 그날을 위하여 교회가 그 출발을 알리기를 고대합니다. 우리 성령의 사람들이 할 일이 바로 갈등과 대립의 세상에 '평화'와 '화해'를 만드는 일입니다. 하나님의 아들 예수님이 하셨던 것처럼 말입니다.

> "화평하게 하는 자는 복이 있나니 그들이 하나님의 아들이라 일컬음을 받을 것임이요"(마태복음 5:9)

성령을 사려는 사람, 시몬

사도들의 기도로 성령을 받는 순간, 바로 그 순간이 사마리아 전도의 절정입니다. 이제 성령이 내림으로 사마리아의 회심자들은 마지막 한 줌

남아 있던 의심마저 버리고 이 그리스도의 복음에 완전히 헌신하기로 작정하였을 것입니다. 모든 것이 다 잘 되어가는 상황이었습니다. 그런데 바로 그 순간이 사탄에게도 가장 크게 역사할 수 있는 절호의 기회라고 했던 것을 기억하십니까? 아나니아와 삽비라 사건을 통해서 우리는 그것을 보았습니다. 그들은 성령을 속인 자라는 책망을 받고 죽었습니다. 그들의 회심이 처음부터 거짓이었던 것은 아니었을 것입니다. 그들은 어쩌면 공동체의 지도자로 활약할 만큼 그간 잘 믿어왔던 이들일 수도 있습니다. 하지만 잘 믿고 열심히 믿고 주도적으로 헌신하면서 믿고 사는 가운데서도 언제든 사탄은 우리의 영역을 침투하여 우리 자신과 교회를 망가뜨릴 수 있습니다. 권력이 강해질수록, 부자가 될수록, 지도자가 될수록, 영향력이 커질수록, 신앙이 좋다는 칭송을 들을수록, 설교가 좋아졌다는 찬사를 받을수록, 교세가 강해질수록, 사탄은 훨씬 더 수월하게, 효과적으로, 성공적으로 역사할 수 있습니다. 인간이 하나님께서 하신 역사를 그분의 몫으로 돌리지 않으면, 그 좋은 영적인 결과를 스스로 감당할 수 없기 때문입니다.

사도들이 기도하자 성령이 임하는 것을 보면서 시몬은 옛 생각이 났을 것입니다. 종교를 갖고 크게 장사하여 성공했던 시절 말입니다. 그는 수완이 좋았습니다. 그런 그가 지금 멋진 사업 아이템 하나를 발견했다고 생각했을 것입니다. 그는 참으로 돈머리가 비상한 사람입니다. 저 사도들의 능력을 갖고 있으면 빌립의 성령 장사보다 더 잘해낼 수 있을 것이라고 자신한 것입니다. 사도들에게서 성령을 받게 하는 기도의 능력만 획득할 수 있다면, 빌립에게 빼앗겼던 자기 옛 손님들을 다시 찾아올 수 있을 거라는 기대까지 했을 겁니다. 그래서 사도들에게 구합니다.

"시몬이 사도들의 안수로 성령 받는 것을 보고 돈을 드려 이르되 이 권능을 내게도 주어 누구든지 내가 안수하는 사람은 성령을 받게 하여 주소서 하니"(사도행전 8:18-19)

그가 구한 권능은 성령을 부리는 권능입니다. 그래서 성령을 통해 자신이 기대한 능력을 행할 수 있는 권능을 돈을 주고 사려고 하고 있습니다. 시몬, 그는 회심했지만, 아직 하나님 나라의 가치관을 완전히 안 사람이 아니었습니다. 성령은 소유의 대상이 아니라 순종의 대상이고 사랑의 대상이라는 것을 모르고 있습니다. 사도들의 기도는 성령을 부리는 일이 아니고 성령께 간구하는 일임을 모르고 있습니다. 그는 여전히 수동적인 신을 설득하고 감화하여 자신을 위해 행동하게끔 만들 수 있다고 믿는 '공적주의' 종교 신봉자였습니다. 믿었고 세례를 받았고 전심으로 따랐지만, 기존의 자기 영역을 완전히 포기하지는 못했습니다. 당연합니다. 하지만 그 남은 자기 영역에 전체가 삼킴을 당하느냐 아니면 그 남은 영역이 점진적으로나마 예수에게 삼켜지느냐는 전적으로 우리가 선택할 몫입니다. 그는 혼합주의자로서 그리스도께 대한 신앙을 회심 전 자기 신앙의 주형에 넣어서 변형시키고 있었습니다. 그것은 하나님의 말씀이 주도권을 쥔 채 벌어지는 토착화 contextualization 와는 다릅니다. 그는 성령 하나님은 인격적인 하나님이시고 우리가 맘대로 소유하고 부리고 이용하고 나눠줄 수 있는 '에너지' 같은 존재가 아니란 걸 몰랐습니다. 이 성령을 부리는 능력이 사도들에게 있고, 그 능력은 자신이 돈만 주면 살 수 있는 것이라고 생각했습니다. 사도들에게 이 능력을 살 수 있다면, 적어도 사마리아에서는 경쟁자 빌립보다 더 뛰어난 종교전문가가 될 수 있다고 기대했을 것입니다.

아나니아와 삽비라 부부가 바나바를 보고 경쟁심이 일어났듯이, 시몬도 빌립을 보면서 존경스러웠지만 동시에 경쟁심이 불 일 듯 일어났습니다. 사탄이 그 마음을 놓칠 리 없습니다. '성직 매매'를 영어로 '사이머니'simony라고 부릅니다. 여기 사도행전의 이 "시몬"Simon의 이름에서 나온 말입니다. 우리 시대에도 이런 '성직 매매'는 다양한 형태로 진행되고 있습니다. 큰 교회 목사가 되는 치열한 경쟁에서 살아남기 위해 박사 학위 같은 스펙을 쌓는 데 큰 돈을 쓰는 사람들이 있습니다. 집사, 권사, 장로 등 임직을 받는 조건으로 경쟁적으로 헌금을 요구하는 교회들이 있습니다. 더 강력한 정치 집단에 줄을 대려는 목사, 장로들이 있습니다. 무리하게 큰 빚을 내서 건물을 지어 수적 성장을 이루려는 교회들이 있습니다. 그들이 현대판 성직 매매 혹은 성령 매매입니다. 그들은 성령을 부려서 자신들이 원하는 교회를 일굴 수 있다고 믿는 사람들처럼 보입니다. 그들은 하나님이 영광 받으실 교회를 일구는 방법을 성령님보다 더 잘 알고 있는 듯 보이는 이 시대의 시몬들입니다.

시몬은 사도들의 능력을 오해했습니다. 사도들의 기도를 오해했습니다. 사도들의 기도는 사도들이 '하나님의 뜻'을 구하는 일이었습니다. 사도들의 능력은 십자가를 자랑하고 십자가 정신으로 자신을 부정하는 능력이었습니다. 자신들은 죽고 예수님이 살아서 역사하시게 하는 능력이었습니다. 사도들은 "하나님, 이 사마리아도 진정으로 그리스도를 믿은 것으로 보입니다. 주님 이제 성령님을 보내셔서 그것을 사람들이 눈으로 확인할 수 있게 하여 주옵소서."라고 기도했을 것입니다. 그것은 성령을 부리는 능력이 아니라 하나님의 때를 분별하기 원하는 겸손한 간구였습니다. 이제 그간 소외와 무시와 설움을 당했던 땅, 거짓과 귀신에게 매여 종 노릇하던 흑암의 땅 사마리아에도 성령을 선물로 주시도록 구하는 겸손한 기도였습니다.

하지만 시몬은 거기서 '대박 공식', '잭팟 공식'만 본 것입니다. 물론 이전과는 다를 것이라고는 생각했습니다. 이 공식만 적용하면 빌립이 소개한 첨단 종교를 더욱 번성시킬 수 있다고 생각했을 것입니다. 목회자를 청빙하는 교회의 태도를 이 시몬의 빛에서 점검해야 합니다. 좋은 지도자를 양육하려는 노력 없이 잘 준비된 사람을 데려와서 그를 통해서 교회를 부흥시키겠다는 야심을 보이는 교회들이 있습니다. 아무런 문제의식 없이 태연하게 진행되는데, 주님 보시기에는 이 시몬의 야망과 다르지 않다고 하실 것 같습니다.

시몬에게 사도들의 기도와 성령의 역사는 업그레이드 된 종교 이상은 아니었습니다. 빌립이 아니라 자기에게 그 능력을 주시면, 하나님께도 좋고 시몬 자신에게도 좋은 일이 될 거라고 확신했을 것입니다. 이런 요구를 하면서도 무엇이 잘못된 것인지를 모를 만큼 그는 아직 복음이 뭔지 모르는 사람입니다. 하나님께 영광을 돌리고 하나님의 뜻을 이루어드리겠다는 말로는 충분하지 않습니다. 숱한 탐욕스런 죄악들이 하나님의 영광과 뜻을 위해서 자행되었고, 지금도 여전하기 때문입니다. 예수님은 말씀하십니다. "두 주인을 섬길 수 없다", 여호수아는 말합니다. "바알과 여호와 가운데 누구를 섬기겠느냐?", 엘리야는 말합니다. "언제까지 바알과 여호와 사이에서 머뭇거리겠느냐?"

사랑하는 여러분, 우리 교회는 절대 소위 잘 나가는 교회들이 유포한 성공 방정식을 믿지 않고, 이 사도들의 겸손한 기도, 간절한 기도를 배우기 원합니다. 본질에 충실하여 마땅히 할 일을 하고 주님께서 기뻐하시는 대로 역사하도록 자유를 드리는 교회, 그래서 결국 사람이 영광을 받고, 교회가 영광을 받는 것이 아니라 성 삼위 하나님만 영광을 받으시는 교회가 되기를 바랍니다.

베드로는 시몬에게 단호하게 경고합니다.

> "베드로가 이르되 네가 하나님의 선물을 돈 주고 살 줄로 생각하였으니 네 은과 네가 함께 망할지어다 하나님 앞에서 네 마음이 바르지 못하니 이 도에는 네가 관계도 없고 분깃 될 것도 없느니라 그러므로 너의 이 악함을 회개하고 주께 기도하라 혹 마음에 품은 것을 사하여 주시리라 내가 보니 너는 악독이 가득하며 불의에 매인 바 되었도다"(사도행전 8:20-23)

베드로가 보기에 시몬은 순간적으로 잠시 실수한 것이 아닙니다. 아나니아와 삽비라 부부는 성령 충만 대신에 '사탄이 마음에 가득한' 상태였습니다. 오랫동안 품어온 경쟁심이었고, 시기심의 발로로 나타난 속임수였습니다. 시몬도 마찬가지입니다. 베드로를 통해서 "너는 악독쓰라림의 담즙, 콜렌[53] 피크리아스[54], χολὴν πικρίας 이 가득하고 불의에 매인 바 되었다쉰데스몬 아디키아스 호로 데 온타, σύνδεσμον ἀδικίας ὁρῶ σε ὄντα"는 말을 듣습

---

53 칠십인역은 히브리어의 쓸개(욥 16:13), 쑥(잠 5:4), 독(욥 20:14)을 번역할 때 이 단어(콜레, χολή)를 쓰고 있다.

54 '피크리아'(πικρία)는 쓴 맛, 감정적으로 신랄함, 분노 등을 나타낸다. 따라서 콜레(χολή)와 피크리아가 합쳐진 단어를 '악독'으로 번역했는데, 이것은 빌립이나 사도들을 향한 경쟁심에서 나온 분노를 가리킬 수도 있고(Fitzmyer), 그가 앞으로 경험할 쓴 분노를 가리킬 수도 있다. C.K.Barrett, *Acts* (T&T Clark, 2004), 416.

니다.(행8:23) 완전히 독한 분노와 사탄에 포박된 상태라는 것입니다. 이는 성령에 충만한 사람의 모습과 다릅니다. 그는 오랫동안 빌립을 보았습니다. 하지만 그에게서 배우기보다는 경쟁심만 키웠습니다. 처음에는 존경스러웠다가 부러웠다가 나중에는 시기심이 생겼습니다. 빌립의 배후에서 역사하시는 성령께 순종하는 것을 배우지 않았습니다. 그 성령님께 순종하는 빌립을 배우지 않았습니다. 성령과 및 그에 동반되는 현상들이 모두 선물도레아, δωρεά 이라는 것을 그는 몰랐습니다. 그것이 복음의 핵심인데 말입니다. 선물로 여기지 않는다면 공적주의나 율법주의가 되고, 그러면 하나님은 즉시 인격적인 주권자가 아니라 인간에 의해 부림을 당하는 존재로 전락하게 됩니다. 따라서 선물과 은혜를 모르는 것은 사실상 믿음의 여정을 제대로 시작하지도 않은 것과 같습니다.

> "하나님 앞에서 네 마음이 바르지 못하니 이 도에는 네가 관계도 없고 분깃 될 것도 없느니라"(사도행전 8:21)

복음과 하나님 나라와 상관없는 사람이 되는 것입니다. 베드로는 시몬의 '마음'카르디아, καρδία 을 문제 삼습니다. 마음이 바르지 못했기에 이 '도'로고스, λόγος, 즉 성령을 선물로 받으며 돈으로 살 수 없다는 진리를 이해할 수 없었던 것입니다. 그런 사람은 성령의 종이 될 수 없습니다."분깃 될 것도 없느니라"

만약 이제라도 그 마음을 바르게 하지 않으면, 아나니아와 삽비라처럼 죽임을 당할 것입니다. 그 돈과 함께 망하게 될 것입니다."네가 하나님의 선물을 돈 주고 살 줄로 생각하였으니 네 은과 네가 함께 망할지어다" 여기 '망하다' 아폴레이아, ἀπώλεια는 구약성경에서 하나님께 반항하는 사람들에게 직접 내리시는 멸망을 가리키는 표현입니다.(신 8:19; 욥 11:20; 사 57:4; 단 2:5; 3:6)[55] 시몬만이 아니라 시몬이 숭배한 돈까지 멸망 당할 것입니다. 그는 '돈'을 하나님의 종으로 만들 수 있는 기회를 놓친 채 돈마저 멸망 당하게 만들었습니다. 물론 이 말은 최종 선고가 아니라 경고일 것입니다. 이것은 또한 맘몬 신에게 사로잡힌 우리 시대를 향한 경고이기도 합니다. 사도들의 준엄한 경고를 흘려듣는다면, 그것이 한 교회의 문제가 아니라 조국 교회 전체의 문제가 될 것입니다.

베드로는 단도직입적으로 회개와 기도를 명령합니다. "그러므로 너의 이 악함을 회개하고 주께 기도하라", 이것은 조언이 아니라 명령입니다. 시급한 명령입니다. 그만큼 사안이 위중합니다. 시몬은 가망이 없는 상태는 아닙니다. "혹 마음에 품은 것을 사하여 주시리라" 이 '악함'과 '마음에 품은 것'이 병행되어 나옵니다. 성령을 돈을 주고 부릴 수 있다는 생각을 말합니다. 어찌 그거 하나뿐이겠습니까? 이것으로부터 파생할 수 있는 세계관은 무궁무진합니다. 신앙의 첫 단추부터 잘못 채운 격입니다. 새신자에게 주일성수, 십일조, 봉사, 공예배 참석 등을 기본으로 가르치는 것은 이해할 수 있는 일이지만, 그 종교행위가 곧 신앙인 것처럼 오해하게 만든다면, 우리는 악함이 가득한 시몬을 만들어내고 있는 것일 수도 있습니다. 자칫 이런 종교행위들로 하나님을 만족시킬 수 있고, 그래서 자신이 바라는 것을 얻어낼 수 있다고 오해할 수 있으며, 그것이 바로

55 이것이 구원의 상실을 의미하는지 아니면 아나니아와 삽비라처럼 '죽음'을 의미하는지는 의견이 분분하다.

회개해야 할 악함입니다.

베드로 사도는 다시 시몬의 상태를 단정적으로 진단합니다.

"내가 보니 너는 악독이 가득하며 불의에 매인 바 되었도다"(행 8:23)

이 '악독'콜렌 피크리아스, χολὴν πικρίας 이 시몬을 향한 하나님의 쓰디쓴 분노나 혹은 성령이 들어설 여지가 없을 만큼의 지독한 시샘을 나타낸다면, 그는 불의한 생각 때문에 하나님의 복을 얻는 것은 고사하고 아나니아와 삽비라처럼 하나님의 심판을 받을 수 있는 심각한 상태임을 보여줍니다. 그럼 시몬은 이 경고를 듣고 회개했을까요?

"시몬이 대답하여 이르되 나를 위하여 주께 기도하여 말한 것이 하나도 내게 임하지 않게 하소서 하니라"(사도행전 8:24)

이것이 회개인지 아닌지에 대해서는 의견이 분분합니다. 다만 잘못했다는 말은 한마디도 안 나옵니다. 오직 심판을 면하고 싶은 마음뿐입니다. 자신의 기도가 또 자기 주님을 조종하는 기도가 될까 염려하여 베드로에게 기도를 부탁하는 모습을 그의 회개로 읽을 수도 있을 것입니다. 하지만 아직도 하나님을 의지하기보다는 인간 지도자를 의지하는, 무당 종교의 전형적인 패턴을 따르고 있는 것으로 보입니다. 신을 직접 알현하기보다 눈에 보이는 인간 중보자를 통해서만 가능하다고 믿습니다. 세상 종교에서 소위 '영매'가 되면, 자신이 모셔야 할 신을 의식해야 하는데, 그 자신도 인정받는 인간 지도자가 되려고 합니다. 심지어 신 노릇을 대신하려고 합니다. 기도하는 일보다 정치하는 것이나 인간관계 관리를 더 열심히 하는 목사들은 하나같이 자기도 그렇게 되고 싶은 욕망이 있기 때문에 하는 것입니다.

누구든 차지하려고 안달하는 자리는 봉사나 섬김의 자리에 그치지 않습니다. 십자가의 자리가 아닙니다. 담임 목사 자리, 당회장의 자리, 노회장의 자리, 교회 안에 온갖 직분들도, 권력은 없고 권위만 있는 자리가 되어야 합니다. 특혜는 없고 특별한 수고만 있는 자리가 되어, 더 봉사하고 섬기고 싶은 사람에게만 기회가 주어지게 해야 합니다. 시몬은 자신이 직접 하나님께 회개하고 직접 용서를 구하는 법을 몰랐습니다. 그만큼 하나님을 인격적으로 섬길 줄 몰랐다는 뜻입니다. 우리가 인간 사역자들을 존경하고 도움을 받되, 그 지도자들만의 교회가 되게 해서는 안 됩니다. 그들의 수고가 나의 수고를 대신하게 해서도 안 되고, 그들에게 인정받는 것으로 하나님께 인정받는 것을 대체하지 않아야 합니다.

사마리아의 증인이 되는 사도들

이렇게 하고 사도들은 다시 예루살렘으로 돌아갑니다.

"두 사도가 주의 말씀을 증언하여 말한 후 예루살렘으로 돌아갈새 사마리아인의 여러 마을에서 복음을 전하니라"(사도행전 8:25)

돌아가는 길에 여러 사마리아의 마을들에서 상당 기간 휘페스트레폰, ὑπέστρεφον 미완료 복음을 전합니다. 빌립의 전도 사역으로 시작했던 사마리아 전도 단락(행 8:4)이 사도들의 복음 증거 사역으로 마무리되고 있습니다.(행 8:25) 사도들 역시 사마리아가 이제 성령의 땅이 되었음을 믿은 것입니다. 하나님의 선교 역사에서 새로운 장이 열렸음을 받아들인 것입니다. 지도자들에게 절실한 것이 하나님의 때에 대한 예민한 감각입니다. 전에는 사마리아에 불을 내려서 심판해달라고 하던 요한이 이제 그 땅에 하나님 나라가 임하게 하는 일에 앞장섰습니다. 전에는 사마리아의 우물가의 여인과 대화하는 예수님을 보고는 해서는 안 되는 일을 한다고 생각하던 베드로가 이제 그들을 형제로, 한 가족으로 인정해주고 있는 것입니다. 여기 복음을 전하는 사역을 나타내는 세 동사가 나옵니다. "증언하다" 디아마르튀라메노이, διαμαρτυράμενοι, "주의 말씀을 말하다" 랄레산테스, λαλήσαντες, "복음을 전파하다" 유앵겔리존토, εὐηγγελίζοντο 입니다. 새로운 전도는 물론이고 빌립이 이미 전도한 지역에 들어가서 더 깊고 놀랍게 복음을 전하여 그들이 들은 바를 확증해주었을 것입니다. 이는 사도 바울이 훗날 자신이 전도한 지역을 다시 방문하여 그들의 믿음을 고취시켜주었던 것과 같은 패턴입니다.

나가는 말

복음이 예루살렘을 벗어나 사마리아 땅으로 들어갔습니다. 예수께서 이미 그 편견과 차별과 증오의 장벽을 넘어 사마리아 여인을 전도하셨고, 그의 변화를 보고 많은 이들이 예수를 따르는 제자들이 되었습니다.(요 4장) 이제 성령께서는 주도권을 쥐고 교회를 통해서 더 본격적으로 하나님 나라의 확대 계획(행 1:8)을 시행하시고 있습니다. 놀랍게도 그 계기로 삼은 것은 예루살렘 교회에서 벌어진 스데반의 순교와 대대적인

'박해' 였습니다.

복음의 진전

예수의 제자들의 흩어짐은 복음의 불이 소멸되는 길이 아니라 들불처럼 번지는 사건이 되었습니다. 천년 이상 켜켜이 쌓였던 강고한 반목의 장벽이 성령에 충만한 복음의 사람들에 의해서 눈 녹듯이 녹아내렸습니다. 한마음으로 빌립이 하는 말을 따랐습니다.(행 8:6) 높은 사람부터 낮은 사람까지 다 따랐고, 성 안에는 부활하신 주 예수 그리스도의 이름으로 일어난 변화와 치유의 역사 때문에 큰 기쁨이 있었습니다. 사마리아의 시대정신이요 신적인 존재로 군림하던 시몬의 변화는 복음의 능력을 입증하기에 충분했습니다. 인간의 가늠으로는 도저히 극복될 수 없을 것 같은 지역적, 민족적, 종교적, 정치적 장벽이 성령의 사람 빌립을 통해 무너졌고, 도저히 변할 것 같지 않던 자칭 큰 자라 하던 시몬과 그의 영향력이 복음 앞에 무릎을 꿇었습니다. 이런 일을 사람이 했다면 모를까 성령께서 주도하셨으니, 이 시대에도 이런 놀라운 변화와 갱신의 역사가 여전히 일어날 수 있다고 기대할 수 있습니다. 그러니 우리 인간이 스스로 한계를 정하여 지레 포기한다면 분명 성령의 역사를 가로막는 불신앙이 될 것입니다. 지금 세상이 돌아가고 그 안에서 교회가 존재하는 모양을 보면 어쩌다가 이 지경까지 되었나 싶을 만큼 절망스럽지만, 성령께서 살아계시고 땅 끝까지 이 복음이 이르게 하겠다는 당신의 약속도 여전하니, 부디 우리가 이 시대의 빌립으로 쓰임 받기를 고대하게 됩니다.

성령을 구하는가, 성령을 사려는가?

성령을 부리는 능력을 돈을 주고 사겠다고 사도들에게 제안한 시몬을 보면서 하나님의 말씀을 바르게 아는 것이 얼마나 중요한지를 배웁니다. 그의 믿음과 세례와 따름이 진실했고 그래서 그가 진정으로 회심한 사람이었다고 하더라도, 복음의 핵심인 하나님의 선물과 은혜를 제대로 깨닫지 못하면, 언제든지 우리는 하나님의 종이 아니라 하나님을 종으로 부리는 사람으로 전락할 수 있음을 볼 수 있습니다. 돈이면 무엇이든 할 수 있다고 생각하는 이 시대에 거의 모든 종교에서 이 시몬처럼 돈으로 하나님혹은 자기 종교의 신이 할 일을 대신하게 하는 행태들을 보고 있습니다. 교회도 예외는 아닙니다. 교회나 선교의 타락은 바로 우리의 신앙이 자리할 곳에 돈이 들어가고, 하나님이 그분의 때에 하시도록 맡겨야 할 일을 서둘러 나의 때에 돈으로 하려는 것에서 비롯되었습니다. 눈에 안 보이는 하나님보다 눈에 보이는 돈의 위력을 무시하기가 얼마나 어려운지 우리는 압니다. 심지어 하나님마저도 돈이 있는 사람, 권력이 있는 사람, 지식이 많은 사람, 큰 교회를 통해서 더 효과적으로 더 능력 있게 역사하신다고까지 믿습니다. 인간의 조건에 매이는 초라한 성령으로 만드는 불경을 서슴지 않고 자행하는 것이 시몬이 만든 타락한 교회의 현주소입니다.

오늘 본문은 시몬을 통해서 우리에게 묻습니다. 성령을 따라 살기 위해 애쓰는 사람입니까, 아니면 성령을 사기 위해 애쓰는 사람입니까? 종교 기술자들입니까, 진정한 신앙인입니까? 하나님 나라를 위해서 성령께 순종하는 사람입니까, 나의 영광과 나라를 위해서 성령을 부리려는 사람입니까? 하나님의 선물과 은혜를 의지하여 살아갑니까, 사람의 힘과 돈의 힘을 의지하여 살아갑니까?

우리가 나아가야 할 사마리아는?

더불어 본문은 우리에게 이렇게도 묻습니다. 나에게도 여전히 절대 은혜를 받아서는 안 된다고 여기는 금단의 땅, 용서하지 못할 땅, 화해할 수 없는 사람, 사마리아가 있습니까? 저 북녘땅을 곧장 가지 못하고 중국을 들러서 가야 하는 우리의 현실이 그 시대를 닮았습니다. 그 동토의 땅도, 우리가 아직 용서하지 못하는 그 누구를 향해서도 이 복음의 훈풍으로 얼어붙은 마음이 먼저 풀리도록 기도합시다. 이데올로기와 거짓 선전에 포박되어 사랑의 복음이 질식되고 교회가 갈등의 진원지가 되는 현실에서, 우리는 어떻게 성령이 주는 평화와 화해의 역사를 수종들겠습니까?

종교 장사꾼들이 성행하는 이 시기에 우리는 성령을 사기보다는 성령을 따라 살기를 애쓰고, 가격보다 가치를 추구하고, 성공success 보다 섬김service 을 선택하고, 외적인 성장보다 내밀한 성숙을 지향하는 하늘의 공동체가 되기를 바랍니다.

함께 기도하겠습니다

지혜와 권능의 주 하나님 아버지,
저희를 사랑하셔서 복음을 전하는 선교사님들을 보내주시고,
하나님 나라의 소식을 듣게 하여 주셔서 감사합니다.
주님, 저희는 숱한 믿음의 선배들이 간직한 신앙의 유산을 물려받고,
좋은 말씀의 종들의 수고를 통하여 주님의 말씀을 들었습니다.
그것으로 주님을 알게 하시고, 새 생명을 얻게 하시고,
이제 감히 주의 복음에 우리 자신을 걸 엄두를 내게 하셔서 감사합니다.
주님의 나라를 위한 열망과 소망으로 살고 싶도록
주께서 양육하여 주셔서 고맙습니다.

이 복음이 아니었다면,
저희들은 여전히 근원적인 자기 불안을 이기지 못한 채
종교의 노예가 되거나 늘 우리 자신만을 탓하면서 살았을지 모릅니다.
주께서 부여하신 본연의 가치를 모른 채로 살고 있었을 것입니다.

그러나 이제로 이 값없이 베푸신 주님의 사랑과 은혜를 잊지 않고,
주께서 저희에게 분부하시면 어디든 가고, 누구에게든 가서,
이 생명의 복음을 나누며 전하는 삶이 되게 하여 주시옵소서.
저희를 통해 주님의 뜻한 바를 이루어 주시옵소서.
저희가 못 가면 가서 수고하는 종들을 위해
기도하고 돕는 교회가 되게 하여 주시옵소서.

이 생명을 주시고 구원하시는 사랑이 너무나도 크고 헤아릴 수 없는데
우리가 감히 그 사랑의 대상에서 누군가를 제외시키는
오만한 사람들이 되지 않게 하여 주시옵소서.
성령님보다 더 주님을 영화롭게 해드릴 수 있는 길을 안다고
생각하지 않게 하시옵소서.
내 안에서 역사하시는 성령님이 형제자매의 성령님보다
더 우월한 것처럼 생각하지 않게 하시옵소서.

주님, 오늘 말씀 속에 나오는 시몬처럼 성령을 부려서
자신의 탐욕에 이용히는 불경한 일을 일마나 많이 봤는지 모릅니다.
상상할 수도 없는 무례한 일인데
우리가 하나님 노릇한 적이 얼마나 많았던지요.
주님 죄송합니다.
이제 주께서 저희를 통해서 당신 나라의 역사를 이루시되
당신의 뜻대로, 당신의 때에, 당신의 방법대로 편히 이루시도록
저희 자신을 기꺼이 내어드리고 싶습니다.
인간이 인위적으로 만들어 놓은 모든 경계와 편견과 선입견을
다 돌파해서 주님의 복음이 온 세상에 편만해지는 그 날까지
저희를 보내신 바로 그 삶의 자리에서, 주께서 허락하신 일과 관계 속에서,
이 복음에 매인 자로 자유하며 살게 하여 주시옵소서.
아멘.

광야에 떨어진 복음의 홀씨

사도행전 8:26-40

민들레 사람, 성령의 사람 빌립

저는 민들레를 좋아합니다. 그 꽃이 유독 고와서 좋아하는 것은 아닙니다. 차라리 소박해서 더 좋습니다. 그보다는 민들레의 질긴 생명력이 좋습니다. 그가 홀씨를 바람에 날려 아주 먼 곳에 생명을 실어 나르는 그 자유로움이 좋습니다. 인간은 경계를 만들고 담을 쌓고 철조망을 치면서 자기 생명을 지키려고 하는데, 사실은 제 목을 졸라서 스스로 생명을 질식시키고 있는 것을 모릅니다. 민들레는 그걸 아는지 모르는지 두려워하지 않고, 때가 되면 훌훌 자신에게 생명을 준 그 땅을 떠납니다. 바람이 가라고 실어주는 곳으로, 실어준 만큼 고독한 길을 떠납니다. 산다는 보장도 없이, 꽃을 피울 거라는 대답도 없이, 강이든 바다든, 광야든 평야든, 산이든 들이든 민들레는 홀씨가 되어 부모 곁을 떠납니다. 저는 그것이 "순례의 여정"에 오른 우리 그리스도인의 실존을 닮은 듯하여 민들레가 좋습니다. 떠남이 태어남이라는 영적 진리를 거기서도 볼 수 있습니다.

성경에서 민들레를 닮은 사람을 보았는데, 저는 그 사람이 좋습니다. 그가 바로 사마리아의 빌립입니다. 그는 민들레 홀씨처럼 참 가벼운 사람입니다. 예루살렘 교회가 구제를 담당하도록 세운 일곱 명의 일꾼 가운데 들어갈 정도로 신망이 두터운 사람입니다. 사도가 제시한 조건대로라면, 그는 "성령에 충만한 사람"입니다. 그 말은 성령의 바람이 불면 어디든 날아갈 수 있는 가벼운 사람이라는 뜻입니다. 하지만 성령의 사람들은 아무리 핍박의 강풍이 세게 불어도 진리의 반석 위에 견고하게 세워진 성처럼 흔들리지 않습니다. 독일에는 루터가 가톨릭 교회로부터 피하여 숨어 지냈던 바르트부르크wartburg 성이 있습니다. 그 성이 반석 위에 지어졌다는 것도 확인했습니다. 그 성에서 루터는 "내 주는 강한 성이요 방패와 병기 되시니 큰 환란에서 우리를 구하여 내시리로다"라는 노래를 지었고, 그 곡은 지금 독일의 국가독일의 노래, deutschlandlied가 되었습니다. 성령의 사람은 하나님 앞에서는 한없이 가볍고 쉽고 온순하지만, 세상 앞에서는 한없이 단호하고 강직하고 견고한 사람입니다. 그가 바로 빌립입니다.

그는 신념의 사람이지만, 마냥 고집이 센 사람만은 아니었습니다. 성령의 음성에 예민한 귀를 갖고 있었습니다. 사람들의 탄식과 한숨까지 들을 수 있는 귀와 그들의 필요에 민감한 심장을 갖고 있었습니다. 그래서 성령 하나님은 그를 보내고 싶은 곳에 맘대로 보낼 수 있었고, 그를 통해 하고 싶은 말을 맘껏 하실 수 있었습니다. 그런 사람이었기에 천년을 이어온 유대와 사마리아, 예루살렘과 사마리아 사이 반목의 장벽을 뛰어넘어 복음의 홀씨를 그들의 가난한 영토에 심을 수 있었던 것입니다. 사마리아, 하나님도 믿고 시몬이 부리는 악한 영도 믿는 혼합주의의 땅, 탐욕과 예배가 공존하는 위선의 땅, 그들이 유대인과 이방인의 피가 섞인 혼혈인이었던 것처럼, 그들의 종교마저 섞인 땅이었습니다. 빌립은 아무도 먼저 은혜의 복음, 예수 그리스도의 복음, 하나님 나라의 복음을 예루살렘 밖으로 가져가려고 하지 않을 때에 박해를 통해 주신 성령의 음성에 민감하여 저 금단의 땅, 사마리아로 담대히 나아간 첫 사람이었습니다. 그리고 그곳 역시 하나님의 땅이라고 선포하였습니다.

성령님 보시기에 빌립, 그는 '편한 사람', '쉬운 사람', '수월한 사람'이었습니다. 하지만 사탄이 보기에 빌립, 그는 '다루기 힘든 사람'이었습니다. 우리는 누구에게 우리 자신을 가장 쉽게 내주는 사람입니까? 어떤 바람이 불 때 가장 잘 움직였습니까? 누구의 소리를 듣고 가장 큰 영향을 받았습니까? 하나님의 말씀입니까? 내 욕망의 바람입니까? 저 세속의 바람입니까? 아니면 성령의 바람이었습니까?

성령의 음성을 듣고 광야로

성공적인 사마리아 사역을 하고 있는 빌립에게 주께서 말씀하십니다.

> "주의 사자가 빌립에게 말하여 이르되 일어나서 남쪽으로 향하여 예루살렘에서 가사로 내려가는 길까지 가라 하니 그 길은 광야라"(사도행전 8:26)

빌립의 다음 행보에 주의 사자앙겔로스 퀴리우, Ἄγγελος κυρίου가 직접 관여합니다.(행 10:3, 19) 사마리아에서도 아직 추수할 것들이 많이 있었습니다. 교회를 세우고 일꾼을 양육하여 사마리아에 든든한 교회를 세우려면 아직도 더 시간이 필요했습니다. 그런데 성령님은 빌립에게 떠나라고 하십니다. 이는 잠깐 방문하라는 말이 아니라 아예 다른 사역지로 옮기라는 뜻이었습니다. 그 사역지의 이름은 "광야" 에레모스, ἔρημος, 황폐한 지역 입니다.[56] 예수님이 세례 받으실 때 하늘에서는 성령이 내려오고 또 하나님의 음성이 들려왔습니다. 그 주위에 있던 사람들이 다 들을 수 있는 소리였습니다. 순식간에 나사렛 목수의 아들이 세례 요한도 경배를 할 만큼 대단한 스타로 부상하는 순간이었습니다. 이제 대단한 일을 할 것이라고 기대되던 메시아, 하나님의 아들 예수의 첫 임지도 "광야" 였습니다.

광야로 가라는 명령

안디옥 교회는 바나바와 바울의 동역 사역으로 일취월장했습니다.(행 11:19-26) 요즘으로 하면 급성장을 하면서 동시에 튼튼하게 성장하였습니다. 그때 성령께서 바나바와 바울을 선교사로 보내라고 명령하십니다.(행 13:2-3) 그들의 다음 사역지는 "광야" 와 같은 곳이었습니다. 핍박과 거절과 조롱이 기다리는 이방 땅이었기 때문입니다. 우리는 하나님께서 그렇게 정하신 뜻을 모릅니다. 그러나 분명한 것은 있습니다. 결코 하나님의 나라는, 하나님의 교회는 우리의 계산과 기대대로 진행되지 않는다는 것입니다. 어느 날 민들레 홀씨처럼 우리를 어디로 날려 보내실지 모릅니다. 오늘 여기 우리의 땅에서 얻은 민들레, 그 민들레에서 나온 복음의 홀씨를 받아 또 다른 곳에 복음을 퍼트리기 원하시는 것입니다.

성령에 충만한 사람 빌립은 예루살렘에서 가사로 내려가는 길에 있는

---

56 여기 "남쪽으로"(카타 메셈브리안)는 '정오에'라는 시간을 나타내는 말로도 번역할 수 있지만, 광야라는 지명이 바로 뒤에 나오는 것을 볼 때 방향을 가리키는 것이 더 적절하다.

광야로 내려가라는 성령의 음성을 듣습니다.[57] 여기 가사는 블레셋의 5대 도시 가운데 하나입니다. 가사에서부터 애굽으로 직행하는 당시의 고속도로, 즉 해변 길via maris이 있었습니다. 가사는 그 해변 길의 마지막 톨게이트tollgate입니다. 여기 오아시스, 즉 휴게소에서 여행자들은 물과 음식을 넉넉히 사서 떠나야 했습니다. 그 말씀을 듣자마자 그는 성공적인 사역 현장을 떠납니다. 수많은 성도가 있는 안정된 교회에서 단 한 명의 태신자가 있는 곳으로 사역지를 옮겼습니다. 하지만 그는 아직은 성령께서 왜 가라고 하시는지, 가면 무엇이 기다리고 있는지 모른 채 떠났습니다. 아브라함이 "갈 바를 알지 못하고" 갈대아 우르를 떠났듯이, 빌립도 일어나 갔습니다. 어떤 기대를 안고 갔을까요?

광야에서 만난 사람

빌립이라는 홀씨가 떨어지고 보니 광야였습니다. 그런데 그의 눈에 들어오는 게 있었습니다. 당시 아무나 타고 다닐 수 없는 수레였습니다.

> "일어나 가서 보니 에디오피아 사람 곧 에디오피아 여왕 간다게의 모든 국고를 맡은 관리인 내시가 예배하러 예루살렘에 왔다가 돌아가는데 수레를 타고 선지자 이사야의 글을 읽더라"(사도행전 8:27-28)

---

57 예루살렘에서 가사에 이르는 '광야 길'은 벧 구브린(베가브리스)과 라카쉬를 지나 벧 데르를 통과한다. 가사는 카라반 상인들이 애굽으로 가는 길에 있는 중요 거점이었고, 멀게는 인도까지 이르는 아라비아와의 무역 중심지로 유명했다. 주전 98-96년에 알렉산더 제네우스에 의해 옛 가사는 파괴되었고, 1세기 중엽에 새 가사가 세워졌는데, 빌립이 방문한 곳은 '광야'라는 언급을 감안할 때, '황폐한 채 있는 옛 도시 가사'일 것이다. C.K.Barrett, *Acts*(T&T Clark,2004), 423.

여기 "보니"라는 단어는 "그리고 보라!"카이 이두, καὶ ἰδοὺ로 번역해야 합니다. 이것은 감탄사입니다. 깜짝 놀랄 만한 장면을 앞두고 독자들의 주의를 환기시키는 표현입니다. 그런데 놀랍게도 그 수레를[58] 타고 있는 사람이 유대인도 아니고 사마리아인도 아니고 이방인이었습니다. 게다가 내시유누코스, εὐνοῦχος였습니다.[59] 신체적으로 거세당한 사람이었고, 당연히 흑인이었을 것입니다. 더욱이 그는 에디오피아애굽 남쪽에 있는 누비아 왕국, 구약에는 '구스'라고 나오고 오늘날의 수단이다, (창 2:13) 여왕 간다게[60]의 국고를 맡은 관리인, 즉 지금의 재무장관 정도 되는 고위 관리였습니다. 수레를 타고 오는 것과 성경을 가지고 있는 것을 보면 그의 재력을 짐작할 수 있습니다. 여러 수행원들이 있었지만, 사실 그가 중심인물이었습니다. 그가 왜 여기 광야에 있는 겁니까? 그는 예루살렘에 예배하러 갔다고 돌아가는 중이었습니다. 어떻게 접했는지, 이방인이면서도 이스라엘의 여호와 하나님을 믿었습니다. 중요한 직책을 맡고 있음에도 유대의 공식적인 절기 예배에 참여하기 위해 순례할 정도로 훗날 고넬료처럼 경건한 이방인이었습니다. 하지만 이방인이었고 더군다나 고자였기 때문에, 그는 정식 유대인의 성전 예배에는 참여할 수 없었습니다. 율법에는 고자

---

58 군용마차가 아니라 세 사람 정도가 탈 수 있는 여행용 이동 수단이었다.

59 조롱받는 삶을 살았지만 높은 직책에 오를 수 있었다. 궁궐에서 후궁의 일과 아이들을 키우는 일을 책임지는 고위 관리가 될 수 있었다. 물론 칠십인역에서 이 단어는 꼭 남성 생식기를 제거한 것을 뜻하지는 않는다. 에스더와 다니엘서에서는 왕궁의 가사를 맡은 관리를 지칭하는 데 썼다. 만약 그가 거세당한 사람이라면, 신명기 23:1의 금령에서 자유롭게 해주는 이사야 56:3-8의 성취를 알리고 있는 것이다.

60 '간다게'는 사람 이름이 아니라 애굽의 '파라오'처럼 여왕의 직함이다. 기록에 코레(qore)로 나타나는 나위데막 여왕이 주후 1세기 전반부에 누비아를 통치했는데, 이 여왕이 누가의 기록에 나오는 간다게일 것이다. Edwin M.Yamauchi, *Africa and the Bible*(Baker,2004), 172.

들은 하나님의 백성의 총회에 들어올 자격이 없다고 못 박고 있었기 때문입니다.(레 21:18-20; 신 23:1)

그렇다면 사도행전은 이제 새로운 국면으로 점점 들어가는 것 같습니다. 예루살렘(행 2:41; 5:14)과 유대에 사는(행 5:16) 팔레스타인 유대인, 예루살렘에 사는 디아스포라 유대인(행 6:1), 사마리아 사람(행 8:12)의 회심이 나왔는데, 이제 이방인으로서 유대교에 입교한 사람의 회심에 대해서 오늘 본문에서 다루고 있기 때문입니다. 이어서 10장에 가면 가이사랴에 사는 하나님을 경외하는유대교로 개종한 백부장 고넬료의 회심이 이어집니다(행 10:1-48) 그러고는 안디옥에 사는 많은 헬라인의 회심 사건이 등장합니다.(행 11:20-21) 특히 고넬료 회심 사건과 그 사건의 의미를 설명하는 베드로의 설교(행 10:1-11:18)는 땅 끝까지 이르는 복음의 지역적 확산의 포문을 여는 중요한 사건이 될 것입니다.

이 에디오피아 내시는 예루살렘 예배에 참여하면서 생각이 많았을 것입니다. 자기 딴에는 많은 시간과 돈을 들여 헌신과 관심을 쏟는데도, 육신적인 한계내시, 혈통적인 한계할례 받지 않은 이방인 개종자 때문에 늘 더 가까이 나아가지 못했습니다. 그가 갈 수 있는 곳은 고작 성전 뜰이었습니다. 그를 붙들고 성경을 가르쳐주는 사람도 없고, 아무리 애써도 이방인의 뜰을 넘어서 성전의 중심부까지는 갈 수 없었습니다. 그가 얼마나 열정이 있고 독실한 사람이었는지는 수레에 탄 채로 소리 내어 성경을 읽으면서 돌아가는 모습에서 확인할 수 있습니다. 요즘처럼 길이 잘 닦인 시절도 아니었고 더구나 광야 길이었는데도, 그는 두루마리 성경칠십인역을 펴서 이사야서 말씀을 읽고 있었습니다.

"돌아가는데 수레를 타고 선지자 이사야의 글을 읽더라"(사도행전 8:28)

여기 '읽더라' 아네기노스켄, ἀνεγίνωσκεν 가 미완료 시제인 것을 볼 때 그는 오랫동안 성경 읽는 일에 열중하고 있었습니다. 또한 당시 관례대로라면 그는 큰 소리를 내어 읽고 있었을 것입니다. 그가 읽은 본문은 이사야 53장이었습니다. 디아스포라 유대인이었다면 히브리어로 쓰인 두루마리 성경을 읽었을 것이고, 유대교에 입교한 이방인이었다면 헬라어로 쓰인 두루마리였을 것입니다. 당시에 한 개인이 일부라도 성경을 소유하는 일은 거의 없었습니다. 그만큼 이 내시가 부유한 고위 관리였고, 성경을 직접 읽고 아는 데 막대한 돈을 지불할 만큼 그 열정이 특별했던 사람이었습니다.

성령님은 이제껏 사마리아에서는 대중전도를 하게 하시더니, 이제 이 광야에서는 '개인 전도'를 하게 하십니다. 성령님은 이 한 사람을 위해서 아주 먼 길을 여행하게 하신 것입니다. 그것도 아주 바쁘게, 아주 성공적으로 잘 사역하고 있는 사역자를 이동시키면서까지 이 한 사람에게 복음을 전하게 하십니다. 이 한 사람 사역의 중요성 혹은 의미가 무엇인지를 아는 사람은 아무도 없습니다. 빌립도 모르고, 그에게 전도를 받는 이 내시도 모릅니다. 그 한 사람의 중요성은 말할 것도 없고, 그를 통해서 앞으로 전개될 하나님 나라의 새로운 역사 역시 아브라함이 몰랐듯이 이 내시도 모르고 있었습니다. 그러니 빌립이든 우리든 주의 뜻이 분명하면 다만 순종할 뿐입니다. 가라고 하는 곳에 가고, 전하라고 하는 사람에게 전할 뿐입니다.

마음이 준비된 영혼

광야로 가보니 이미 하나님께서 마음을 준비하신 영혼이 있었습니다. 건들기만 하면 반응하고, 무슨 말씀을 전해도 스펀지처럼 빨아들이고, 불만 붙이면 삽시간에 온 산을 태울 만큼 바짝 마른 덤불 같은 인생이 있었습니다. 레이튼 포드Leighton Ford가 쓴《나눔을 위한 좋은 소식》에서 그는 그의 한 친구 이야기를 합니다. 교도소 사역을 하는 그 친구가 거기서 가장 괴팍한 친구 하나를 전도하는 데 성공했습니다. 그런데 그 죄수가 친구 목사에게 이렇게 말했답니다. "목사님, 제가 그리스도를 영접했다는 사실 때문에 너무 자부심을 갖지는 마세요. 목사님은 단지 스물다섯 번째 사람일 뿐이니까요." 이제껏 스물다섯 명이 자신에게 전도를 했고, 자신의 회심은 그 모든 수고의 결과라는 뜻입니다. 나를 통해, 우리 교회를 통해 누군가 주님을 영접했다면, 그것은 우리가 스물다섯 번째이기 때문입니다. 주님이 여러 사람을 통해 준비하셨고, 우리는 그 열매를 보는 영광을 누리고 있는 것입니다.

에디오피아 내시, 그는 빌립이 아무리 찾아다녀도 만날 수 없는 사람이었습니다. 빌립, 그는 아무리 내시가 찾아다녀도 만날 수 없는 사람이었습니다. 그런데 성령께서 둘을 만나게 하셨습니다. 그것도 광야에서 만나게 하셨습니다. 이것이 복음전도입니다. 그러니 복음전도에서 가장 중요한 출발은 '순종'이고 '간절함'입니다. 복음을 전하라는 말에 내가 따를 것인지 못 들은 체할 것인지를 계산하지 말고 무조건 순종하는 종들이 있어야 하고, 하나님이 아니면 채울 수 없는 빈 마음이 있어야 합니다. 그리고 많은 열매를 기대하기보다 한 영혼을 생각하는 마음이 있어야 합니다.

성경을 통해 복음을 전해주는 빌립

빌립의 눈에 수레에 탄 내시가 들어오고 그의 귀에 내시가 이사야서 말씀을 듣고 있는 소리가 들리자, 성령께서 다시 빌립에게 말씀하십니다.

> "성령이 빌립더러 이르시되 이 수레로 가까이 나아가라 하시거늘"(사도행전 8:29)

빌립은 도보보다 훨씬 빨랐을 그 수레를 따라잡기 위해 뛰었습니다. 그리고 곁으로 다가가 소리 내어 성경을 읽고 있는 내시에게 묻습니다.

> "빌립이 달려가서 선지자 이사야의 글 읽는 것을 듣고 말하되 읽는 것을 깨닫느냐"(사도행전 8:30)

'깨닫다' 기노스코, γινώσκω 는 어떤 것의 중요성이나 의미를 안다는 뜻입니다. 읽을 줄 안다고 그 뜻을 다 이해하는 것은 아닙니다. 특히 에디오피아 내시가 이사야 53장의 말씀을 유대인의 맥락에서 이해하는 것도 어렵거니와, 더 나아가 예수님의 삶과 죽음과 부활과 연관시켜 이해한다는 것은 거의 불가능했을 것입니다. 빌립은 수사적인 질문을 통해서 자신이 이 구절을 깨닫도록 돕고 싶다는 의사를 내비쳤습니다. 여기 '깨닫느냐' 기노스케이스, γινώσκεις 앞에 나온 '아라 게' ἆρά γε 라는 표현을 살려서 번역하면 "지금 정말로 깨닫습니까?" 입니다. 그가 지금 깨닫지 못한 채 읽고 있음을 다 아는 사람처럼 묻고 있는 겁니다. 얼마나 적극적으로 그를 도와주고자 하는 의지가 강한지를 내시가 알아챌 수 있을 만큼 질문한 것입니다. 성도들의 상태를 파악하여 도와주는 지도자의 이런 모습이 오늘 우리의 교회에서도 얼마나 요구되는지 모릅니다. 성도들이 도와달라고 요청하기까지 기다릴 것이 아니라 먼저 그들이 얼마나 중요한 것을 모르고 있고 또 알아야 하고, 또한 자신이 그것을 채워줄 수 있다는 사실을 어필해야 합니다.

담대하고 단순한 순종

빌립이 이 내시에 대해서 얼마나 사전 정보를 알고 있었는지는 분명하지 않습니다. 하지만 그는 호구 조사를 하고, 성격 조사를 하고, 그래서 접근 전략에 대해서 진지하게 연구하고 난 다음에, 그에게 맞는 가장 좋은 방법으로 복음을 전한 것이 아닙니다. 선교 훈련의 필요성을 부정하는 것은 아니고, 선교전략을 세우는 것의 중요성도 소홀히 여기는 것은 아닙니다. 다만 그것보다 더 중요한 것은 순종하는 마음이며, 영혼을 사랑하는 마음이며, 성령의 음성에 민감한 마음이며, 또 용기 있는 마음입니다. 철통같은 경호를 뚫고 내시에게 접근하는 것도 어려웠을 것이고, 심지어 위험하기까지 했을 것입니다. 그런데 빌립은 담대히 나아갔습니다.

간혹 선교지에서 한국 선교사님들이 외국 선교사님들이 못해낸 일을 해내는 사례들이 있다고 들었습니다. 외국 선교사들은 말 그대로 선교전문가들입니다. 모르는 게 없을 만큼 잘 준비된 이론가들입니다. 하지만 열매가 미흡하기도 합니다. 너무 연구하고 너무 따지고 너무 진지하여 부딪쳐볼 엄두를 못 내기도 합니다. 그러다 보니 믿고 맡길 때 성령께서 인간의 준비 너머로 역사하시는 것은 잘 경험하지 못하기도 합니다. 선교선 '둘로스'의 단장이셨던 최종상 목사님이 단장직에서 내려오던 때의 일화를 직접 들은 적이 있습니다. 목사님은 최초의 비유럽인 출신의 단장이었습니다. '타이타닉'호와 동갑인 그 배를 폐선해야 할 때가 되자, 목사님은 단장으로서 이사회에 다른 배를 구입하자고 제안했지만, 둘로스선의 책임을 담당하는 OM Operation Mobilization 은 막대한 돈을 마련할 수 없다는 이유를 들어 거절했습니다. 최선교사님은 이미 상당한 액수의 후원을 약속 받았고, 또 앞으로 나머지도 충분히 마련할 수 있다고 설득했지만, 이사회는 끝내 수용하지 않았습니다. 다수의 공동체가 동의하니 이것이 하나님의 뜻이라고 말하고는 끝내버렸습니다. 그때 이사회를 향해서 최종상 선교사님이 남긴 말이 있습니다.

"하나님은 준비되셨습니다. 그런데 우리가 준비되지 않았습니다. 할 수 있는데도 하지 않은 것을 두고 하나님의 뜻이었다고 함부로 말해서는 안 됩니다."

우리는 이스라엘 집의 계집종을 통해서 아람의 군대 장관인 나아만이 엘리사를 통해 나병을 고칠 수 있다는 소식을 들었음을 알고 있습니다. 옥스퍼드 대학교 신학생이던 웨슬리 John Wesley 를 변화시켰던 것도 주님의 기쁨으로 가득했던 한 가난한 종이었다는 사실을 역사는 말합니다. 신분상으로 감히 비교할 수도 없는 빌립을 통해서 성령님은 에디오피아의 재무장관을 변화시키고 싶으셨던 것입니다. 그것을 우리가 가로막아서는 안 되는 것입니다. 그렇게 할 수 있다면, 우리 교회는 작은 교회가 아니라 거인 같은 큰 교회가 될 수도 있습니다. 우리 자신의 작은 능력보다 성령님의 크신 능력을 의지하는 교회라면 말입니다.

전략적인 접근

하지만 그가 막무가내로 들이밀었던 것은 아닙니다. 예수님이 농부들에게는 씨 뿌리는 비유로 말씀하시고, 학자 니고데모에게는 신학적으로 접근하시고, 물을 길러 온 사마리아 여인에게는 "생수"로 설명하시고, 오병이어의 기적을 맛본 이들에게는 "생명의 양식"으로 말씀하셨듯이, 이 내시에게는 그가 소리 내어 반복해서 읽고 있던안네기노스켄, ἀνεγίνωσκεν, 미완료시제 이사야서 53장의 말씀으로 화제를 삼았습니다. 그렇게 어렵게 접근해서, "예루살렘의 날씨가 어떻던가요?", "예루살렘의의 패션 동향에 대해서 어떻게 생각하십니까?"라고 물었다면, 대화를 이어가기는커녕 봉변을 당했을 수 있습니다. 빌립은 지금 내시의 온 마음을 사로잡는 '관심사'를 건드렸습니다. 전도할 때, 설교할 때, 우리가 '교두보'로 삼을 만한 것을 찾는 것은 늘 중요합니다. 심방을 할 때나 대중 집회를 할 때, 그 가정이나 청중들에게 필요한 것들을 염두에 두고 설교 본문을 정하고, 예화를 찾을 때도 그분들에게 가장 와 닿을 만한 것을 고르는 것도 그런 이유에서입니다.

성경교사의 필요성

에디오피아 내시는 추수를 기다리는 무르익은 곡식 같은 사람이었습니다. 빌립이 성령의 강권하심에 반응하여, 또한 신적인 동정심을 발휘하여 참견하자 그는 주저없이 반응합니다.

"대답하되 지도해 주는 사람이 없으니 어찌 깨달을 수 있느냐 하고"(사도행전 8:31a)

자기 마음을 읽어낸 빌립에게 자신의 곤경을 솔직히 털어놓습니다. 자신의 무지를 감춤 없이 인정한다는 것은 정말 큰 용기입니다. 더군다나 낯선 사람에게 말입니다. 한 나라의 재무부 장관이 이렇게 대답했다면, 그가 얼마나 겸손한 사람인지 말해줍니다. 그만큼 빌립의 적극성과 도움을 줄 수 있다는 확신에 찬 표정과 음성을 상상할 수 있습니다. 정말로 이 내시는 하나님 말씀을 진지하게 알고 싶어 하는 사람이었습니다. 자기 무지를 거리낌 없이 인정하는 한 사람과 하나님의 말씀에 대해 거칠 것 없이 확신하는 한 사람이 성령님의 주선으로 만났습니다. 오늘 우리 시대에, 우리 교회에게도 필요한 사람들입니다. "말씀을 깨닫고 싶습니다", "말씀을 알고 싶어요. 가르쳐 주십시오"라고 구하는 성도들이 필요합니다. 확신과 논리로 무장하여 성도들에게 하나님 나라를 지치지 않고 가르쳐줄 말씀의 종들이 필요합니다.

내시는 빌립이 달려와서까지 대범하게 다가와 자신에게 그런 질문을 던진 것은 분명 자신이 읽고 있는 이사야 53장에 대해 그가 알고 있기 때문이라고 여겼을 것입니다. 그래서 이렇게 말합니다.

"빌립을 청하여 수레에 올라 같이 앉으라 하니라"(사도행전 8:31b)

그렇습니다. 사역자들의 제안에 마지못해 따라가기보다는 사역자들을 향해서 좀 더 능동적으로 "올라와 같이 앉아주십시오. 저희에게 말씀을 찬찬히 가르쳐 주십시오"라고 요청하시기 바랍니다. 사역자를 공부하게 만드는 것은 말씀을 향한 성도들의 열의입니다. 그들을 묵상하게 하고 숙성시키는 것은 말씀에 순복하는 성도들의 삶입니다.

이 내시가 읽고 있던 것은 이사야 53:7-8의《칠십인역》이었습니다.

> "읽는 성경 구절은 이것이니 일렀으되 그가 도살자에게로 가는 양과 같이 끌려갔고 털 깎는 자 앞에 있는 어린 양이 조용함과 같이 그의 입을 열지 아니하였도다 그가 굴욕을 당했을 때 공정한 재판도 받지 못하였으니 누가 그의 세대를 말하리요 그의 생명이 땅에서 빼앗김이로다 하였거늘"(사도행전 8:32-33)

이 구절은 사지死地로 가는 양과 같이 끌려가고 털 깎는 자 앞에 있는 어린 양처럼 잠잠했던 한 고난받는 인간에 대해서 말하고 있습니다. 그는 큰 굴욕을 당했고, 억울하게 받은 판결에 대해 저항하지 않았고, 무기력하게 죽임을 당했습니다. 그는 후손을 보기 전에 "누가 그의 세대를 말하리요" 죽고 장사되었습니다. 예수님 당시의 학자들은 이 구절을 선지자 자신의 고난이나 이스라엘 전체의 고난, 혹은 다윗과 같은 통치자들의 고난 등으로 보았습니다. 이 땅에 공의를 베풀고 열방의 빛이 될 그 종은 누구인가?(사 32:1-7) 눈이 멀고 귀가 먹었다는 비난을 받으며 하나님의 메신저로 보냄 받은 그 종은 누구인가?(사 42:18-20) 1세기에는 이 종을 고난받고 죽는 메시아에 관한 예언으로는 거의 보지 않았습니다. 다윗의 자손 메시아는 모세처럼 자기 나라를 해방시키는 존재일 뿐, 결코 고난당한 후에 속절없이 죽임을 당하는 존재가 아니었습니다. 이 구절을 읽고 에디오피아 내시는 묻습니다.

> "그 내시가 빌립에게 말하되 청컨대 내가 묻노니 선지자가 이 말한 것이

누구를 가리킴이냐 자기를 가리킴이냐 타인을 가리킴이냐"(사도행전 8:34)

이 질문에 빌립은 기다렸다는 듯이 대답합니다.

"빌립이 입을 열어 이 글에서 시작하여 예수를 가르쳐 복음을 전하니"(사도행전 8:35)

빌립은 이 구절부터 시작하여 이사야서에 나오는 고난받는 종의 삶과 고난과 죽음을 설명했습니다. 그리고 아마도 메시아가 승리와 영광만 누리는 것이 아니라, 그 전에 거부당하고 고난받고 죽을 것이라고 했던 구약의 많은 예언의 말씀들을 소개했을 것입니다. 그러고 나서 그 구절들을 메시아 예수님의 고난과 연결시켰을 것입니다. 여기 "예수를 가르쳐 복음을 전하니"유엥겔리사토 아우토 톤 예순, εὐηγγελίσατο αὐτῷ τὸν Ἰησοῦν 는 좋은 번역이 아니고 "그에게 예수를 복음으로 전했다"라고 번역해야 합니다. 예수가 바로 복음이라고 전했다는 것입니다. 예수가 메시아인데, 그는 이사야가 예언한 대로 자기 백성의 허물 때문에 형벌을 받아 죽었지만(사 53:12; 53:5-6, 8) 사흘 만에 죽음에서부터 부활하여 구속 받은 자들의 주와 임금이 되셨기 때문입니다. 그것은 사마리아에서 전한 복음과 다르지 않습니다. 예수님의 고난과 죽음은 구약의 모든 제사 제도와 성막 제도를 완성한 사건입니다. 예수님의 죽음을 통해 이제 이스라엘뿐 아니라 온 인류에게는 죄와 사망의 종살이 하던 데서 해방되어 온전한 마음으로 살아계신 하나님을 섬길 수 있는 자녀들이 되는 길이 열렸습니다. 이 예수를 통하여 감히 우리가 창조주 하나님께 담대히 나아갈 수 있는 길이 열린 것입니다.

유대인들은 메시아에게서 이스라엘의 정치적인 해방을 기대했지만, 참 하나님 나라, 참 이스라엘은 팔레스타인 땅의 혈통적인 이스라엘만의 구원으로 이루어지는 나라가 아니었습니다. 정치적인 구원만도 아니었습니다. 예수님이 가져온 하나님 나라는 몸과 마음과 영혼 모두의 구원이며, 아무도 차별하지 않는 모든 시대, 모든 지역, 모든 인종을 아우르는 나라요, 피조세계 전체를 위한 구원입니다. 이 에디오피아는 예수님 시대에 "땅 끝으로" 간주되는 곳 가운데 하나였습니다. 사마리아를 넘어서 복음은 땅 끝으로 나아가고 있습니다. 지역적 장벽, 인종적 장벽을 넘어가고 있습니다.

기적이 아니라 말씀

여러분, 이 말씀을 읽으면서 생각나는 비슷한 장면이 있지 않습니까? 그렇습니다. 엠마오로 가는 두 제자에게 부활하신 예수님이 나타나신 장면입니다. 예수님은 자신이 누구이신지를 처음부터 드러내지는 않으십니다. 예수님과 같이 가면서도 두 제자는 예수님을 못 알아보았습니다. 그들이 예수님의 고난을 이해하지 못하고 부활하셨다는 여자들의 증언도 믿지 못하는 것을 보면서 예수님은 그들에게 어떻게 해주십니까? 구약성경을 갖고 고난받는 메시아에 대해서 가르치셨습니다.

> "이르시되 미련하고 선지자들이 말한 모든 것을 마음에 더디 믿는 자들이여 그리스도가 이런 고난을 받고 자기의 영광에 들어가야 할 것이 아니냐 하시고 모세와 모든 선지자의 글로 시작하여 모든 성경에 쓴 바 자기에 관한 것을 자세히 설명하시니라"(누가복음 24:25-27)

나중에 예수님은 잠깐 자신의 부활한 모습을 두 제자에게 보여주시고는 곧 떠나십니다. 그러자 두 제자는 이렇게 고백합니다.

> "그들이 서로 말하되 길에서 우리에게 말씀하시고 우리에게 성경을 풀어 주실 때에 우리 속에서 마음이 뜨겁지 아니하더냐" (누가복음 24:32)

우리 생각으로는 부활하신 예수님의 신비한 몸을 직접 보여주셨다면 금세 믿었을 것 같은데, 왜 굳이 수고스럽게 구약성경을 일일이 찾아가면서 메시아의 고난에 대해서 가르쳐주셨을까 싶을 겁니다. 그것은 성령께서 직접 에디오피아 내시에게 말씀을 깨닫게 하실 수도 있을 텐데도 굳이 빌립을 그 먼 광야까지 보내시고 설명하여 깨닫게 하신 이유와 같을 것입니다. 이것이 하나님께서 우리와 소통하시는 가장 좋은 방법이고, 우리에게 하나님의 뜻을 드러내시는 가장 인격적인 방법이기 때문에, 하나님은 '성경 말씀'을 통하여 우리와 소통하신다고 생각합니다. 그것이 부활하신 예수님을 직접 두 눈으로 보는 것보다 훨씬 더 큰 확신을 주며, 훨씬 더 확실한 깨우침을 주는 하나님의 방법일 것입니다. 그래야 더 인격적으로 신앙이 성숙할 수 있다는 것을 주님은 아십니다. 말씀으로 양육을 받을 때 우리도 누군가에게 복음을 전할 수 있고 양육할 수 있다는 것을 아시기 때문에 그렇게 하신 것입니다. 사마리아의 평민이든, 에디오피아의 내시든, 예루살렘의 유대인이든, 나중에 바울이 만난 이방인이든 하나님은 기적이나 표적보다는 하나님의 말씀을 전하는 것으로 하나님 나라의 복음을 드러내기 원하셨습니다. 시대와 효과적으로 소통하기 위한 다양한 방식을 고민하는 것은 마땅한 일이지만, 하나님의 말씀 그 자체보다는 소통의 방식에 지나치게 주의를 기울이지는 않는지 짚어봐야 할 것입니다.

제가 한 교단의 집회에 참여했을 때의 일입니다. 주최측에서 예상한 것보다 아주 많이 참여해서 목사님들이 놀랐습니다. 그런데 이번에는 왜 적게 참여할 것이라고 생각했느냐고 묻자, 그 대답이 의외였습니다. 이번에 다룰 주제가 '성경'이기 때문이라는 겁니다. 저는 그 대답에 더 놀랐습니다. '아, 목사님들은 성도들이 성경을 싫어한다고 생각하는가 보구나.' 바로 그런 착각과 오해가 우리 시대의 교회를 더 어렵게 하였고, 목회자들이 성경 자체보다는 부담을 주지 않으면서 성도들을 만족시키는 소통에 더 관심을 두게 하였다는 생각이 들었습니다. 성경을 사모하고 성경 말씀을 듣고 싶어 하는 성도들의 열의에 열정적으로 화답하는 사역자들이 절실한 때입니다. 빌립의 복음 전도는 성경에 기초했습니다. 그것은 우리 시대 교회가 절대 놓치지 않아야 하고, 심지어 회복해야 할 기본 중의 기본입니다. 성경을 풀어주어 성도들의 마음을 뜨겁게 할 때, 하나님은 돌아오시고, 떠났던 성도들도 다시 돌아올 것입니다. 팬데믹 이후 교회를 이동하는 일이 잦아졌다고 합니다. 그런데 이전에는 그 이유가 직전 교회에서 받은 상처 때문이었는데, 이제는 말씀이 살아있는 교회를 찾아서 이동하는 일이 많아졌다고 합니다. 교회의 위기를 말하는 엔데믹의 시대에 교회는 다시 말씀이라는 기본으로 돌아가야 할 것입니다.

세례를 받는 에디오피아 내시

당시엔 헬라어가 공용어였기 때문에 에디오피아 내시 역시 헬라어를 구사할 줄 알았을 것입니다. 빌립이 누구입니까? 헬라파 유대인입니다. 하나님은 에디오피아 내시에게 안성맞춤으로 언어와 성경 실력을 겸비한 전도자를 붙여주신 것입니다. 빌립의 적확하고 정확하고 적절한 말씀 해석을 들은 에디오피아 내시는 분명 그가 전한 예수가 메시아라는 것을 믿게 되었을 것입니다. 그랬다면 빌립 역시 베드로처럼 회개의 필요성, 죄사함과 세례, 그리고 성령의 선물에 대해서도 전했을 것입니다.(행 2:22-36, 38-40) 빌립은 단지 내시의 지적인 호기심을 만족시켜 주는 데 그치지 않았습니다. 그는 신학교 교수가 아니었습니다. 그는 전도자였습니다. 내시 인생의 주인을 바꾸도록 보냄 받은 사람입니다. 그것은 순종의 반응을 촉구하는 전도였습니다. 그러자 내시가 이렇게 반응합니다.

> "길 가다가 물 있는 곳에 이르러 그 내시가 말하되 보라 물이 있으니 내가 세(침)례를 받음에 무슨 거리낌이 있느냐"(사도행전 8:36)

여기 "보라" 이두, ἰδοὺ 는 말도 때마침 물을 만난 것에 대한 놀라움과 기쁨을 소개한 표현입니다. 때마침 빌립을 만났고, 때마침 메시아의 고난에 관한 말씀을 읽고 있었고, 때마침 세례를 받을 수 있는 오아시스를 만났습니다. 내시는 말합니다. "지금 당장 세례를 받고 싶습니다. 아, 저기 보십시오. 마침 오아시스가 있네요. 혹시 제가 당장 세례를 받지 않아도 될 이유가 있을까요?" 한글번역에는 37절이 없음이라고 나와 있습니다. 그런데 어떤 사본에는 이렇게 되어 있습니다.

> "빌립이 이르되 네가 마음을 온전히 하여 믿으면 가하니라 내시가 대답하여 이르되 내가 예수 그리스도께서 하나님의 아들이신 줄 믿노라"(사도행전 8:37, 어떤 사본에는)

분명 이것은 후대에 추가되었을 것입니다. 그래서 우리 성경에는 빠진 것입니다. 하지만 2세기에는 세례 받을 때 이렇게 묻고 답했을 것입니다.

빌립은 세례 주기를 거절하지 않습니다. 우리처럼 "먼저 학습을 받고 육 개월 뒤에 세례를 주겠다"고 하지 않았습니다. 물론 사마리아에서 마술사 시몬이 세례를 받은 후 성령을 거스르는 죄를 범하는 것을 보았기 때문에, 더욱 철저하게 그의 고백이 진실한지를 챙겨 보았을 것입니다. 하지만 내시를 만난 것이 성령의 이끄심을 따라 된 일임을 알았기에, 빌립은 성령께서 그 안에서 역사하셨다고 믿고 즉시 세례 주기를 주저하지 않았습니다.

> "이에 명하여 수레를 멈추고 빌립과 내시가 둘 다 물에 내려가 빌립이 세례를 베풀고"(사도행전 8:38)

네 개의 부정과거 시제 동사가 연달아 나오고 있습니다. '명하다'에켈류센, ἐκέλευσεν, '멈추다'스테나이, στῆναι, '내려가다'카테베산, κατέβησαν, '잠그다'에밥티센, ἐβάπτισεν 입니다. 빌립과 에디오피아 관리가 물에 내려갔고, 빌립이 그를 물속에 담궜습니다. 침례를 행한 겁니다. 침례를 베풀고 나서 물에서 올라오는 순간에 또 다른 성령의 강력한 역사가 나타나고 있습니다.

> "둘이 물에서 올라올새 주의 영이 빌립을 이끌어간지라"(사도행전 8:39a)

여기 "이끌어가다"헤르파센, ἥρπασεν 라는 단어는 "낚아채다"라는 뜻으로 데살로니가전서 4:17 에서는 "휴거"를 가리킬 때 쓰던 단어입니다.눅 24:31, 부활하신 예수의 사라짐 그냥 성령께서 빌립에게 다른 지역으로 이동하라고 명령하신 정도가 아니라, 마치 성령의 바람으로 민들레 홀씨 하나가 다른 곳으로 날아가는 것 같은 일이 벌어진 것입니다. 에디오피아 내시 앞에서 빌립은 갑자기 사라졌을 것입니다. 이 역시 내시에게는 하나님의 초자연적인 표적으로 간주되었을 것입니다. 주의 성령께서 주도하여 시작하였던 에디오피아 내시 전도가 주의 성령님의 주도로 종결된 것입니다. 복음의 대상자를 정하는 일, 복음을 전할 곳을 정하는 일, 복음 전도에 사용할 말씀을 정하는 일, 그리고 열매를 거둘 시기를 정하는 일, 다 성령께서 주관하고 계시는 것을 우리는 볼 수 있습니다.

빌립은 그렇게 떠나고 내시만 남았습니다. 이 장면 역시 엘리야가 회오리바람에 이끌려 하늘로 승천하고 엘리사만 남았던 장면을 생각나게 합니다. 하지만 엘리사에게는 엘리야의 겉옷이 있었습니다. 그것은 엘리야의 성령이 엘리사에게도 함께할 것임을 보여주는 증표입니다. 빌립은 떠났지만, 이 내시에게는 빌립에게 역사하셨던 성령님이 계십니다. 그래서 내시는 서운했겠지만 메시아를 만난 기쁨만은 여전했습니다.

"내시는 기쁘게 길을 가므로 그를 다시 보지 못하니라"(사도행전 8:39b)

사도행전 8:8에서 빌립이 사마리아에 복음을 전했을 때 그곳에 "큰 기쁨"이 있었다고 했습니다. 내시도 바로 그 복음이 주는 기쁨, 메시아를 만난 기쁨으로 충만했습니다. 여기 '기쁘게' 카이론, χαίρων가 현재분사인 것 기뻐하면서 은 내시의 기쁨이 얼마나 크고 지속되는 기쁨이었는지를 보여줍니다. 하나님은 빌립을 에디오피아의 실세 장관인 이 내시와 함께 에디오피아에 가서 선교하게 하지 않으십니다. 살아생전에 그들은 다시 만나지 못했을 수 있습니다. 내시는 다시는 예루살렘까지 와서 절기를 지키러 순례하지 않았을 것입니다. 이제는 그럴 필요가 없다는 것을 알았기 때문입니다. 그는 어떻게 되었을까요? 2세기의 이레니우스Irenaeus of Lyons와 유세비우스Eusebios Caesarea는 이 내시가 에디오피아의 선교사가 되었다고 증언합니다.[61] 한 사람을 위해서 그 먼 길을 가야했던 빌립의 수고가 한 나라 전체를 바꾸는 시작이 되었던 것입니다. 아프리카에도, 땅 끝에도 복음이 전해지는 출발이 되었던 것입니다. 에디오피아의 내시, 그는 한 사람이 아니었습니다. 그와 같이 우리 한 사람 한 사람은 단지 무시해도 좋은 한 사람이 아닙니다. 나 한 사람의 변화가, 수년, 수십 년, 수백 년 후에 수백 명, 수천 명의 변화의 시작일 수 있습니다. 이것이 영적인 나비효과 아니겠습니까?

성령은 이번에도 그렇게 빌립의 사역지를 옮기십니다. 그가 성령에 의해서 이동하여 눈을 떠보니 그가 서있는 곳은 "아소도", 그러니까 블레셋의 5대 도시 중 하나인 아스돗이었습니다.

> "빌립은 아소도에 나타나 여러 성을 지나 다니며 복음을 전하고 가이사랴에 이르니라"(사도행전 8:40)

블레셋의 수도 아소도는 가사에서 북쪽으로 32km 떨어져 있으며, 내륙으로 5km 들어가 있는 지중해변의 도시입니다. 구약에서는 아스돗으로 나옵니다.(사 20:1) 가사와 가이사랴 중간 정도에 있는 도시입니다. 빌

61 Irenaeus, *Haer*, 4.23.2; Eusebius, *Hist. eccl.* 2.1.13.

립은 그곳을 기점으로 가이사랴까지 해변길을 따라 올라가면서디에르코메노스, διερχόμενος, 현재형 분사, "여러 성을 지나다니며" 유대 지역에 복음을 증거했습니다. 유앵겔리제토, εὐηγγελίζετο, 미완료 시제 이로써 사도행전 1:8 말씀이 또 성취되고 있습니다.

> "오직 성령이 너희에게 임하시면 너희가 권능을 받고 예루살렘과 온 유대와 사마리아와 땅 끝까지 이르러 내 증인이 되리라 하시니라"(사도행전 1:8)

이렇게 가이사랴에 도착한 빌립이 사도행전에 다시 언급된 곳은 사도행전 21장입니다. 무려 20년 후입니다. 사도 바울이 그를 방문했을 때, 그는 네 딸의 아버지가 되어 있었습니다. 그의 네 딸은 모두 독신이었고, 모두 선지자로 교회를 섬기고 있었습니다. 어느 시점부터는 더는 순회 선교사가 아니라 한 교회에 정착하여 복음을 선포한 듯 보입니다. 누가는 거기서 이 빌립을 "(복음) 전도자유앙겔리스테스, εὐαγγελιστής 빌립"(행 21:8)이라고 불러주고 있습니다. 그를 향한 참 적절한 호칭입니다. 이 호칭이 그가 성경에서 사라졌던 20년 동안 무엇을 하며 살았는지를 한마디로 요약해주기 때문입니다. 그는 큰 교회를 일군 사람도 아닙니다. 그는 사도들처럼 대단한 업적을 남긴 사람도 아닙니다. 예루살렘을 떠난 빌립은 이제 로마의 총독이 머물렀던 행정 중심지 가이사랴를 중심으로 유대 지역의 복음화를 위해서 이름도 없이 빛도 없이 살았던 것입니다. 스데반이 짧고 굵게 복음전도자로, 복음의 변증가로 살다 갔다면, 그는 오래도록 성령의 바람에 따라 날아다니며 복음만을 자랑하며 살았습니다.

나가는 말

에디오피아 내시의 간절함

오늘 성령께서 우리에게 에디오피아 내시가 가졌던 말씀을 향한 간절함을 주시기를 원합니다. 그 전에 예루살렘까지 그 먼 길을 마다 않고 찾아가서 하나님께 제사하려고 하였던 여호와를 향한 그의 독실한 신앙을 주께서 우리에게 주시기를 원합니다. 하지만 결코 유대교가 채워주지 못한 영적 허기를 율법적인 신앙으로 대체하지 않고, 종교적인 의무를 다한 것으로 충분하다고 스스로 위로하지 않고, 성경을 뚫어져라 읽고 고민하였던 에디오피아 내시의 그 가난한 마음을 본받기를 바랍니다. "네가 읽는 것을 깨닫느냐?" 고 물을 때, "지도해주는 사람이 없는데 어떻게 깨달을 수 있겠느냐"고 자기 한계를 인정하면서 겸손하게 도움을 청했던 그 마음을 우리도 갖기를 바랍니다.

빌립의 영적 민감함과 담대한 순종

어쩌면 우리 시대의 수많은 성도들이 그 내면에 영적 허기를 느끼며 고독하게 광야를 지나고 있는지 모릅니다. 교회에는 나가지 않지만 예수를 믿는다고 대답하는 숱한 '가나안 성도들'이 바로 광야를 지나고 있는 에디오피아의 내시 같은 사람들입니다. 교회를 정하지 못하거나 교회에 앉아 있어도 영적으로 갈급하다고 말하는 성도들이 이 내시와 같은 사람입니다. 부족하지만 이런 시대에 이 시대의 말씀 사역자들이 빌립과 같은 사람이 되도록 더욱 애써야겠습니다. "성령의 바람을 타고 다니며 고도의 영적인 감응력으로 무장하여 스스로는 깨닫지 못하는 영혼들을 각성과 결신으로 인도하는 전도자 빌립 같은" 시대의 선생들이 되도록 노력해야 합니다. 그러기 위해 성령께서 말씀하실 때 곧장 알아듣는 영적 소통의 능력을 키우고, 언제든 말씀으로 영적인 필요들을 채워주고 이 세상의 공세에 맞설 수 있는 제자를 키울 만한 성경 실력을 갖추도록 힘써야겠습니다. 무엇보다도, 성령께서 일어나라고 하면 일어나고, 가라고 하면 가고, 옮기라고 하면 옮기는 순종의 사람이 되기를 바랍니다. 내 욕망을 따라 움직이지 않고, 성령의 바람에 따라 움직이는 민들레 홀씨 같은 종이 되기를 바랍니다.

빌립은 사도가 아니라 성도였습니다. 우리 시대로 하면 '평신도'입니다. 그는 사역자들의 모범이지만 동시에 성도들의 모범도 됩니다. 지금은 추수할 일꾼을 찾으시는 때입니다. 사랑하는 성도들 모두가 공동체 안의 지체들을 향하여 그리고 공동체 밖의 이웃을 향하여 '빌립'이 되기를 바랍니다. 지체들의 영적인 갈급함과 곤궁함을 민감하게 알아보고, 성령의 호소를 따라 기민하게 움직이고 대담하게 나아가 필요를 채워서, 그들을 주님의 몸인 교회 공동체로 이어주는 역할, 그것이 우리 시대 빌립들이 할 일입니다.

우리 교회가 '빌립'의 교회가 되기를 바랍니다. 신실한 순종, 기꺼이 문화의 경계를 넘는 담대함, 하나님이 예비하신 마음의 예민한 감각, 성경에 기초한 전도 등 복음전도에 대한 귀한 원리들을 본문은 우리에게 주고 있습니다. 그 원리를 따라서 한 교회의 한 영혼을 향한 사랑과 관심, 그 한 사람을 위하여 천리 길을 가는 사랑의 수고를 통하여 주님은 우리가 상상할 수 없는 부흥의 역사를 어느 지역, 어느 시대에든 반드시 일으키실 것입니다. 오늘 우리가 그 열매를 보지 못한다 하더라도, 우리가 추수할 자가 되지 못한다 할지라도 부지런히 씨를 뿌리는 교회가 되기를 바랍니다.

함께 기도하겠습니다

사랑과 은혜가 충만하신 우리 하나님 아버지,
빌립처럼 민들레 홀씨 같이 성령의 바람이 부는 대로 순종하여
생명의 소식을 전했던 숱한 복음의 사람들을 기억합니다.
그분들을 이 변방 저희에게도 보내셔서
얼음장 같은 마음을 해동시켜 주시고
광야 같은 저희를 옥토 같이 변화시켜 주셔서 감사합니다.
저희도 전도자 빌립처럼 주께만은 편한 사람, 쉬운 사람이 되고 싶습니다.
그래서 주께서 무슨 명령이든 편히 내리실 수 있는
수월한 사람이 되고 싶습니다.

주님의 소리를 민감하게 알아듣고 민첩하게 반응할 수 있도록
늘 성령의 소욕을 따라 사는 종이 되고 싶습니다.
한 영혼 한 교회 한 사람을 위하여 천 리를 가고 만 리를 갈 줄 알게 하시고
그렇게 뿌려진 복음의 씨라면 단 하나도 헛되이 사라지지 않고
분명히 주의 때가 되면 결실할 줄 믿는 믿음으로 순종하고 싶습니다.
주님, 도와주시옵소서.

주님, 당신을 열망하고 당신의 말씀을 더 알고 싶어서 갈망하는
에디오피아의 내시 같은 사람이 되고 싶습니다.
자기 나라에서는 고관대작이었지만,
저 예루살렘 성전에 가면 분명히 차별을 당할 줄을 뻔히 알면서도
그 먼 길을 와서 절기를 지키고 여호와 하나님을 예배한,

내시의 믿음을 본받고 싶습니다.
말씀을 가르쳐준다면 누구든 영접하고 예를 갖추어 조아려 듣는
어린아이 같은 마음을 저도 갖고 싶습니다.

주님, 저희가 늘 말씀을, 복음을,
하나님 나라를 맨 앞에 두는 삶을 살게 하여 주시옵소서.
다른 모든 것들은 이것들의 조명을 받게 하시고,
주님의 나라와 주님의 의를 구하는 것 다음에 두게 하여 주옵소서.
그리하여 주의 말씀을 따라 가고 서게 하시고,
말씀으로 계시하신 주님만을 전하게 하시고,
그 말씀을 통하여 오늘 당신의 백성을 부르시고 창조하시며
아들의 몸인 교회를 세워 가시는 그 선한 역사에
즐거이 참여하는 증인이 되게 하여 주시옵소서.
아멘.

어제 헤른후트Herrnhut에 다녀왔습니다. 헤른후트는 '주님이 보호하시는 곳', '하나님의 피난처'라는 뜻입니다. 프라하에서 출발하여 갔는데, 잠시 사이에 체코와 폴란드와 독일 세 나라를 통과했습니다. 이곳은 세 나라의 국경이 인접한 곳에 있는 모라비안 공동체입니다. 체코의 종교개혁자 얀 후스의 후예들이 종교적 박해를 피해 고국을 떠나 방황할 때, 1727년 니콜라우스 루트비히 폰 친첸도르프 백작1700-1760이 자신의 영지에 약 이백여 명의 모라비안 이주자들과 함께 공동체 생활을 시작하면서 출발했습니다. 그들은 허허벌판을 일구어 초대교회를 모델로 한 코이노니아 공동체를 만들어 갔습니다. 하지만 황무지를 옥토로 만드는 일보다 더 어려웠던 것은 황무한 사람의 마음을 기경하여 하나로 모으는 일이었습니다. 모라비안들만 있는 것이 아니라 각기 다른 배경에서 살던 망명객들이 더해지면서 그들은 박해를 피했다는 안도감과 감사를 잊은 채 각기 자신들의 신앙 전통만을 주장했습니다. 친첸도르프의 헤른후트가 이 위기를 이기는 길은 말씀과 기도, 성령의 역사, 성찬, 노동, 그리고 선교적 사명이었습니다. 우리는 이 모든 것을 사도행전에 나오는 초대교회에서 볼 수 있습니다. 그리고 이것은 오늘 이 시대와 특별히 조국교회가 맞닥뜨린 위기를 극복할 빛과 지혜를 줍니다.

말씀

이들에게는 'Die Losungen로중'이라고 부르는 헤른후트 기도서 혹은 말씀 묵상집이 있습니다. '로중'은 암호라는 뜻인데, 전쟁터에서 암호가 군인의 생명을 결정하듯, 공동체원들은 날마다 영적 싸움에서 승리하기 위해 하나님의 말씀을 따라 묵상하고 기도하였습니다. 한 해 동안 묵상할 말씀을 한 날에 정하는데, 1,800개의 구약의 성경 구절 가운데 제비를 뽑아서 정하고, 그 해 정해진 말씀은 3년 동안 다시 뽑히지 않도록 따로 보관해두고 있었습니다. 동독 치하에서 2001년까지 폐허인 채로 방치되었던 친첸도르프의 집이 지금은 거의 원형 그대로 복원되어 있었습니다. 흥미롭게도 집의 문과 벽 곳곳에 성경 구절들이 새겨졌거나 쓰여 있었습니다. 그가 얼마나 철저하게 하나님의 말씀을 공동체의 중심에 두었고, 성도들의 삶이 지도자의 리더십보다 더욱 하나님의 말씀에 따라서 인도받기를 바랐는지 알 수 있었습니다.

기도

내가 방문하는 그 시각에 마침 〈정오 기도회〉가 열렸습니다. 백발이 성성한 예닐곱 노인들과 한두 명의 젊은 일꾼들이 모여 헤른후트 기도서와 테제 찬양과 기도문으로 10분간 매일 기도회를 하고 있었습니다. 순결함을 상징하는 하얀색으로 뒤덮인 예배당 한쪽 구석에서 진행된 이 기도회는 얼마나 고요하면서도 찬란했는지 모릅니다. 동독 치하에서 폐허된 친첸도르프 백작의 집 2층 한 사무실에서 몇몇의 노인들이 날마다 모여 이 공간이 수리되고 보수되기를 기도해왔고, 그 결과로 온전한 건물이 되었다는 말을 들으면서, 믿음으로 기도의 씨앗을 뿌리면 주께서 당신의 때에 이루시는 것을 지켜본 300년의 전통이 얼마나 힘이 큰지 알 수 있었습니다. 이후에 나는 무덤을 지나 마을의 가장 높은 곳에 있는 기도탑에 올라가서 전 유럽을 품고 기도했던 헤른후트 공동체의 전통에 참여해보았습니다. 전쟁 중인 우크라이나와 지진으로 고통하는 튀르키예와 시리아, 그리고 갈등과 분열로 몸살을 앓는 조국과 시들어가는 조국 교회를 위해서 기도했습니다.

성찬

서로 다른 배경의 형제들을 하나로 모은 힘은 말씀과 기도였습니다. 그리고 또 하나의 힘은 성찬과 성령의 역사였습니다. 자기 중심성을 포기하지 못했던 형제들은 하나님과의 평화와 화목을 위해 그리스도께서 희생하신 것을 성찬의 자리에서 묵상하면서 놀라운 화해의 역사가 이루어졌고, 그 자리에 성령께서 임하여 주셨습니다. 그리스도의 한 몸이 이루어지는 일은 자기를 비우고 버리는 과정이요, 성령께서 역사하여 새 마음을 창조하는 일이요, 그것은 성찬에 임한 하나님의 은총으로 이루어지는 것을 그들은 경험한 것입니다.

선교

이 공동체는 박해를 피하여 모였지만 그렇다고 자신들만의 모임에 머물지 않았습니다. 그들을 그리스도의 몸의 공동체로 만든 것은 사명에의 충성이었습니다. 그들은 자신들에게 임한 부흥에 대해 선교로 화답했습니다. 이들은 선교지로 가면서 자신들의 관을 짜고 갔다고 합니다. 영국교회의 대주교 겸 작가였던 로날드 녹스1888-1957는 이 모라비안들의 선교 운동을 일컬어 유럽 선교에 활력을 불어넣은 "누룩"이라고 했습니다. 그들이 20년 동안 파송했던 선교사 숫자가 종교개혁이 일어나고 지난 이백 년간 모든 개신교회가 파송한 선교사 수보다 더 많았습니다. 전 세계 교회에 선교적 영감을 준 이 헤른후트의 선교가 특히 감리교 창시자 요한 웨슬리를 감화시킨 일은 너무도 잘 알려져 있습니다. 그는 배 안에서 만난 모라비안 선교사들에게 깊은 인상을 받은 후 영국에서 석 달이나 걸려 이곳 헤른후트를 찾아왔고 여기서 석주를 머물면서 친첸도르프와 교제하고 돌아갔습니다. 신학적인 합의는 이루어내지 못했지만, 이 만남이 그 후 감리교를 잉태하는 데 적잖은 영향을 미쳤을 것이라는 데는 이견이 없습니다. 모라비안 선교회가 1732년 8월 서인도 제도에 최초로 두 사람을 선교사로 파송했습니다. 한 사람은 목수이고 한 사람은 옹기장이였습니다. 이렇게 시작된 선교는 1735년에는 그린란드와 수리남, 1737년에는 아프리카, 1740년에는 아메리카 인디언과 실론, 1742년에는 중국, 1747년에는 페르시아, 1754년에는 자메이카, 1756년에는 안티구아에까지 선교사를 파송했습니다. 1760년 친첸도르프가 죽기까지 28년 동안 모라비안 교회는 226명의 선교사를 배출했습니다. 친첸도르프 사후에도 모라비안 공동체는 서인도제도에서 200년에 걸쳐 3,000명의 선교사를 지원하는 경이적인 기록을 세웠고, 해외 선교지의 신자 수가 내지 교회 신자의 세 배나 되는 놀라운 성과를 보여주었습니다. 이런 성공적인 선교의 배경에는 역시 그들을 파송한 헤른후트 공동체의 기도가 있었습니다. 1727년부터 24명으로 구성된 기도 모임을 만들어서 남녀 두 사람이 짝을 지어 자정부터 한 팀이 한 시간씩 24시간 연도連禱를 시작했습니다. 이 기도는 그로부터 백 년 이상 지속됐습니다. 그들은 또한 철저히 성육신적 선교를 했습니다. 아프리카에서 잡혀 온 노예들에게 복음을 전하기 위해 자기 스스로 노예로 팔려가기도 했습니다. 로중과 기도에서 보았듯이 그리스도의 군사로서 한 선교사를 보내기 위해 그들은 철저하게 훈련하고 준비했습니다. 영적 훈련은 물론이고 생존 훈련까지 철저히 받았습니다. 이를 통해 가는 곳마다 자급자족의 자비량 선교를 했습니다. 그들에게 하나님께 순종한다는 것은 선교를 하는 일이라고 여길 만큼 헌신적이었습니다. 본국에 있는 신자와 선교사의 비율이 12:1일 정도로 그들은 선교를 최고의 가치로 두고 살았습니다. 우리가 이 헤른후트의 모라비안들에게서 초대교회를 떠올리는 것은 어렵지 않을 것입니다.

씨

이 공동체의 중요한 상징 가운데 하나가 '씨'였습니다. 그들은 공동묘지를 "하나님의 밭"이라고 부르고 있었습니다. 신자가 죽어서 땅에 묻히는 것을 씨를 심는 것으로 해석한 것입니다. 그래서 나중에 하나님 나라에서 찬란하고 영광스럽게 부활의 열매를 맺을 것을 기대하면서 그렇게 부르고 있었습니다. 이런 씨뿌리는 정신이 공동체의 삶 전체에 자리 잡고 있었습니다. 당장 현실에서 큰 성과를 내려고 하지 않고 먼 훗날 주님께서 이루실 일을 기대하며 무명의 한 사람으로 잊히기를 기뻐하는 사람들이었습니다. 그러니 무모하리만치 헌신할 수 있었고, 자신을 주장하지 않고 하나가 될 수 있었고, 오직 하나님께만 영광을 돌릴 수 있었을 것입니다. 그들의 무덤은 하나같이 크기가 같았습니다. 모두 평등한 씨들이었습니다. 하나님께서만 그 이름을 기억해주시면 충분하다고 여기는 사람들이었습니다. 오직 하나님만을 추구하며, 그분의 눈길이 머무는 곳에 가서 복음을 전하다 죽었습니다. 헤른후트 공동체의 모토 가운데 하나가 "복음을 전하다 죽어라. 그리고 잊혀지라"라고 합니다. 예수님을 만났고 복음을 들었던 첫 그리스도인들의 공동체가 이곳에 있었다는 생각이 들었습니다.

독일 땅에서 조국을 생각하면서 한없이 무력하기만 했던 마음에 빛이 찾아왔습니다. 말씀과 기도, 성찬과 성령, 선교적 사명, 이 근본을 회복하되 이름 없는 한 톨의 씨로 살다가 즐거이 사라지기를 간절히 구하는 일부터 시작해야겠다는 생각이 찾아왔습니다. 이 아름다운 코이노니아 공동체, 선교적 공동체, 성육신적 공동체, 성령의 공동체가 다시 우리가 밟는 땅에 이루어지기를 간절히 기도합니다.